图书在版编目 (CIP) 数据

状元媒 / 叶广芩著. — 北京 : 北京十月文艺出版社，2019.9
(叶广芩京味小说三部曲)
ISBN 978-7-5302-1876-1

Ⅰ. ①状… Ⅱ. ①叶… Ⅲ. ①长篇小说—中国—当代 Ⅳ. ① I247.5

中国版本图书馆 CIP 数据核字 (2018) 第 217166 号

状元媒
ZHUANGYUANMEI
叶广芩 著

出 版 北京出版集团公司
北京十月文艺出版社
地 址 北京北三环中路 6 号
邮 编 100120
网 址 www.bph.com.cn
发 行 新经典发行有限公司
电话 (010) 68423599
经 销 新华书店
印 刷 北京盛通印刷股份有限公司
版 次 2019年9月第1版
2022年5月第7次印刷
开 本 880 毫米 ×1230 毫米 1/32
印 张 19.25
字 数 450 千字
书 号 ISBN 978-7-5302-1876-1
定 价 79.80 元
质量监督电话 010-58572393
如有印装质量问题，由本社负责调换。

中国转型的理论分析

奥地利学派的视角

罗卫东　姚中秋　主编

ZHEJIANG UNIVERSITY PRESS
浙江大学出版社

前　　言

如果从 1978 年算起，到 2008 年，中国的市场化、法治化、民主化制度变迁已经进行了 30 年。社会各界都在进行纪念、反思，华人哈耶克学会也将 2008 年的学术年会主题确定为“中国 30 年改革的理论分析”。呈现在读者面前的这本书，就是参加年会的学者所提交的、从奥地利学派视角分析中国经济和社会转型的相关论文的汇编。

作为奥地利学派的创始人，门格尔的理论意图是“古典的”，即试图发展一门解释以物质财富生产为基础的人类文明进步的科学，如一位学者所说：“门格尔对人类文明进步之道的论述如此之多，以至于我们必须得出结论：他在《国民经济学原理》的主要目的是提供一套经济发展理论，而非静态的经济配置理论。”[1] 由此我们不难理解，门格尔会将注意力集中于人的行动及其借以行动的知识。也因为如此，他对制度具有十分浓厚的兴趣，在《国民经济学原理》和《经济学方法论探究》中，提出了一套制度生成理论。通过对制度生成机制的解释，他也同时解释了经济是如何增长的，以及文明是如何生长与扩展的。

不过，差不多是从路德维希 · 米塞斯开始，奥地利学派的关注点

[1] Karen I. Vaughn，1994，*Austrian Economics in America：The Migration of a Tradition*，Cambridge University Press，p.24.（中文版：卡伦 · 沃恩，《奥地利学派经济学在美国》，朱全红等译，杭州：浙江大学出版社，2008）

过分地转向方法论。当然，米塞斯本人极大地发展了奥地利学派的宏观经济理论，比如他的信用、货币周期理论（*The Theory of Money and Credit*，1912），罗斯巴德（Murray Rothbard）后来依据这一理论对美国大萧条进行了分析[1]。米塞斯也在社会主义大论战中，发展了奥地利学派的比较制度理论（主要著作是1922年的*Die Gemeinwirtschaft：Untersuchungen über den Sozialismus* [*Socialism：An Economic and Sociological Analysis*]）。比他稍晚的哈耶克也发展了商业周期理论（*Prices and Production*，1931）与资本理论（*The Pure Theory of Capital*，1941）。

不过，也许是因为身处在自己的学术传统被不断边缘化的学术与社会环境中，米塞斯、哈耶克对于方法论问题也极端关注（比如米塞斯著有*Grundprobleme der Nationalökonomie* [*Epistemological Problems of Economics*]，1933）。他们关于应用经济学的讨论，通常也刻意地突出奥地利学派方法论的特殊性。这种学术关注点后来吸引了很多追随者，奥地利学派经济学圈内似乎形成了某种"方法论"狂热。与此相关，这个圈子的学者们对经济学的哲学基础问题进行了广泛的研究。

这样的讨论是必要的，相关研究也是经济学传统中最具有哲学意味的。但是因此而忽略应用经济学的讨论，忽略对现实的解释，却只能使自己的理论更为边缘化。

一直到20世纪80年代，随着奥地利学派的复兴，新一代奥地利学派经济学家开始淡化方法论意识，转而关注经济学的实体问题。一部分奥地利学派经济学家接续米塞斯、哈耶克的资本、商业周期理论，发展奥地利学派的宏观经济学，这方面重要的著作有Roger Garrison的*Time and Money*（2000）和Steve Horwitz的*Microfoundations and Macroeconomics*（2000）。

还有很多学者致力于发展奥地利学派的制度理论。学者不断地

[1] 默里·罗斯巴德，《美国大萧条》，谢华育译，上海：上海人民出版社，2003。

重新思考“社会主义核算大论战”，并依据奥地利学派的比较制度理论以及俄罗斯和东欧国家的转轨现实，讨论苏联制度的形成过程与转轨前景。Peter Boettke 在这方面进行了很多努力，包括*The Political Economy of Soviet Socialism：The Formative Years，1918 – 1928*（1990）；*Why Perestroika Failed：The Politics and Economics of Socialist Transformation*（1993）；*Calculation and Coordination：Essays on Socialism and Transitional Political Economy*（2001）。

同时，还有一些学者开始尝试提出奥地利学派的增长与发展理论，用奥地利学派的企业家理论来解释经济增长过程。比如，目前在台湾地区任教、为本书也贡献了一篇文章的余赴礼教授一直从事这方面的研究：*Entrepreneurship and Economic Development in Hong Kong*（1997）；*Taiwan's Economic Transformation in Evolutionary Perspective：Entrepreneurship，Innovation Systems and Government*（2007）。

所有这些应用经济学理论，都有助于理解中国的经济增长与制度变迁过程。

毫无疑问，奥地利学派理论在中国晚近发生的制度变迁过程中，发挥了重要作用。自 20 世纪 90 年代以来，米塞斯、哈耶克的著作被大量译介入中国。引人注目的是，国内译者更为偏好他们的政治经济学甚至是政治学论述，迄今为止，除了 20 世纪 60 年代出版过哈耶克的《价格与生产》译本——当然现在早已绝版——之外，90 年代以来，没有人翻译哈耶克早年的专业经济学著作。因而可以说，奥地利学派对中国学界、公众的影响似乎主要发生在观念层面。[1] 米塞斯、哈耶克关于市场优越于计划、计划经济不可

---

[1] 有学者指出，20 世纪 60 年代以后，美国学术界对奥地利学派兴趣复苏的一个原因就是“奥地利学派主要阐述者背后的自由市场意识形态”（Peter J. Boettke and David L. Prychitko，1994，“The Future of Austrian Economics”，in Peter J. Boettke and David L. Prychitko（eds.），*The Market Process：Essays in Contemporary Austrian Economics*，Edward Elgar，p.290）。

行的论述，对于人们确立市场信念产生了重要作用，进而广泛而深刻地影响了90年代以来的制度变革，不仅在经济领域，也包括法律、社会与政治领域。哈耶克关于法治的论述，对于主流法学理论的形成影响深远。正因为如此，在中国学界，始终存在着一个奥地利学派，渗透于经济学、法学、政治学、社会学等领域。

当然，奥地利学派如果仅仅具有观念、信念功能，那它的生命力就不是持久的。其实除了对市场、法治、宪政的信念之外，奥地利学派也对这些价值提供了可信的学理论证，同时也提供了可操作的制度设计框架，至少在其相关的讨论中隐含了这些内容。对于中国的奥地利学派学者来说，发掘、阐述和发展这些理论，既可推动奥地利学派自身理论的发展，也有助于理解中国所发生的经济增长和制度变迁。

一百多年来，中国经历了复杂而曲折的制度变迁。过去30年中，中国经历了又一轮制度剧烈变迁过程。在此过程当中，中国经济也经历了长期而高速的增长，中国社会经历了显著而深刻的变化。对于这些变化、变迁，具有丰富理论资源，尤其是关于人、行动、规则、制度之理论资源的奥地利学派，完全有能力提供有效的解释。事实上，甚至可以说，奥地利学派对于解释这样的变化，具有特别的优势。因为借助丰富的制度比较研究，奥地利学派对于市场、法治、自治、宪政等制度的机理理当有更为深入的理解，这种理解有助于解释已经发生的变化，描述变化的现状，以及预测变化的前景。

本书就是中国的奥地利学派学者——不论其认同程度之强弱——在这方面进行的一次努力。这里所收录的论文涵盖了经济学、法学、政治学乃至历史学领域。全部论文分为三大部分，第一部分的论文利用奥地利学派理论及相关理论对中国过去30年所发生的制度变迁进行了一般性讨论；第二部分的论文集中于经济增长与经济制度变迁；第三部分的论文关注的是法律、社会制度的变迁。

这样的努力只是一个开头，奥地利学派的经济学、法学、政治学乃至社会学理论是一座富矿，值得更多人进一步挖掘。奥地利学派学者所发展的信用货币理论、制度理论、企业家理论、知识理论、普通法理论、商人法理论、宪政理论等，对于中国学者理解中国转型的问题及设计转型的制度方案，均具有丰富的启发意义。

这一次华人哈耶克学会学术年会的召开，得到了浙江大学社会科学研究院的支持，在此表示感谢。

姚中秋

2008 年冬

目　录

第三部分　法律与社会制度变迁

第一部分　制度转型的一般理论

从奥地利主观方法论 “经济转型”

余赴礼*

提　要：虽然近年关于经济转型的文献大量涌现，但是我们对于经济转型概念的理解还是相当有限。本文提供一个奥地利学派的“经济转型”理论。这个理论以人为本，方法上建基于“人类施为”的概念，且着眼于人的主观思维、学习、期望、错误、尝试及创见等元素。本文运用及发挥主观方法去阐明经济转型现象，结论是各转型经济会朝向个别特有的体制发展，而这种发展是无人能预知的。本文的理论架构能解释经济改革过程中出现的阻力和抗拒，并对两类改革，即渐进主义和休克疗法提出新的看法。

关键词：经济转型；体制；人类施为；主观明白；知识与学习

一、前言

自俄罗斯、东欧等国放弃极端中央计划经济，学者们便对经济转型产生浓厚兴趣。不幸的是，自柏林墙倒下后近20年间，我们对转型经济的理解仍是十分贫乏（Roland，2001）。关于转型期经济的问题，在观点上仍存极大的分歧。虽然近年关于转型体制的文献不

---

* 台湾逢甲大学经济学系教授。

断大量涌现，但是我们对于转型期经济的概念还是相当混乱[1]，欠缺一个可以在转型过程中作为政策指导的理论（Havrylyshyn，2001）。Kornai（2000）更坦言我们不需要为经济转型作出定义，我们只需知道开始与结束便可。缺乏了理论，难怪政策指导会出现混乱。

主流新古典学派学者认为经济转型存在严重的经济扭曲[2]，所以他们主张纠正价格。新古典学者忽视了结构性不明确、学习及演变过程，且把均衡等同于经济稳定，如此一来，过渡期的不稳定就是发生在两均衡点之间。例如，Roland 和 Verdier（2000）就转型期政策执行上产生的协调问题建议排除坏的均衡处。大抵而言，主流经济学者的政策建议皆围绕着如何由社会主义的中央计划经济转到民主式的市场经济。这些学者不理会历史及制度的局限，相信"只要砍掉中央计划经济，开放市场，新的市场经济体制便可水到渠成"（Hare，2001）。新古典经济学的观点在国际上执政策建议牛耳，特别是"华盛顿协议"[3]的学者与策划者，他们着眼于资源配置效率。他们对于经济制度的改革工程，抱极大信心（Roland，2001）。"华盛顿协议"人士全面应用新古典经济学工具，分析与思考过程完全脱离经济转型的历史背景、政治及社会状况（Weissko-pf，1997）。"华盛顿协议"之观点建基于新古典学派的价格理论和稳定经济政策，未能掌握每个国家的特有历史因素，结果不能解释转型体制所发生的现象。很自然地，当这些人士发现俄罗斯及东欧社会主义国家经过价格开放后 GDP 大幅度下挫，便大感震惊且不

[1] 文献中关于转型经济的定义，仍不清晰。传统经济理论大抵认为转型经济是一个向市场经济迈进的过渡体制（IMF，2001）。IMF（2001）曾制定了转型经济向市场经济转型程度的总指标。在奥地利学派的文献中，Colombatto（2002）以时间去定义转型经济：一个经济转型需要多久时间引入、建立和固定新体制和新组织；人们需要多少时间学习运作以私有产权为基础的新体制以及适应他们从未遇到过的游戏规则。

[2] 例如 Kierzkowski（1997）提出经济转型是从生产可能曲线内缺乏效率的位置转移到比较接近生产可能曲线的更有效率的位置。Havrylyshyn（2001）也用相似的新古典观点。

[3] John William 于 1990 年首次用"华盛顿协议"一词代表国际货币基金组织和世界银行等人士的意见（Roland，2001）。

知所措。

本文将提出一个奥地利学派的转型体制理论。至今利用主观方法研究转型体制者不多，例外者如 Colombatto（2002）尝试利用奥地利学派方法分析转型经济。他特别应用了哈耶克之说，提出三个准则来看经济转型：一、知识之获得；二、个人责任；三、市场自由进出。依 Colombatto 之见，分析转型经济，应留意机会之改变及人民是否愿意掌握这些机会，故此外来之冲击应当被视为机会之来临。Colombatto 正确地指出知识问题对于了解体制改变极为重要。可惜他只强调机会与局限，使得他的论点与新制度经济学相似，而未能够把奥地利学派的主观精神发挥。本文将把经济转型定义为社会知识库正在急速转变的经济。本文之独特处在于以人为本，并将从人之主观元素，如感知、学习、错误、期望、尝试及创新等去了解体制之转变。

本文从认知角度看经济转型，方法上建基于"人类施为"（human agency）的概念及从人的思维出发。如此，人类建立的制度可被视作社会的知识库，这些制度是人类经过不断运用资源的过程而不自觉地衍生出来的结果。经济转型的意义也就是制度的改变，而这些改变是来自人的主观思维的改变。制度的稳定就是人民集体认为其共同的知识库已可达到协调经济活动的目的而不思改变。换言之，他们对外来事物的诠释是相近的，且不会有矛盾。本文之奥地利学派架构可以帮助说明两个问题：第一，转型期间对新事物抗拒的原因；第二，厘清两种改革方案，即渐进主义与休克疗法。

二、哈耶克的认知过程：心智、感知与归类

或许哈耶克是第一位有系统地对人如何处理不确定问题而提出认知模型的奥地利学派学者。如下文所述，他建立了一个"心智建构"模型，以了解制度之出现。根据哈耶克的讲法（Hayek，1952，1962)，明白他人的行动是一项复杂的过程，当中涉及界定类型、模

仿、内化（接受）并转换成跨越空间与时间范畴的行动或知觉。人在模仿及行动之前，必须了解和界定他所看过的外来事件。然而不是所有的外来现象都是全新的，它们可能与某些过去经验过的东西相似（Hayek，1952；Fleetwood，1995：111）。哈耶克（Hayek，1952：104）将此感官上的知觉描述成“分类的执行”，换句话说，人的心智有能力按感官对外来事物分门别类。纵使这人对某些现象从未经验过，也能粗略地把它认知为“同一类型”。在感知的过程中，人在心里逐渐建立了一套过往外来事物冲击的记录，或者更准确地说，一套外来冲击物之间的联结性或相关性的记录，并用来比较眼前的新事物。以哈耶克之言（Hayek，1952：142）：

> 我们所知觉的永远不会是个别事物的独特性质，而是事物与事物之间共同的性质。因此，感知永远是一种诠释，一种将某事物置于某一类或某几类的归类活动。

如果某事件或一连串的外来刺激物多次重复出现，就会在脑海中注记下来而形成类型。当每一次出现同样的事情或冲击，脑中就会产生相同的反应。这就是说，该外来事件所产生的“刺激信号”会行走相同的路径，形成相同的联结，并产生相同的结果，最后是该事件会被归为同一类（Fleetwood，1995：115）。值得再提的是，感知建基于个人的经验，所有感受到的东西会遇到已经记录在脑海中的资料库。每一次接收一个或一种新的外来信息（即刺激元素），都会受到先前归类的影响。每一个新的现象之被感受，都会与其他事件关联起来，并与其他同类的事件相提并论（Hayek，1952：142—143）。[1]

［1］Lane 等（1996：53）从哈耶克的观点论述道，当所遭遇的新处境要求有所行动时，我们的心智系统“根据先前经验过的处境而形成的模式，开始对该处境进行归类的动作。不同的类别分别联系特定的行动：此联系决定于与当前处境特征相似的过往所采取之行动的效果。根据该联系，此归类—行动体系因而产生了一个行动”。

三、经验法则与制度作为协调的机制

上节揭示了人的感知与行动是由经验所操控。哈耶克认为，因为人类思维能力有限，为了节省脑力，所以要依循经验法则办事。运用经验法则是人们应付其知识贫乏的方法（Hayek，1967：90）。用经验法则来带领行动的现象是因为多数时候，面对特定环境时人们无可避免地受到知识不足的困扰，而特定环境却又决定行动。经验法则可以帮助我们在复杂处境之下进行决策，方法是减少在复杂环境下所需考虑的因素，缩窄了我们选择的范围，只需单独地抽出事实的类别，便可决定应采取的行动（Hayek，1964：11）。以哈耶克之言（Hayek，1962：56—57）：

> ……经验法则常常决定或限制了可能的选择范围。借着删除某类选择，并提供某种常用的达成目标的方法，经验法则限制了我们进行有意识选择的范围。
>
> 例如，当道德规则变成人的生活的一部分时，某些选项根本不会出现在他的选单中……因为道德规则引导行动，所以我们观察某人不会做什么比看他会做什么更佳。

因此，“经验法则不仅控制我们的行动，也控制我们的感知，尤其是我们对他人行动的感知”（Hayek，1962：45）。制度或办事准则可以被视为共同的行为规范，它们简化这个世界的复杂度，让事情的运作有某种程度的可预测性，也标准化了这个复杂世界，并协助解决市场互动的问题。每个人在有规范的世界中行动，确保了经济活动在某种程度上的规律性及社会秩序。因此，制度的改变可视为新的办事准则尝试取代旧的办事准则的过程。

四、创新对感知过程的冲击：干扰与重新归类

人并非是被动的机械。我们不只会适应外在的世界，也通过有目的及有意识的选择，调整环境以满足个人所需。除了作为知识的扩散者与使用者外，人同时也是知识创造的来源。换句话说，人是知识的建立者与使用者、经济过程的创造者及启动经济变革的引擎（Hayek，1952；Rizzello，1999，2000）。就这一点而言，经济变动是与人们不断的创造其存在的理由有关，人总是尽可能按照有利于其自身的方向去发展，并尽力影响及决定这个世界的未来样貌（Rozzello，2000）。这就是人类创见的基础。

新颖的创见在感知过程中制造了新动力。新的冲击不会使诠释系统产生即时反应，因为这会造成错误行为。相反，人的心智先会评估这些新事物是否切合其内心的整体图像（或模式）。选择适合的反应所牵涉的，不仅是以一个行动回应一个外来问题，更会联系过往的诸多记录（Fleetwood，1995：115）。假若有些外来的事物无法被归类，或人的诠释架构无法对当前从未遇到过的处境分类，从而无从提出合适的应对，思维过程便进入了过渡阶段，感知机制便会运作其间。换句话说，感知机制可从某一式样的类型移转到另一可以辨认的类型。假若缺乏在不同领域移转类型的能力，人将无法了解任何新颖的行为（Fleetwood，1995：112）。

不过，我们的思维系统往往未能对现时或不久的将来的情境作出适当的诠释（即诠释错误或预测错误）。换句话说，现存的经验法则无法应用于新颖的事情。如果是这样，这人便处于一个经验冲突的状态。只有慢慢地将事件重新归类和联系，新的经验法则重新建立起来（Hayek，1952；Fleetwood，1995）。毫无疑问，这个重新归类（或重新诠释）需很长的时间才能完成。而这个重新归类及建立新的经验法则的过程是理解经济转型的关键。以本文的认知论点，经济转型可定义为存在人们心理的诠释架构已经过时，不

能应付外面世界的急速转变，同时又未曾建立新的诠释架构去应付新的问题。这段时期，思维出现断层，诠释架构处于混乱状态。这个状态，反映于社会，谓之经济转型。

五、转型的过程：从感知到市场筛选

虽然经济转型是处于混乱状态，但并不代表经济活动停顿。相反，经济转型是一个极具动态的过程，其间人们努力地希望重建他们的诠释架构。本节将探讨经济转型过程中所发生的事情，更准确地说，是探讨如何从个人思维里的重新分类行动导致社会的总知识库的改变，继而出现新体制。这需要利用哈耶克的“自发秩序”来说明。

人对事件的主观诠释及选择，都要接受市场的检验。经济学的市场筛选相似于生物学的“物竞天择”，包括了三部分：变异、筛选及保留。[1] 变异的发生是通过人类施为。经济体系的筛选是事物随时间受到制度或典范而变化，以及通过利润或亏损而浮现。通过过滤的过程，那些获利的方案将存活下来；反之，那些亏损的方案将被淘汰。自利掌控着市场的筛选。一旦新的办事方式被发现更能获利或更为可行，人们将会反复使用并将其纳入办事常规。上文提过，思维的局限要求我们遵循经验法则，以帮助我们在复杂的处境中进行决策。经过尝试、改错与测新，新的办事法则出现，并成为新知识库的一部分。这个经济转型的动态理论的基础是把感知、试验及社群学习过程概念化。从认知角度，我们可进一步阐明经济

[1] 在生物学上，生物被视为是筛选的客体，近年来基因变成是筛选的主要客体。变异在每一个世代中发生，变异意味着在任何时候，所存在的一系列物体都是异质的。在生物学上，每一物种的个体都是彼此相异的。物体的歧异性，意味着某些物体比其他物体更适应现存的环境，某些物体比其他物体更成功。因而，某些物体比较容易被这个体系“筛选”，而其他的比较容易被淘汰。更大的适应性（在几率上）意味着更为成功的自我复制。今天，适应性的概念是 Hamilton 的“涵盖一切的适应性”。演化意义上的保留是记忆，大多通过基因来完成。为了存活，被筛选过的变异必然持续存在（Langlois and Koppl，1994）。

转型的时间长短。首先可以说的是，文化愈深层，社会的知识愈稳固地镶嵌，人们便需要愈长时间去摆脱旧思想、旧体制，如此便需要愈长时间转型。当文化深深植根（例如中国清末），施用温和的改革方案去除旧思想可能无效，而需要更猛烈的改革药方才可重新学习。这种处方有可能是政治革命或暴力推翻旧体制，结果是无可避免地带来流血及冲突。其次，假若人们需很长时间去诠释或明白外来事物，脱掉旧知识及重新学习新知识，那么过渡期便会更长。例如，加入欧盟的保加利亚、捷克、匈牙利、波兰、罗马尼亚比独联体国家学习得更快，过渡期亦较短（IMF，2001）。转型时间的长短，其关键在于思维、感知、诠释及学习。前几个国家在地理及政治方面接近欧盟原有国，容易理解西方国家的市场体制运作，所以学习亦较快。相反，独联体国家没有模式可依循。经过七十多年中央计划经济的封闭，这些国家的人民对于市场体制运作全不明白，自然需较长时间学习。

六、经济转型，终归何处？

经济转型，何去何从？对一般新古典及新制度经济学学者而言，答案是向市场经济发展。事实上，大部分经济改革学者，包括国际货币基金组织及世界银行顾问都相信转型经济应朝向自由市场体制发展。例如，IMF（2001）指出："建立有效的市场体制，长远而言，对所有国家都是重要的，但转型经济由于欠缺市场经济之先备条件，所以尤为重要。"因此 IMF 指出政府在经济转型中的角色是要从直接干预市场活动，转变成为建立及监督游戏规则的机构。其实，向自由市场体制转型只是其中一个可能性。正如 Hare（2001）指出的，有些在转型中的国家根本不愿意向市场体制发展。若从主观经济方法去看，这些转型中的经济不必要也不一定要发展成为欧美式市场体制或回到原来的中央计划经济制度，他们会向未知的将来迈进，这种看法是奥地利学派演进观的精神所在。根据奥地利学派创始人门格尔（Carl Menger）之见，制度之建立有两类：预设性与非预设性。虽然两类制度皆为人所创，它们的区别在于“预期”方面。预设性的制度是人民共同意愿规划出来的产物，这类制度的产品大致能被预料。非预设性的制度是“无数人在追寻自己私利时不自觉产生出来的社会制度”（Menger，1883/1985），这类制度是个人有目的的施为而产生整体未预料的结果。

奥地利学派的经济转型理论最突出之处是指出人类在创造一些他们事前不知道的制度。这类制度，虽是由人经过无数的经济行为创造出来，但它们的出现是非预设的，事前亦无人能知晓（Hayek，1979）。哈耶克强调人们在创造他们不知道的历史，无论这些制度有效率与否。哈氏道（Hayek，1979）：

> ……有很多伟大的事情不是人类有意识的追求的结果，更加不是人们**有目的地**协调后的产物，而是人们在经济过程中扮演了部分他们自己也不明白的角色。（黑体为笔者所加）

哈耶克的论点与当今新制度经济学派的观点大不相同。后者相信制度的产生是人类在局限下作出极大化（或极优化）选择的结果，而哈耶克认为制度之出现是人类学习、创见、尝试及试错的长期演进的结果。关于这点，Weisskopf（1997）指出：

> 最特别的是俄罗斯及东欧经济改革的路线已与原来的构想大大不同……俄罗斯的普遍文化与价值遇上了休克疗法，结果出现了新的经济现象。这种现象不是一般西方资本主义的制度，也非苏联的社会主义制度。

借用Earl（1998）之言，我们可以说：转型经济是“朝向一个未知的未来”。在IMF与世界银行的协助下，转型经济有可能朝向市场体制，但其实它们是朝向一种无人能预知的体制。

七、对改革的抗拒

有报道说，俄罗斯人在经济转变中因GDP大幅下降、物资极短缺而出现对改革的抗拒，面对贫穷与经济混乱，有些俄罗斯人希望回到以前计划经济的黄金日子。新制度经济学利用交易费用及能力观点来解释经济转型时为何出现抗拒。例如，Langlois和Robertson（1995）一书就以能力解释体制与惯性。张五常（Cheung，1982）则指出制度转变涉及两类交易费用：第一类，制度的运作费用，包括厘定及执行产权，商议及维护合约权益等；第二类，制度转变的费用，包括发掘其他的体制或说服人民去接受转变。以张氏观点，在中央计划经济下，制度的选择不多，导致制度的运作费用比私产制度为高。如果发掘其他的体制或说服人们接受转变的费用高，现有的体制便会持续下去。公共选择学派，如Aslund、Boone和Johnson（2001）则强调制度僵化是寻租活动所致，他们认为引入竞争可打破从寻租带来的垄断局面。演化经济理论则利用路径依赖及锁定效应的概念去解释体制僵化的原因，因此，持续没有效率的行为和体制之缺失有其历史因素（Arthur，1989；David，1995）。路径依赖在诺斯（North，1992）的“适应性效率”模式中扮演了重要角色。诺斯认为资产“联用性”（俗称“互补性”）、范围经济及网络外部性等原因使得经济活动偏赖现存既得利益的机构。以诺斯之言（North，1992：12）：

> 现存组织的利益导致的路径依赖、创业者的心智模型产生的意识形态使得现存的制度矩阵理性化，并倾向于支持被认为是与现存组织利益相一致的政策的观点。

我们可从奥地利主观学派观点重新说明体制惰性或抗拒改变的原因。旧制度之顽固性基本上源于心智思维。社会之知识库是人们的心智思维、诠释及学习的总产物，诠释过程有其时间上的先后程序，可以使得思维跟随常规。换言之，当我们看见某些事物，便会预期这类事情如何完成或如何应付。只需外来信息在大脑里组织成为一个图像，我们的主观诠释架构便不再需要思索或分析。只要有足够信息激发这个图像，诠释架构便能自动按图像工作，就如汽车驾驶者行走于一条熟悉的街道而无需依靠地图。不过，随时间流逝，重复的思维形成了习惯，并牢固地锁在旧思维及体制中，结果是不愿接受新事物（de Bono，1992）。不单如此，如果人们接受了既有知识，不再重新思索，感觉便会乘虚而入，成为主导，使之看见什么，不假思索，便单凭感觉去办事。其次，除非有其他竞争性的图像在诠释架构中发展，任何与现存的图像相似的事物，皆会被归为同类。再者，如果群体之知识库被视为社会建构的话，那么道德、习例、民风便会无条件地被接受为“对”，如有违规，便会受良心责谴。这样的话，体制经过社会化的过程稳固地存在着，因为群众会向“好”的规则学习，而这些法例及习俗构成了他们的归宿（Ackermann，1998）。

我们不禁会问，为了加速经济转型及防止体制因循，人们遇到外来事物，思维能否不先入为主？不幸的是，正如 Allen 和 Haas（2001）指出的，所有认知的改变都不容易。人们往往不愿放弃其现有的见解、感觉和体制，不愿将过往经验转化成新视野。如上所述，应用经验法则有其好处，可惜随时间变迁，既有思维在大脑生根，难于切除，且对整顿处方产生顽强的抗药性。换言之，随时间增长，脑中每件知识互相紧扣，形成了一个庞大的思维模式。而这种思维模式受到习俗、常规和社会规范的加持，到时要改变思维，十分困难（de Bono，1992）。

八、两种经济改革方法：渐进主义和休克疗法

如果我们接受上述分析，认为经济转型是人们思维的改变，那么本文的理论便可进一步讨论两种经济改革方法，即渐进主义和休克疗法，前者是中国内地所采用，后者是俄罗斯所采用。[1] 渐进主义，顾名思义，是改革逐渐推进。20 世纪 80 年代，中国政府推行经济改革，即引进市场机制，建设一个有中国特色的社会主义国家，并命名为改革开放。这种渐进改革政策有一个好处：人们既可以局部地保存他们原来的思想，同时又可学习新的做事方法。改革由农村展开，推行“农村责任制”，目的是在农村试验市场机能，“容许农民先富裕起来”。倘若这个方法成功，改革将会被扩展到工业和金融业。这个新计划，在人们的计划经济思维中注入了刺激素。农村改革带来了新机会，农民开始察觉到新机会。起初，农民不知道如何做起。当时，他们仍然使用过往公社大锅饭的概念来处理新事物，许多人都不敢向前迈进。改革初期，大部分农民的思想仍受到过往极“左”思想影响，纵使一些农民表现出积极向前的农村企业家风采，他们也会被其他保守农民谴责为资本主义的“牛鬼蛇神”。然而，经过一段时间，许多农村企业家富裕起来。保守的思想开始动摇，越来越多农民学习市场游戏法则，新政策逐渐变得可行。更准确地说，人们脑袋里慢慢地出现一个以市场形式处理事情的概念。这种思维渐渐得到认同，连续不断的利益回报加强了这个思维。农业改革成功后[2]，类似的方案如“包干到户”（一种合约制度[3]）被扩

[1] 有些学者不同意这两种分法。本文不打算涉及这个争辩，只是希望说明这两种改革方法，也可用主观理论观之。

[2] 张五常（Cheung，1998）总结道：“毫无疑问，在中国，农业责任制达致空前成功。”

[3] 在试验期间，实行了不同类型的合约制度。有关的详细讨论，见 Shiu（1997）。

展到工业和金融业[1]。结果愈来愈多人接受新的做事方法，甚至保守的人也重新学习新思维，参与市场经济活动及学习私人企业办事方法。市场活动被扩展至全国经济，于是，一个新的社会知识库慢慢地建立起来。人们共用新的社会知识库，也就是说各人的预期相近，大大减低了协调的费用。这部分说明了中国经济改革成功的原因。

与渐进主义相反，休克疗法要求人民一下子全面放弃旧思维，并在极短时间内重新学习。这是一种革新性学习，在俄罗斯，这等同于要求人们放弃他们一贯坚持的计划经济，而改用资本主义方式办事。这种方法在人们的思维中引起极巨大的震荡。俄国人一觉醒来，发现他们沿用的排队购买粮食的方法已不再有效，他们的共用知识库再不能诠释新事物及解决日常问题。换言之，他们丧失了共同的预期，结果是经济协调失效，生产及经济活动陷入混乱。这说明了为什么当年俄罗斯及东欧国家的经济转型，平均产量下跌了40%，人们收入大幅下滑，出现大量裁员及厂房空置（Fischer，2001）。

经济改革使俄罗斯人生活异常困苦，一些仍以旧思维去诠释及解决日常问题的人士感到生存在以前体制中更为容易，故此对旧体制十分怀念，认为中央计划经济下生活安定，更有保障（Weisskopf，1997）。这解释了为何俄罗斯人抗拒经济改革。上文曾提及，思维的改变是成功的经济转型的必要条件。Stein（1997）正确地指出：“社会体制并非客观物质现象，而是人的思维建构。”因此经济改革方案最重要的事情是协助人们改变思维和学习新事物。

九、结语

本文尝试在主流新古典的经济工程方法及新制度学派的产权

[1] 工业和金融业的结构比农业更复杂，所以中国工业改革比较农村改革，面对更多困难在意料之中。有关农业和工业改革所涉及的交易费用分析，见Cheung（1998）。有关中国银行业改革的回顾，见Shiu（2003）。

理论之外提供一种关于经济转型的看法。本文的奥地利主观方法利用人的主体行动理论去解释经济转型和体制改革，这种方法引进人的元素，包括认知、感受、学习、犯错、试验及预期等，去诠释经济转型的各种现象。如此，说明经济体制之存在及改变是以人为本。目前用奥地利主观方法去说明经济转型和体制改变的研究不多，本文引用的例子也是概括性的，希望抛砖引玉，带出更多这方面的研究。

参考文献

1. Ackermann，R.，1998，“Institutional Path Dependence，History and Reform”，Paper presented at the EAEPE Annual Conference in Lisbon，November.

2. Allen，Mark and Rick Haas，2001，“The Transition in Central and Eastern Europe：The Experience of Two Resident Representative”，*IMF Staff Papers*，volume 48，Special Issue：Transition Economies：How Much Progress，Washington DC：IMF，pp.9－28.

3. Arthur，W.B.，1989，*Increasing Returns and Path Dependence in the Economy*，Ann Arbor：University of Michigan Press.

4. Aslund，Anders，Peter Boone and Simon Johnson，2001，“Escaping the Under-reform Trap”，*IMF Staff Papers*，volume 48，Special Issue：Transition Economies：How Much Progress，Washington DC：IMF，pp.88－108.

5. Berger，P. and B. Berger，1976，*Sociology：A Biographical Approach*，revised edition，Middlesex：Penguin.

6. Chavance，Bernard and Eric Magnin，1997，“Emergence of Path-dependent Mixed Economies in Central Europe”，in Ash

Amin and Jerzy Hausner (eds.), *Beyond Market and Hierarchy: Interactive Governance and Social Complexity*, Cheltenham: Edward Elgar, pp.196－232.

7.Cheung, S.N.S., 张五常, 1982, “An Economic Theory of Institution Change”, in *Will China go ‘Capitalists’?* Hobart paper no.94, London: Institute of Economic Affairs, pp.30－47.

8.——, 1998, “Deng Xiaoping's Great Transformation”, *Contemporary Economic Policy*, April, XV (2).

9.Colombatto, Enrico, 2002, “Is There an Austrian Approach to Transition?”, *Review of Austrian Economics*, January, 15 (1): 61－74.

10.David, P.A., 1995, “Clio and the Economics of QWERTY”, *American Economic Review*, 75: 332－337.

11.de Bono, E., 1980, *Opportunities*, Middlesex: Penguin.

12.——, 1992, *Serious Creativity*, New York: Harper Business.

13.Denzau, A.T.and D.C.North, 1994, “Shared Mental Models: Ideologies and Institutions”, *Kyklos*, 47 (1): 3－31.

14.Earl, P., 1998, “Consumer Goals and Journeys into the Unknown”, in Marina Bianchi (ed), *The Active Consumer: Novelty and Surprise in Consumer Choice*, London: Routledge.

15.Fischer, Stanley, 2001, “Ten Years of Transition: Looking Back and Looking Forward”, *IMF Staff Papers*, volume 48, Special Issue: Transition Economies: How Much Progress, Washington DC: IMF, pp.1－8.

16.Fleetwood, Steve, 1995, *Hayek's Political Economy: The Socio-economics of Order*, London: Routledge.

17.Hare, Paul G., 2001, “Institutional Change and Economic Performance in the Transition Economies", *Economic Survey of Europe*, no.2, New York: Economic Commission for Europe, United Nations, pp.77－95.

18. Harper, D.A., 1996, *Entrepreneurship and the Market Process: An Inquiry into the Growth of Knowledge*, London: Routledge.

19. Havrylyshyn, Oleh, 2001, "Recovery and Growth in Transition: A Decade of Evidence", *IMF Staff Papers*, volume 48, Special Issue: Transition Economies: How Much Progress, Washington DC: IMF, pp.53－87.

20. Hayek, F.A., 1952, *The Sensory Order*, Chicago: University of Chicago Press.

21. ——, 1962, "Rules, Perception and Intelligibility", *Proceedings of the British Academy*, XLVIII, pp.321－344, reprinted in F.A.Hayek, 1967, *Studies in Philospophy, Politics and Economics*, New York: Clarion Book, pp.43－65.

22. ——, 1964, "Kind of Order in Society", *New Individualist Review*, 3 (3): 3－12.

23. ——, 1967, *Studies in Philosophy, Politics and Economics*, New York: Clarion Book.

24. ——, 1979, "Purposive Social Formations", in *The Counter-Revolution of Science*, Indianapolis: Liberty Press, pp. 141－152.

25. International Monetary Fund, 2001, *World Economics Outlook*, May, Washington DC: IMF.

26. Kierzkowski, Allsopp, 1997, "The Assessment: Economics of Transition in Eastern and Central Europe", *Oxford Review of Economic Policy*, summer, 13 (2): 1－21.

27. Kornai, Jano, 2000, "The System Paradigm", in Wal-

traud Schelkle, Wolf-Hagan Krauth, Martin Kohli and Georg Elwert (eds.), *Paradigms of Social Change: Modernization, Development, Transformation, Evolution*, New York: St. Martin's, pp.111 - 133.

28.Lachmann, L.M., 1970, *The Legacy of Max Weber*, London: Heinemann.

29.Langlois, R.N., 1986, "Coherence and Flexibility: Social Institutions in a World of Radical Uncertainty", in I.M. Kirzner (ed), *Subjectivism, Intelligibility and Economic Understanding*, New York: New York University Press.

30.Langlois, R.N. and R.Koppl, 1994, "When Do Ideas Matter? A Study in the Natural Selection of Social Games", *Advances in Austrian Economics*, 1: 81 - 104.

31.Langlois, R.N.and P.L.Robertson, 1995, *Firms, Markets and Economic Change: A Dynamic Theory of Business Institutions*, London: Routledge.

32.Mantzavinos, C., Douglass C.North and Syed Shariq, 2001, "Learning, Change, and Economic Performance", working paper, Max Planck Institute.

33.Menger, Carl, 1883/1985, *Investigations into the Method of the Social Sciences with Special Reference to Economics*, New York: New York University Press.

34.——, 1871/1994, *Principles of Economics*, Grove City, PA: Libertarian Press.

35.North, D., 1990, *Institutions, Institutional Change and Economic Performance*, Cambridge: Cambridge University Press.

36.——, 1992, *Transaction Costs, Institutions, and Economic Performance*, San Francisco, CA: An International Center for Economic Growth Publication.

37.O'Driscoll, G.and M.J.Rizzo, 1985, *The Economics of Time and Ignorance*, London: Blackwell.

38.Popovic, Danica, 2001, "Discussants' Comments on Professor Hare's Paper", *Economic Survey of Europe*, no.2, New York: Economic Commission for Europe, United Nation, pp. 95 – 97.

39.Rizzello, S., 1999, *The Economics of the Mind*, Aldershot: Edward Elgar.

40.——, 2000, "Economic Change, Subjective Perception, and Institutional Evolution", *Metroeconomica*, 51 (2): 127 – 150.

41.Roland, Gérard, 2001, "Ten Years After… Transition and Economics", *IMF Staff Papers*, volume 48, Special Issue: Transition Economies: How Much Progress, Washington DC: IMF, pp.29 – 52.

42.Roland, Gérard and T.Verdier, 2000, *Law Enforcement and Transition*, Discussion paper, no. 2501, July, London: CEPR.

43.Schutz, A., 1970, *On Phenomenology and Social Relations*, Chicago: The University of Chicago Press.

44.Shiu, Gary, 萧满章, 1997, "Searching for Stones to Cross the River: The Micro-experimental Approach to Economic Reform-Lessons from China", PhD Thesis, Department of Economics, George Mason University.

45.——, 2003, "Asset Management Companies and the Coordination of Banking Reforming in China", in Tony Fu-Lai Yu (ed.), *East Asian Business System in Evolutionary Perspective*, New York: Nova Science Publishers.

46. Stein, Johan, 1997, "How Institutions Learn: A Socio-Cognitive Perspective", *Journal of Economic Issues*, September, XXXI (3): 729 - 740.

47. Weick, K.E., 1969, *The Social Psychology of Organising*, Cambridge, Mass.: Addison-Wesley.

48. ——, 1995, *Sensemaking in Organisations*, Thousand Oaks: Sage.

49. Weigert, A.J., 1981, *Sociology of Everyday Life*, New York: Longman.

50. Weisskopf, Thomas E., 1997, "Economics Without History: The Effort To Westernize The East", in Nahid Aslanbeigui and Young Back Choi (eds.), *Borderlands of Economics: Essays in Honor of Daniel R. Fusfeld*, London: Routledge Press.

51. Yu, Tony Fu-Lai, 余赴礼, 1998, "Economic Development in Latecomer Economies: An Entrepreneurial Perspective", *Development Policy Review*, 16 (December): 265 - 280.

52. ——, "Toward a Praxeological Theory of the Firm", *Review of Austrian Economics*, 12 (1): 25 - 41.

作为一种制度变迁模式的“转型”

姚中秋

提　要：中国过去30年的制度变迁过程有别于“转轨”，主要呈现为一种特定的制度变迁类型——“转型”。本文依据奥地利学派的制度理论，即门格尔的制度生成理论和哈耶克的规则—秩序理论，对此进行了理论上的分析。本文指出，转型始于立法企业家的规则创新活动，随后通过某种程序而成为公共规则，实现制度的局部变迁。这种模式具有在一定时期内有效利用社会内部既有制度资源的优势，但也存在其无法克服的内在局限。

关键词：转型；制度变迁；奥地利学派

一、前言

制度至关重要。研究制度，首先需要研究制度如何生成，接下来就是研究制度如何变迁。制度变迁有多种类型，本文关注的是中国过去30年的制度变迁——不只限于经济领域，还涵盖社会、精神、文化、经济甚至宪法等各个领域的一般意义上的制度变迁。本文并不试图对这一制度变迁过程进行实证研究，而是对此过程所隐含的那种类型的制度变迁现象——即“转型”，进行纯理论的抽象研究，并据此在奥地利学派框架内提出制度变迁的若干一般性结论。

本文所说的制度变迁主要限定于正规制度。在各个领域中，人们赖以行动的规则和执行机制以恰当的方式组合，就成为制度。制度可能合理，也可能不合理。恰恰因为制度不合理，才有制度变迁之必要性，制度变迁才是有意义的。因而，制度变迁是有价值取向的。中国之所以出现制度变迁，就是因为此前的制度是不合理的。过去30年所发生的制度变迁，总体而言，使制度趋向合理，具体表现为公民（包括企业家）的自由获得扩展，市场正常运转所需要的种种制度渐进发育。正是这一点，释放了经济主体的创造性，使经济出现高增长。因此中国的市场化制度变迁就呈现为市场、社会正常运转所需要的适切的规则、制度被创造出来，并且替换原有不合理的规则、制度（规则、制度在本文中经常互换使用）。

本文所要讨论的问题是，人们如何发现适切的规则，以及谁、通过什么样的途径使这类规则具有普遍约束力。通过对这些问题的分析，本文旨在讨论制度变迁的一般问题：什么样的规则创新、发现和确认程序，最有助于确保新规则之适切性与正当性？通过对作为一种变迁模式的“转型”之限度的讨论，探讨自发秩序与理性设计的关系。

在此，似乎有必要厘清“改革”、“转型”、“转轨”等词的含义。本文基本上不用“改革”这一含混的概念。作为与“革命”相对而言的“改革”或“改良”，其所指的乃是由执政者基于自己的利害计算，通过主动制定法律、政策的方式，自上而下地调整既有制度。有很多人士不加辨析地以“改革”来描述、解释中国过去所发生的制度变迁，其中就隐含了执政者自上而下设计新制度的理论。本文使用“转型”一词，恰恰是要反对这种解释。本文认为，中国过去二三十年所发生的制度变迁，尤其是其中的良性部分，大体呈现为一种类似于普通法的制度变迁模式：民众率先突破旧制度，在其“违法”行为中创造出新规则，作为旧制度之支配者的立法者将此确立为正式的制度，从而使旧制度局部地发生变迁。这是一个自下而上的、同时也是渐进的制度变迁进路。俄罗斯、东欧所发生的制度变迁则是严格意义上的“转轨”，类似于“革命”，制度变迁以制度框架的整体变化为开端。也就是说，在本文的论述中，转型与转轨是两种截然不同的制度变迁模式。

本文的讨论将以门格尔、哈耶克所发展的规则演进和制度变迁理论为基础展开，结构如下：第二节讨论奥地利学派创始人卡尔·门格尔的规则生成理论。之所以由此开始，是因为关于制度生成的理论乃是研究制度变迁的前提。第三节讨论哈耶克的规则变迁理论。这两节提出了本文将要讨论的作为一种制度变迁模式的“转型”的理论工具，如立法企业家、个人规则、社会规则、公共规则、规则筛选程序等。第四节讨论立法企业家在转型中的作用及其创新规则的知识依据。第五节讨论这些个人规则公共化的程序，指出转型基本上采取的是一种政治化的普通法的制度变迁进路。第六和第七节是对转型模式进行评估，第六节探讨了转型模式的优势，第七节则探讨了转型作为一种制度变迁模式的限度。最后的结论指出了这些讨论的一些理论内涵。

二、门格尔的制度生成理论

卡尔·门格尔在其晚年讨论方法论的著作《经济学方法探究》[1] 一书中，系统地阐述了一种个人主义的、自发秩序的规则生成理论，他自己称为“原子论”或“精确的解释”理论。这一理论将斯密的“看不见的手”理论用于解释制度形成，并开创了奥地利学派制度分析的基本进路。

门格尔首先清楚地区分了规则、制度的两种不同形成机制。他提出：“有大量社会现象是社会成员达成协定或者是实证立法的产

[1] 卡尔·门格尔，《经济学方法论探究》（以下简称《探究》），姚中秋译，北京：新星出版社，2007。

物，是被视为一个独立的活动主体的社会有目的地进行集体活动的结果。”这就是刻意创造的规则或制度，有人称之为“外在制度”。请注意，外在制度及与之相对应的内在制度的区分，乃是以其起源而划分的。[1]

不过，另有一部分社会现象“并不是社会成员达成协定或立法的结果”[2]。门格尔用大量篇幅讨论了这种制度的形成机制，包括作为一种制度的货币、法律、居民聚居点甚至国家“有机地”形成的机制。按其起源，它们属于“内在制度”。对于这类制度，门格尔的基本观点是：这些制度，以及大量其他社会制度、语言、道德规范，尤其是大量经济制度，都是在“没有明文的协定、没有立法强制甚至在不考虑公共利益的情况下，而纯粹是在自身利益的驱动下，作为追求这些利益的活动的产物而形成的”[3]。

综观门格尔的讨论，这类内在制度形成的过程，似乎始于生活在某种情境中的个体感受到某种“问题”、困扰。在货币制度的例证中，某些个体感觉到用实物交换十分不便。在法律的例证中，“每一个人，即使没有受到直接的伤害，也都会感受到他的利益受到暴力活动的最严重的威胁，尤其是那些处于弱势的个体，而他们与强者相比，总是居于多数。在这种情况下，就会形成一种信念：有必要对专制……施加某种限制。”[4] 正是问题的困扰，促使人们为了增进自身利益而寻找解决自己已经意识到的问题的办法。

重要的是，需要限制专制权力的“这种念头很可能最初只是出现在本民族最聪明的人的头脑中，也即那些能够认识到超出眼前

---

[1] 关于这一点，可参见：柯武刚，史漫飞，《制度经济学：社会秩序与公共政策》，韩朝华译，北京：商务印书馆，2000，第 36—37 页。哈耶克引用古希腊人的划分，讨论过 nomos（法）和 thesis（律）、cosmos（人造的秩序）和 taxis（生长的秩序）（邓正来分别译为“内部规则”与“外部规则”、“内部秩序”与“外部秩序”，见：弗里德里希·冯·哈耶克，《法律、立法与自由》，第一卷，北京：中国大百科全书出版社，2000）。

[2]《探究》，第 133 页。

[3]《探究》，第 147 页。

[4]《探究》，第 219 页。

的短期利益的长远利益的人的头脑中”[1]。货币的情形中也相同：拿自己的东西先交换一种可售性较高的物品的做法，“最初，只有一部分经济活动主体认识到了这样做给自己带来的好处。他们之所以有这种知识，可能是因为，在直接换回对自己有用的东西的交易无法进行或非常不确定的时候，他们用自己的物品换回了可售性较高的物品”。门格尔特别强调，“在一个群体中，不可能所有的成员同时形成这样的认识。”[2] 也正是因为这一点，才可以说货币、法律乃至国家等制度的形成是“无意图的”，也即“不是协定、契约、法律或者个人关于公共利益的特殊考虑的产物，而是追求自身利益的活动结果”[3]。

门格尔的这一论述，使我们可以更为深入地理解奥地利学派个人主义和主观主义方法论的内涵。门格尔在其《国民经济学原理》开篇即说：“一切事物都受因果规律的支配……不断进步的人类发展，不但没有动摇这个原理的正确性，而且还使人们对于这个原理的适用范围的认识，比从前更为扩大。所以，对于这个原理不可动摇的和不断增长的承认，是与人类的进步相结合的。”[4] 这段话清晰地表明，门格尔的经济学所关注的不是资源配置问题，而是试图探讨人类文明进步的一般原理。门格尔发现，这种进步的根源就是人的知识的进步。就经济活动而言，“人只有在掌握关于他们的需求与他们的情势（circumstances）的知识、只有在他们具有影响其环境的能力之时，方可经济地利用（economize）他们所拥有之物。”换句话说，“贯穿原理全书，门格尔强调了追求经济福利与经济发展的知识、能力与意愿（knowledge，power，will）之融

[1]《探究》，第219页。
[2]《探究》，第144页。
[3]《探究》，第147页。
[4] 卡尔·门格尔，《国民经济学原理》，刘絜敖译，上海：上海人民出版社，2001，第1页。

合的重要性。”[1] 知识、能力与意愿当然首先是个人的，也是主观的。这其中既包括关于物品与其满足自己欲望的能力的知识，也包括高级财货对于满足未来需求的知识[2]，同时还包括关于制度对于增进个人利益的知识，以及因此而促使个人产生的生成制度或改进制度的意愿。门格尔对于能力和意愿的强调，对于我们理解制度变迁具有重要意义。

这些较早采取新的行动方式的人，可称为“规则创新者”、“立法企业家”（rule-making entrepreneur）。不过，既然这种规则乃是由某个人或少数个人最先创造出来的，那它们最初就只是“个人规则”（personal rule）。这些个人规则唯有在变成其他人也广泛遵守的“社会规则”（social rule）时，才意味着特定制度的形成。这两个概念对于解释制度变迁相当重要，应当予以清晰界定。根据德国学者 Viktor Vanberg 的定义，“遵循规则的个人自己是其遵循规则的首要的、直接的受益者，因而说个人规则是‘个人的’……一个活动主体遵守规则直接有益于他人，而对他自己的好处只能间接地、通过他人的回应之中介才能得到，因而社会性规则是‘社会的’……可以说，个人规则是为面临组织其私人生活的个体提供了解决不断出现的选择问题的办法，而社会规则则是不断出现的互动问题，也即为个体在组织彼此的社会性互动时提供了解决共同面临的选择问题的办法。”[3]

门格尔对内在制度生成过程的解释所强调的是，一项具有重大公共效用的制度，完全可以设想成是由少数个体率先创新出来的，尽管在现实中未必总是如此。后来哈耶克也特别强调了个别人、少数在人们所奉行的行为规则演进过程中所扮演的创造性作

[1] Karen I. Vaughn, 1994, *Austrian Economics in America: The Migration of a Tradition*, Cambridge University Press, pp.21－22.

[2] *Austrian Economics in America*, p.22.

[3] 关于个人规则与社会规则的区分可参见：Victor J. Vanberg, 1994, *Rules and Choice in Economics*, Routledge, pp.19－20。

用："环境的每一变化需要资源用法、人的行为之取向和种类、习惯与惯习也多少予以调整。那些最早受到影响的人的行为的每一变化，会扩散到整个社会。这样，每一变化都在某种意义上给社会造成了一个'问题'，即使没有哪个个体意识到它；这个问题会通过形成一次新的整全的调整而'解决'。参与这一过程的人很少明白他们自己正在干什么，我们也没有办法预测谁将在每一步第一个采取恰当步骤，或者什么样的知识和技能组合、个人态度和环境能向某些人提示合适的答案，或者他的先例可通过何种途径传播给将会追随领先者的其他人。很难构想出将会促成行动、并由其而刺激一旦被发现就会被普遍接受的恰当的惯习或创新之探究的全部知识和技能之组合。但是，正是在那些在变动的环境中处理其熟悉事情的匿名的人们的无数琐碎步骤中，形成了将会流行开来的先例。"[1] 在另一个语境中，哈耶克再次强调了少数创新者对进步的价值："进步就是少数说服多数。新想法必须在其成为多数观点之前就多少出现。假如不是先有少数个体的经验，就不会有社会的经验……多数的观点和欲望是由那些按照自己的意图行动的个体所塑造的；多数受益于其他人在其个体经验中学到的东西。除非有些人比他人知道得更多，并有能力说服其他人，否则就不会有意见的进步。"[2]

门格尔和哈耶克都认为，对于自发秩序而言，是立法企业家率先确立某种"个人规则"。这一点，正是自发地形成制度的过程的关键特征所在。在这样的解释框架中，规则乃是通过一个渐进的过程形成的，而不是一次性地由全体社会成员订立契约或者由某个掌握至高权力者向全社会颁布的。规则是由事先预料不到的某个个体——他们具有奥地利学派所说的"企业家精神"（entrepreneurship）——在事先无法预料的某个地方率先发现、实施的。

---

[1] Friedrich A. Hayek，1999，*Constitution of Liberty*，北京：中国社会科学出版社（影印），p.28.

[2] *Constitution of Liberty*，p.110.

接下来，进入规则形成的第二阶段：立法企业家所创立的规则逐渐被他人模仿，先是周围的人，随后是更大范围的人，从而变成哈耶克所说的nomos，或者社会规则，构成制度。由此引出的问题是：第一，个人规则何以会成为社会成员普遍认可、遵循的社会规则？对于生成的制度而言，需要解释的是，后知后觉者基于什么样的个人理由，接纳规则创新者所创造出的新规则？第二，个人规则又是通过什么样的程序变成社会规则的？当然，对于自发形成的制度而言，第二个问题是不用回答的。假如某种理由促使个人接受创新者发现的个人规则，随着接受者的群体不断扩大，该个人规则自然就成为社会规则，成为一项内在制度。只是在后文将要讨论的公共领域的规则时，第二个问题才非常重要。

门格尔似乎已经作出了这样的区分。第一种情形是个人规则的社会化，以货币制度的形成为代表。在货币形成过程中，很可能是由于某种偶然原因而换回可售性较高物品的个体，因为这一行为而获得了“规则创新溢价”。受此看得见的利益的激励，该创新者将会重复这一行动。此一行动的“常规性”（regularity）形成了一项个人规则。其他具有同样心智的社会成员看到采取了这一行为模式的创新者取得经济上的成功，同样基于增进自己利益的考虑，模仿创新者的行为，随着模仿者规模不断扩大，就形成了作为一种内在制度的货币制度。[1]

法律的情形却有所不同。人们自发所形成的，不是法律本身，只是“对于有关行动的规则的信念……最初会表现为一种一致同意的，只能是这些规则的内容，而并非其形态，直到机缘或天赋带来一种特别适应于不那么文明的民族的认知能力的特别幸运之规则的形式为止”。[2] 按照门格尔的论述，自发地法律规则的形成似乎可以划分为两个阶段：头一个阶段是人们对规则的内容达成某

[1]《探究》，第144—145页。
[2]《探究》，第219页。

种一致，下一个阶段才发现表达这些内容的具体的规则形态。原因在于，法律相对于习俗、乃至货币等制度，是一种很特别的制度："人们所设想或者立法者意图中的法律规则，乃是这样一种规则：是否遵守它们，不是留给个人可以任意决定的事情。而道德规则却不是这样的。"[1] 货币制度也是这样的，某个怪人完全可以不用货币。但是，法律却要求强制执行，因而法律要真正地成为一种有效的制度，必然要求有国家这样一个制度。"在这个阶段之前，法律只是存活于个人的头脑中，由个人（那些参与者及具有共同信念者）的能力予以保障，而只有在此之后，法律才真正成为统一的、有组织的国民意志的表达。"[2]

至此，我们可以对门格尔的制度生成理论作一个全面检视。如本节开始所说，门格尔清楚地意识到，依据形成机制，至少可以划分两类不同的制度，一类是共同体，通常是政府通过某种程序，带着明确目的创制的规则、制度，即"外在制度"；另一类则是自发地形成的制度，其形成的过程是演进的，个体创新者首先创造出个人规则，随后被人模仿而成为社会性规则。在门格尔看来，前一类制度有可能增进社会福利，但也有可能损害社会福利。需要注意的是，这一点对自发形成的制度同样适用。因此，门格尔并不反对刻意的立法，"不应当是人类必须从原则上完全避免实证性立法，而是应当恰当地立法。借助于从关于普通法的深入思考中所得到的新的洞见，使实证性立法更为谨慎细致。"[3]

事实上，门格尔关于普通法与立法之关系的讨论似乎暗示，在现实的历史过程和政策实践中，这两类制度其实是存在一个交叉点的。也就是说，某一种类型的制度有可能经过自发生成过程与刻意选择过程的前后相续而最终形成。这正是本文将要讨论的制度"转型"过程中规则生成的模式。

---

[1]《探究》，第220页。
[2]《探究》，第221页。
[3]《探究》，第229页。

三、哈耶克的规则变迁理论

门格尔所讨论的是规则的原始形成问题，哈耶克则部分地讨论了固有规则体系的变迁问题。

纵观哈耶克关于规则—秩序问题的讨论，他对秩序的关心强于对规则的关心。基于反对现代理性自负的问题意识，哈耶克讨论的重点是社会活动主体遵循特定规则行动而生成秩序的论题。他的预设是，一个正常的社会，通常从整体上呈现为一种自发秩序。而"自发秩序的形成乃是其中之要素在对其周边环境作出反应时遵循特定规则的产物"[1]，这些要素既可以是个体，但也可以是家庭、企业、各类社团乃至政府，可统称为"社会活动主体"。哈耶克强调了这些社会活动主体遵循规则对于维系社会正常秩序的根本重要性。

尽管如此，哈耶克的思考对于讨论制度变迁仍然非常具有启发意义。原因在于，哈耶克所反对的唯理主义主张的正是一种特定的变迁模式，即"我们应当重新设计社会及其制度"，而支持此一立场的依据则是，"仅人的理性就应当让他有能力重新构造社会"[2]。为作出回应，哈耶克阐述了另外一种制度变迁模式，即"早先被称为'生长'、后来被称为'演进'的过程，在这一过程中，最初因为其他原因或者纯粹偶然地采取的惯习（practices），因为它们能够使生成它们的该群体对其他群体占有优势而维续下来"[3]。

在这样的讨论中，哈耶克已经预设了一个大体合理的规则体系之存在："我们生活于社会中，我们之所以能够成功地给自己定

[1] F.A.Hayek, 1982, *Law, Legislation and Liberty: A New Statemnet of the Liberal Principles of Justice and Political Economy*（以下简写为 LLL），Routledge & Kegan Paul, vol.1, p.43.

[2] LLL 1, p.8, p.10.

[3] LLL 1, p.9.

向，我们的行动之所以具有实现其目标的较高几率，不仅因为其他人受已知的目标或关于手段与目的的已知的关系的支配，也是因为他们也受另一些规则约束，而我们通常并不了解这些规则的宗旨或起源，我们也经常没有意识到它们的存在本身。”因此，“人是追求目的的动物，同样也是遵守规则的动物。”[1] 个人自始就生活于一个相对完整的制度环境中，而且在哈耶克看来，“社会中那些对于我们成功地追求有意识的目标不可或缺的制度中的很多，其实是我们习惯、风俗或惯习的产物。”[2] 哈耶克强调的是，个人在很大程度上是受“内在制度”支配的。根据哈耶克关于法律的辨析，保障自由的法律，就是作为内在规则的“法”。

既然是内在制度，那人们对于它们的知识就非常有限。哈耶克讨论了人们在社会生活中所面临的双重无知。第一种无知是，“每个人对决定着社会所有其他成员的行动的那些具体事实之大多数的必然的、又无可救药的无知”[3]，关于这一重无知，哈耶克早就进行过讨论。由于这种无知，出现了规则、制度：“支配我们行动的大多数行为规则，以及从这种常规性中形成的大多数制度，就是适应任何人不可能有意识地考虑进入社会秩序中的全部具体事实的产物。”[4] 然而，这些旨在回应人们对于事实的物无知的规则，也具有不可知性。按照门格尔的解释——哈耶克是同意这一点，并且反复论述之——这些制度中的大部分乃是自发地形成的，这些“支配人的行为并使其看起来可理解的规则具有两种属性”，第一，“它们在不为行动中的人以阐明的（‘用文字表达的’或显白的）形式知晓的情况下就在行动中被遵守”；第二，“这些规则之所以获得遵守，其实是因为它们给予奉行这些规则的群体以占据优势

[1] LLL 1，p.11.
[2] LLL 1，p.11.
[3] LLL 1，p.12.
[4] LLL 1，p.13.

的力量，而不是因为这种效果已被受它们指导的人所知晓。”[1] 事实上，哈耶克断言，“任何人都没有能力对这个秩序的特性作出描述。”[2] 由此形成了讨论制度变迁问题时必须注意到的第二层无知：对于具体制度之效用、甚至存在本身的无知，尤其是对于由诸多制度所形成的秩序的整体状况的无知。正是基于这一点，哈耶克从价值上认同一种渐进的制度变迁模式，即“某种零碎的修正或‘内在批评’（immanent criticism）过程，使得整体在内部更为一致，也与规则所适用的那些事实更为一致”[3]。

哈耶克关于这一制度变迁模式的讨论是以普通法为例证展开的。有意思的是，哈耶克在这些论述中却强调了普通法法官所扮演的角色，即受到既有规则体系限制的主动作用。正常情况下，社会活动主体只是依照既有规则行事，不论他们是否明确地意识到这些规则。即使发生纠纷，也属于简单案件，法官的职能仅仅是向当事双方阐述既有的规则，并执行之。但是，很可能出现某种比较罕见的情形，即遇到一些复杂案件，这个时候，法官必须充实法律规则，即宣告旧规则无效，创制新规则。

在规则更替过程中，上节引用的段落表明，哈耶克并不否认个体创新规则的可能性。但是，基于关心秩序的问题意识，哈耶克更为强调法官筛选这些规则的作用。Vanberg 将哈耶克描述的规则生成过程梳理为前后相继的两个环节：“变异过程，在此过程中，持续地生成可传播的新变量，即新行为方式；筛选过程，在此过程中，从已生成的所有变量（行为方式）中，那些成为社会各共同体中之行为常规性的变量被系统地筛选出来。”[4] 变异过程的主体当然是处于特定情境、面临问题、并追求利益的个体，他可能因为偶然原因或者为了其他理由而采取了一种新的行动模式，在这一新

[1] LLL 1，p.19.
[2] LLL 1，p.104.
[3] LLL 1，p.118.
[4] *Rules and Choice in Economics*，p.82.

行动模式中隐含着一条法律新规则——这是一条“个人规则”。这样的规则有可能是合理的，但也有可能“从根本上使完整的秩序之形成成为不可能的事情”[1]。这就需要一种规则筛选机制。

从总体上说，哈耶克支持一种“进化的筛选过程”（selection process of evolution），而且哈耶克指出，“这个进化的筛选过程将在作为一个整体的秩序上展开，一条新规则与该群体的其他所有规则一起，在其生存的具体环境中，究竟是增进还是降低作为一个整体的该群体的效率，将取决于这些单个规则所形成的秩序。这一点的一个推论是，一条在某一情况下被证明有害的个体行为新规则，在另一个情况下可能被证明是有益的。另一条推论是，一条规则的变化可能使以前有害的行为或肉体特征的变化变得有益。”[2]

问题是：谁来判断、怎样判断规则的变化是否导致群体效率的改进？哈耶克似乎区分了三种情况，尽管他自己似乎没有意识到规则的创新与筛选之间的区别。

第一种情形，哈耶克通常从理论上强调规则变化的自发性质，在习俗、时尚、道德等领域，规则是个人创新的，规则的筛选过程是自发的，筛选者就是参与其中的个人，其筛选活动就表现为模仿行为本身。

在讨论普通法规则体系演进过程中，哈耶克提出了与此大不相同的第二种筛选机制：法官依据某种意图对新的个人规则进行筛选。“尽管正当行为规则跟它们可能导致的行动秩序一样，首先是自发的生长的产物，但它们的渐进的完善当需要法官们（或其他精通法律的人们）深思熟虑的努力，他们当通过制定阐述新规则而改进既有的体系。”在哈耶克看来，普通法法官是在“阐明规则”，但这种阐明又分为两类：“单纯地阐明那些迄今只是作为惯习而存在的规则，以及陈述那些以前人们从未以之行事但一旦陈述

[1] LLL 1, p.44.
[2] F.A.Hayek, 1967, *Studies in Philosophy, Politics and Economics*, The University of Chicago Press, p.71.

出来就会被大多数人当做合理的而接受的规则。”哈耶克反复强调，“在这两种情形下，法官都不得随意地宣告他自己喜欢的规则。”哈耶克也不厌其烦地探讨了法官在宣告法律规则时所面临的制度约束：“在竭力承担这项任务时，他当始终活动于他必须接受的给定的规则的生长性秩序（cosmos order）中，他当必须将那些作为一个整体的体系所服务的目的所要求之片断融入这一生长性秩序中。”[1]“法官在这个意义上是一个自发秩序中的机构”[2]，但无论如何，法律规则体系能否改进取决于法官是否有门格尔意义上的“知识、能力和意愿”去深思熟虑地努力，法官必须借助于英格兰普通法法律家爱德华·库克（Sir Edward Coke）所说的“技艺理性”（artificial reason）去探究双方当事人行动背后的规则，尤其重要的是，对创新的一方当事人所遵守的个人规则之正当性、合理性等作出判断。

哈耶克关于普通法法官发展法律的论述，门格尔已经触及：当法律发展到一定程度，就会出现一个“法律家阶层”，其任务是“研究、适用和发展法律”。不过，门格尔指出，“也可能出现社会成员的法律信念与法律家的法律信念、政令之间的对立。”[3]事实上，哈耶克也明确地承认，由法官自发地发展的法律“具有某些可欲的属性，并不能证明，它就总是优良之法，甚至不能证明，其中一些规则不可能非常坏”[4]。

因而需要通过立法对这种法律予以矫正，由此就形成了第三种类型的法律规则筛选机制。这一法律规则变迁路径乃是哈耶克在其西方语境中所欲解决的真正问题：代议民主制度中的立法已经显示了严重的缺陷，如何克服这些缺陷？哈耶克为此提出了自己的“模范宪制”（model constitution），其关键性组成部分就是设

[1] LLL 1，pp.99—101.
[2] LLL 1，p.95.
[3]《探究》，第225页。
[4] LLL 1，p.88.

立了一个有别于治理性议会的立法性议会，它专门负责发展正当行为规则体系。它所颁布的乃是真正的法律，作为可强制的正当行为规则（the enforceable rules of just conduct）[1] 的法律。这个议会是一个混合了普通法与议会的重要特征的机构，虽然它是议会，哈耶克却尽可能地排除了其政治性，而使之像普通法法官那样承担理性地发现正当行为规则的职责。在此之外，继承了一般议会之大部分特征的治理性议会，则承担制定"政府行为指令"（instructions to government）[2] 的职责。

如果说门格尔讨论的重点是个人如何创造新制度，哈耶克则在承认这一点的前提下，着重讨论了个人规则变成社会规则的筛选机制。基于这种筛选机制，哈耶克提出了制度变迁的三个进路：第一，纯粹自发的制度变迁模式，它适合于非公共性规则，是语言、习俗、惯例、道德、时尚等非正式制度变迁的基本模式；第二，普通法的制度变迁模式，由法官从个人规则中筛选法律规则，从而使法律体系不断演进；第三，政治化的普通法的制度变迁模式，它适合于具有公共性质的正当行为规则之发展。立法性议会之责任是发现可强制的正当行为规则，这一点与法官相似，但这个发现过程不是在司法过程中展开，而是在一个"去政治"的政治过程中展开的。

同时，哈耶克也承认，存在第四种制度变迁模式，即纯粹政治化的制度变迁模式。它适合于"公法"领域，直接规范政府当下的行为，可以涵盖通常所说的"公共政策"。

稍加分析即可发现，后三种模式都适合于公共性规则、制度领域。比较奇怪的是，在讨论模范宪制的时候，哈耶克几乎完全不再考虑纯粹普通法的制度变迁模式，而以一个特别的议会代替了普通法法官。这一点，笔者曾另有专文讨论。但从宪政模式构造角度

[1] LLL 3，p.106.
[2] LLL 3，p.107.

上看起来奇怪的设想，对于讨论本文的主题——中国式制度转型——却似乎具有最大的启发。中国过去30年的制度变迁，似乎正是一种政治化的普通法的制度变迁进路，尽管“政治”与“普通法”两个概念在中国语境中都需要重新界定，后文将对此进行详尽讨论。

依据上文对哈耶克的讨论，我们可以在Vanberg所说的“社会规则”中分区出一个特别的规则类型——“公共规则”，社会规则的范围大于公共规则。大量个人规则并不需要通过公共化过程变成正式规则，相反，它们会始终停留在非正式社会性规则的层面上：它们是非正式的，却不再是个人性的，而是社会性的。在社会性规则中，又有一部分具有公共性，由公共机构予以颁布、执行。

可以说，哈耶克的抽象理论讨论所关注的乃是个人创新的规则如何在给定的规则框架约束下自发地变成社会新规则，但他关于普通法及模范宪制的更为具体的讨论，关注的则是社会活动主体所创新的个人规则，如何通过某种公共程序——不论是普通法司法程序还是立法性议会的民主程序——变成更加切合于已经变化之情势的公共规则。对于本文所讨论的主题——转型——而言，需要更多关注的乃是后者，即个人规则经过某种公共筛选程序成为可普遍强制执行的公共规则。

然而在转型的语境中讨论公共规则的生成，立刻会面临一个十分重大的前提性问题：对公众创新的个人规则进行筛选、生成公共规则的那种程序本身，就是有待于生成的，即制度转型本来就应当包括“立宪”问题。通过某种方式确立那些能够生成适切法律规则和公共政策的制度结构与程序，当然是立宪所要解决的问题。这本来也是哈耶克关注的重点之一，他的模范宪制构想就是为了对筛选和确认、颁布正当行为规则的结构和程序进行变革，对现代代议民主制度的宪制结构进行变革。但是哈耶克没有清楚地解释，这样的宪制将如何建立，谁来建立。这似乎正是他的制度变迁理论的内在缺陷。

四、立法企业家与个人规则的生成

基于上述理论探讨，我们转而要具体地建立作为一种制度变迁模式的“转型”的一般模型。

有别于转轨、改革的转型，是指调整社会各个领域的正规制度采取一种渐进的、自发的变迁进路，即在宪法性制度变迁之前，一般性规则渐进地变迁，私人产权、私人企业组织及市民社会渐进地发育。关于这一模式与俄罗斯、东欧模式的优劣，人们争论不休，但可以确定的是，人们普遍以“渐进”、“试错”等词汇来描述中国过去30年的制度变迁形态，演化经济学似乎可以为此一模式提供有力的辩护。[1]

本文大体同意这一论断，并进一步确认：在转型模式中，问题的起点不是整全的制度设计，而是社会活动主体的分散的行动，尤其是创造新规则的个人行动。本节将讨论的问题就是：在给定的不合理的制度条件下，社会活动主体是如何进行个人规则之创新的。

在进行这一讨论前，必须明确一点：我们将要讨论的转型的“初始条件”，与门格尔、哈耶克所讨论的情形均不相同。门格尔的理论旨在解释制度的生成过程，这显然意味着，个体所处的初始状态是不存在将要讨论的那种制度的[2]。在哈耶克的制度变迁理论中，初始条件则是一套总体上尚比较合理、尚能正常运转的规则体系，它本身就是一套内部制度体系。个体只是在传统的边际上进行创新，规则的变迁乃是某一个体在规则体系内进行“内部批评”的产物。

---

[1] 关于这方面的概括性评述可参考：奥勒·诺格德，《经济制度与民主改革——原苏东国家的转型比较研究》，孙友晋等译，上海：上海人民出版社，2007，第58—59页。

[2] Vanberg（*Rules and Choice in Economics*，p.148）概括门格尔的货币演进理论，第一步就是假定“将要解释的那种制度尚不存在的某种‘初始状态’（original situation）”。

我们所要解释的中国转型之初始条件是，存在一套复杂的制度框架，但这是一套由“外在制度”构成的制度体系，它在总体上是不合理的，广泛地限制着社会活动主体的自由，比如迁徙自由、结社自由，人们自己不享有产权，也不能自由组织企业。在这样的制度下，社会不能有效地利用分散的知识，从而导致效率极端低下。

给定这一初始状态，不同的社会活动主体因为心性、信念结构不同，会采取不同的行动策略。第一种策略出自大量的普通企业家，他们在既定规则集下进行利益最大化的策略选择。按照制度经济学的基本公理，不合理的制度自然会造成个人追求利益最大化的行为之扭曲。财产公有制度导致“公地悲剧”，比如公社时期的农民会偷盗村集体的财产、工人会偷盗国营企业的财产而没有任何羞耻感。无法进行个人付出—收益之精确计算的集体劳动制度会诱导村民选择“磨洋工”。

在20世纪80年代之后，市场有一定发育，但依然面临严重的制度约束。在此市场上，政府经常设立不合理的管制。此时，普通企业家为实现个人利益最大化，会选择贿买管制官员，获得对于这一管制制度的豁免权。这些普通企业家甚至可能更进一步利用这种不合理的管制，投入资源进行政治性寻租，使政府官员授予自己以垄断权，从而实现利益最大化。

普通企业家的这些行为是合乎制度主义所确定的人的行为逻辑的。在这一范式中，制度被视为给定的外生变量，社会活动主体只是基于个人的利益动机，被动地在这一规则集下进行有限的策略选择。不少经济学家因为这种选择的现实性而承认其合理性。但我们会发现，这些在不合理制度下的应对策略，即便真的能够增进个人利益，最终也会使整个社会的福利降低：它会使其他人的利益——比如与之竞争的企业或消费者——受到损害，它也会使不合理制度长期化、永久化，这些企业家提供的租金正好满足了那些设立不合理制度的利己的官员的期望，而这最终会使整体经济效率降低。

由此可以看出，行为主义的制度主义进路，存在严重缺陷：坏制度将锁定变革的可能性。相反，回到奥地利学派的企业家理论，却可以找到走出旧制度的出路。

奥地利学派个人主义、主观主义方法论的深层含义是，制度至关重要，但人不是制度的函数。笔者曾经在另一篇论文[1]中提示过，米塞斯关于“人的行动”的理论，与哈耶克的自发秩序理论是可以衔接为一体的。哈耶克的自发秩序理论必须以人之主动性、创新性为前提，其行动是可以超越制度的。

奥地利学派企业家理论的代表人物柯兹纳论证了，即便是市场过程，也不是仅仅通过经济人行为、最大化行为所能形成的，“仅以效率本身不足以理解个体的人的行动，因为形成个体的经济性行动的一个关键因素是‘超经济的’因素，同样的，市场过程的配置作用也不可能借个体的最大化活动之互动来理解。”要理解市场过程，必须理解其中的一个关键因素：作为一个面对具体情形并依据自己的知识作出决策的“企业家行为”。[2]在这一点上，柯兹纳与熊彼特是一致的。并不是所有社会活动主体都如行为主义所假定的那样，只是被动地对制度作出制度所隐含地规定的那种反应。相反，人首先是个体的、主观的存在，因而呈现出足够的丰富性、多样性，有的时候会表现出令人惊喜的创新倾向。正是这样的创新倾向，有可能生成合理的、适切的规则、制度，从而替换旧规则。

（一）立法企业家

根据奥地利学派的企业家理论，面对同一情势，不同社会活动

---

[1] 秋风，“立宪的动力机制：立宪企业家，元规则，乌托邦”，收入姚中秋主编，《自发秩序与理性》，杭州：浙江大学出版社，2008。

[2] Israel M. Kirzner，1973，*Competition and Entrepreneurship*，The University of Chicago Press，p.47，pp.31－32.

主体会基于门格尔所讨论的“知识、能力和意愿”而采取不同的行动策略。

面对不合理的制度和管制，另外一些社会活动主体会采取第二种应对策略，即便这样的人可能很罕见。在他们那些刻意或无意的行动中，蕴涵着一种突破旧制度之边界、比旧规则更为合理的新规则。比如，在20世纪50年代建立集体化制度之初，就有农民坚持私有财产和私人经营制度。他们可能私下恢复自留地，或者尝试土地的承包经营制。他们也在突破户籍管制，从事自由商业。这样的社会活动主体，我们称之为“立法企业家”。

需要补充的是，上面所说的“寻租”、“磨洋工”等活动，事实上也创造出了新规则，那是一些“潜规则”，即坏的非正式规则。就其性质而言，它们是不合理的制度、管制的逻辑的自然延伸，是人们被动地适应不合理的制度、管制的产物。它们与不合理的制度、管制一起构成一种合谋关系。

与之相比，此处所强调的立法企业家的活动所创造的规则具有两个重要特征：第一，它突破了旧制度的界限，即该规则赖以成立的原则与旧制度的原则相反，其行动与旧制度的逻辑是不相容的。人们的行为方式、产权制度、经营制度将会因为此一规则而发生局部的变化，旧制度的一部分将会因此而瓦解。第二，更进一步而言，这个规则比相对应的旧规则更为合理。关于是否更为合理，当然可以有多个判断标准，从伦理和政治学的角度可以说，它更合乎人性，更为正义、公正。按照经济学的说法，这个规则会使资源更高效率地得到利用，它会有利于个人的局部知识在社会中更高效率地利用。

制度转型的问题，归根结底就是这类新规则如何被立法企业家创新、最终构成一个自洽的新规则集并替换旧有规则的问题。按照门格尔、哈耶克所阐述的奥地利学派的制度理论，这类合理的新规则的生成过程始于立法企业家的规则创新。分散的社会活动主体中具有规则创新精神的立法企业家在某种特定情况下采取新的行动策略，在这一行动中蕴涵着新规则。

当然，如门格尔所解释的，立法企业家未必清楚地意识到自己在创造某个将会带来公共利益的新规则。但是，在我们所讨论的制度转型的语境中，这些立法企业家采取超越既有正式制度之界限的行动的意愿可能是非常强烈的。因为既有正式制度的性质是给定的，也可以推定，社会中相当一部分具有正常理智与情感的人，都会认识到旧制度之不合理性。旧制度作为一套外在制度体系，严重地限制人们的自由选择范围，使人们无法有效地改善自己的福利。这就构成了人们必须予以解决的“问题”和困扰。这样的困扰会刺激人们寻找解决之道，包括“创新性违法”——熊彼特曾经讨论过的企业“创新性破坏”其中就包括制度创新，尽管他所指的未必是规则创新。而在这类创新性违法行动中，恰恰蕴涵着新规则。

那么，个体的意愿将如何变成“违法”的行为？这取决于个体所处的具体情势。个人在经济、社会、文化活动过程中所受约束越严重，其福利状况越糟糕，采取超越旧制度的收益预期就越高。[1] 不过，仅此还不足以使个体采取创新性行动，因为，如果此时旧制度的意识形态获得广泛认同，其对社会的控制力非常强大，对违法者使用暴力的态度比较坚决，那么个体采取超越旧制度的行动的风险就太高。因此，个体采取创新行动的恰当时机是旧意识形态正当性出现流失、旧制度的控制力相对松动而个体的福利状况又比较糟糕的时候。这时，个人成本—收益计算的天平就会向着超越旧制度的方向倾斜。

自20世纪50年代以来，这样的时机在中国周期性出现，从而构成了立法企业家的创新周期。这是由旧制度的内在逻辑所决定的。旧制度以限制、剥夺社会活动主体的自由为其正常运转的前

[1] 在这里，立法企业家的行动与柯兹纳所讨论的一般企业家的行动是相同的，立法企业家同样是在追求“企业家利润”（*Competition and Entrepreneurship*，p.47）。

提，它的正常运转必然导致社会丧失活力、效率低下，这将使民众福利下降，从而激发民众创新规则的活动。此时，该制度的正当性就会部分流失，旧制度的强制执行机制部分地失灵，立法企业家的活动、活跃具有一定空间。立法企业家的创新行动增进了个人利益，诱发周围民众乃至广泛地区的模仿，突破旧制度的行动开始蔓延。立法企业家所创新的个人规则开始社会化，即变成非正式规则。这些个人规则甚至可能局部地公共化，即由地方当局予以认可，变成地方性政策，成为适用于某一特定地区的公共规则，相对应的旧规则在该地区不复有效。当然，这样的地方性制度变迁可能会触发旧制度的反弹，权力会出面予以干预，新规则进一步公共化的进程被打断，那些创新的立法企业家及认可其个人新规则的地方当局领导人可能被追究政治与法律责任。然后旧制度启动其自我修复机制，向制度的正常状态回归。当然，这一常态又会制造出立法企业家的“利润机会”。这方面比较典型的例证是“包产风”，它曾经一次又一次地出现。[1]

（二）立法企业家的知识

上文分析了立法企业家采取超越旧制度之行动策略、创造个人规则的意愿和周期性出现的时机，下面将讨论立法企业家从事这种规则创新时的知识问题。

个人规则是个人知识的产物。在门格尔的制度生成理论中，知识是个体对于新的行动策略与收益之间关系的认识。只不过对立法企业家来说，这是一种预期中的收益，而对模仿者来说，则已是可以看得见的事实上的收益。在哈耶克的制度变迁理论中，知识更为复杂，乃是个人对其所处情势（circumstances）的认识。在转型过程中，立法企业家的知识当然首先体现为对上文刚分析过的采

---

[1] 可参见：吴敬琏，《当代中国经济改革》，上海：上海远东出版社，2006，第96—101页。

取新行动的时机及其收益、风险的认识。这种知识决定着立法企业家的行动意愿。

不过，一旦立法企业家决定采取行动，就会面临另外一层知识问题：采取什么样的新行动路线，能够改进自己的境遇、增进个人利益？归结起来，立法企业家关于新规则的知识可能有两个来源：制度记忆及关于外部制度的知识。

给定个人规则创新发生于旧制度的意识形态仍居于支配地位的时期，则创新规则的知识主要来自第一个来源，即关于合理的内在制度的记忆。哈耶克关于认知心理学的研究揭示了过去经验所形成的认知框架（cognitive frame）与新的刺激信号之间的互动关系。如哈耶克在《感觉秩序》中所说："我们用以认识外部世界的工具本身就是经验的产物。它是通过我们生活于其中的环境中的各种条件形成的，它代表着一种对这一环境中各要素之间的、在过去已经为我们所经历的关系的一般性的再现；而我们对这一环境中的任何新事件都根据那种经验来加以解释。"[1] 在原有的制度下生长的经验，会在人们心灵中形成一张"地图"，它标注了某种特定制度与个人福利之间的关系，人们在解决自己所面临的问题的时候，这一地图将成为个人采取行动的指南。

中国制度转型所要替换的制度体系是借助某种意识形态、由权力自上而下地建立起来的"外在制度"体系。在此制度体系建立之前，民众是生活在某种相对正常的制度体系之中的。这一制度体系未必绝对地优良、合理，但至少在这一制度体系中的大量制度是自发形成的内在制度，它们能够为市场、社会的正常运转提供某种支撑。它们允许个人享有最基本的家庭生活，允许个人在自己知识范围内选择职业，保护私人产权，并以私人经营作为组织经济社会活动的主要方式，同时，人们进行经济、社会合作与交易的范围也

[1] 这里所用的是马永翔的译文，见：马永翔，《心智、知识与道德：哈耶克的道德哲学及其基础研究》，北京：生活·读书·新知三联书店，2006，第107页。

已经相当地大。

中国制度转型相对于俄罗斯的一个优势就在于，中国转型前曾经有一套相对完整的、支持私人产权、市场经济、社会自治的内在制度体系，这是一个有利于经济增长的制度传统，而俄罗斯似乎缺乏这样的制度传统。

也正是由于这个制度传统的存在，普通民众始终难以认同后来所建立的外在制度体系。原因不难理解，同一个体在两种不同制度下生活的经验，使其能够进行一种制度比较，基于自己在不同制度下的福利状况而对两种制度之恰当性作出判断并作出选择。此时，似乎出现了一种纵向的“制度竞争”。如果个体认识到，自己在现有制度下的福利，相对于原有制度并无改进，甚至有所下降，就会产生一种回归旧制度的强烈冲动。民众偏离既有正统制度的努力，使得制度变迁始终是社会、政治领域所不得不面对的严重问题。制度变革始终处于政治议程的核心位置。

在原有制度下生存的经验所形成的那张地图，也即关于原有制度的记忆，成为个体面临不合理制度进行个人规则创新的指南。如果现有制度是封闭的，禁止人们获取外部的知识，那么可以断言，制度记忆的内容在很大程度上决定着给定社会中立法企业家进行创新的方向、路径。从这个意义上说，立法企业家所进行的规则创新，并不是历史意义上的绝对的创新，不过是相对于不合理的正式制度体系的创新。这种创新其实是一种“复辟”，立法企业家把曾经存在过但现在遭到压制、取缔，不过仍然保留在人们记忆中的制度，在不合理的制度框架内复活——当时的官方语言也正是因此将其称为“复辟”，这是一个合理的定性。同时，这种复辟也被说成是“自发的”，因为它确实是民众依据自己的记忆，自发地恢复旧制度。这是一种“传统的新制度”，它是传统的，但相对于正式制度体系，它却是新的，是有效率的、合理的。

这是中国转型的一个知识优势所在。而且，这样的制度记忆是相当全面的，一旦激活，足以支持相当程度的市场交易与社会自治。可以说，整个私人产权与私人经济发展的制度，还有支持相对合理之社会治理、文化生活、精神活动的制度，大部分来自于制度记忆。或许可以说，当代中国支持市场、社会的大多数基础性制度，与20个世纪中期之前的近代中国、乃至晚期古代中国具有相当明显的连续性。

这一点可以解释，为什么珠江三角洲、浙江、长江三角洲地区发展最为迅速，而有些在旧制度下看似具有雄厚物质基础的地区，如东北工业区，在20世纪80年代之后却迅速衰落了。原因在于，在前一类地区，内在制度在近代、晚期古代发育得比较健全。同时，这些地区，尤其是温州、广东部分地区，也属于旧的外部制度控制比较薄弱的地区，换句话说，当地的原有制度传统保留得较为完整，人们的制度记忆比较清晰。这些制度传统为当地恢复正常的市场、社会、文化、精神活动提供了基础。

这也可以解释，各个地方所出现的制度尝试呈现出某种程度的多样性。不同区域在历史上也具有不同的经济、社会环境，本来就具有不同的内在制度体系，而人们的制度记忆必然是地方性的。不同的地方性制度记忆决定了不同地方的人们的制度创新、制度复原方向。决定着人们之自发性合作与交换行动的制度的这种地方特色，乃是地方在现代之前的历史的延续。

而且这些传统的新制度的传播速度非常快。原因很简单：这样的制度记忆是广泛分布于各个个体、家庭中。其他人对本地立法企业家创新/复辟的制度的模仿，不仅仅如门格尔所说的是基于个人利益的理性计算，而似乎主要是其他人的制度记忆也被激活了。立法企业家的创新活动的作用更多的是给其他人以勇气，后者的行动倒未必是模仿立法企业家，更多的是依赖自己记忆中的地图，独立地回归旧制度。

这样的制度传统为中国的制度变迁提供了基础，使得基础的市场过程、社会发育过程得以展开。如果没有这样的制度传统，中国的转型绝不会如此顺利。

当然，遵循着传统的新制度的社会活动主体，为解决自己面临的新难题，将会在此一内在制度体系的边缘上进行规则创新，从而推动传统的新制度不断提升、扩展。在此一过程中，立法企业家可以利用第二类知识资源：新意识形态，以及关于以此为基础的制度的知识。

此一知识问题与过去一百多年间困扰中国人的传统与现代、中学与西学的纠葛直接相关。来自西方、体现于西学中的关于自由市场、法治、宪政制度的意识形态，将转化为立法企业家的价值和信念，刺激其废弃旧制度的自觉及建立新制度的意愿。同样体现于西学中的合乎这些价值的具体制度安排，比如保障个人产权、民主、司法独立等，则成为立法企业家进行规则创新的知识资源。

在此就可能出现一个高度复杂但又十分重要的问题：传统、现实与西学的关系。处于转型中的中国人面临三类制度体系：正规制度体系，它由基本上不合理的外在制度构成；制度传统，它是人们对于传统的内在制度体系的记忆；源于西方的观念和制度安排，但它是以西学的形态出现。这三类制度在中国人生存的现实中纠缠在一起。

大体可以确定的是，不合理的外在制度体系理应予以废弃，需要予以认真对待的是制度传统与西学的关系。后两者具有“家族类似”，两者都具有私人产权与市场取向，都容许个人自由，容许自治等，但毫无疑问，两者在这些方面的具体制度安排上存在一定差异。简单而言，中国固有的传统制度实现现代价值的能力可能弱于西方的制度。西学则传递了一种清晰的制度理想，也包含着具体的制度设计知识。西学之进入人们的心智，极大地改变了人们的信念、知识结构，立法企业家的规则创新活动，也就具有了更为清晰而确定的方向。由此形成一种“中体西学、资相循诱”的文化、制度演进模式。[1]

这一模式，显然扩展了前面论述的在封闭制度体系内的规则创新/复辟模式。它开拓了制度变迁的空间和深度，从而使得中国的制度变迁不只是传统制度的恢复，而是在恢复基础上的“升级”。

更重要的是，在“中体西学、资相循诱”的模式下，制度创新具有了更为清晰而确定的目的性。规则创新仍然是自发的，新制度从立法企业家的规则创新活动中内在地生长出来，而不是从外部强加。但是，西学的加入使得个人创新有了更为确定的价值指向。比如，西学使立法企业家直接、间接地意识到，自己的努力是为建立一种完整的市场经济制度、法治制度、自治制度。这一认识会在很大程度上改变立法企业家的信念、价值结构，从而使其行动不同于在封闭体系内的复辟性创新者。他可能会更为自觉地把个体的创新活动置于一个更广泛的制度框架内，他的创新活动也将具有更为明确的目的性、指向性。这样，立法企业家努力的效率就会大幅度提高，从而使得转型的过程加速，并很快就指向制度框架本身的变革，甚至可能出现一个直接以制度变革为己任的群体——比如“公益律师”。而封闭体系中的复辟性创新活动，却往往具有视野上的局限性，无法要求较为根本的制度框架本身发生变革。

总之，转型依赖立法企业家的规则创新活动，这类活动的规模、范围、深度，取决于立法企业家的意愿、知识、能力，而开放的外部世界的知识会使立法企业家的规则创新活动更有效率，加速制度转型过程。

五、公共规则的生成程序：政治化的普通法模式

上节我们分析了立法企业家依据何种意愿、知识、能力进行规

[1] 笔者专文对此进行过讨论，参见：《论自由主义的保守化》，将发表于《原道》丛刊第十五辑。

则创新，哪怕它表现为规则的恢复。当然，立法企业家所恢复或创新的更为合理的规则、制度，作为个人规则，唯有经过社会化、公共化过程方可成为社会规则、公共规则，从而实现制度的局部转型。第二节曾分析指出，哈耶克辨析了三类筛选个人规则的程序，从而形成三种制度变迁模式：纯粹自发的制度变迁模式、普通法的制度变迁模式及政治化的普通法的制度变迁模式。本节将提出，转型过程中，新规则的公共化似乎采取了政治化的普通法机制。

在哈耶克的论述中，普通法模式与纯粹议会立法模式的区别在很大程度上类似于自由市场与计划体制的区别。在议会立法模式下，法律是由享有专有立法权的立法机构提议、审议、制定和颁布的。当社会发生某种变化，立法机构根据自己对这种变化的理解，根据宪法及其他法律，根据自己所理解的民意制定法律，改变原有的法律规则，向民众提供一些新的规则。在这种模式下，法律的品质主要取决于立法机构制定公正、适当的法律的意愿和能力。哈耶克已经论证了，现代代议民主制下的立法机构完全有可能制定出有失公正的法律。更不用说，有些立法机构很可能制定出剥夺民众的自由、财产、权利和利益的法律。

转型前中国的制度体系就是这样通过集中的立法自上而下地构造出来并加之于社会的，尽管其间缺乏现代民主立法模式所要求之程序。作为转型前的旧制度之知识基础的苏联法学，乃是一种极端形态的实证主义，它相信，法律、制度就是统治阶级的意志和命令。因而，立法者可以不管既有的制度而全盘建立全新的制度。立法者据以建立这套制度的理据，主要是意识形态，而这一点使得作为转型所面临的制度约束极为刚性。

任何一套有效运转的制度体系都具有某种内在的连贯性，比如，市场制度与个人自由、私人产权、结社自由、法治及个人承担责任的文化等构成一个整体。不过，宪政作为一个整体，具有相当大的灵活性。宪政秩序完全可以容纳国有企业、合作社，也可以容忍以改变它自身为目标——只要不是诉诸暴力活动——的言论表达与社团活动。

但是，转型前的旧体制的整体连贯性是比较僵硬的。科尔奈特别强调这一体制的整体连贯性："经典社会主义体制形成了一个环环相扣的整体，各种要素之间具有一种凝合力，相互补充而又彼此吸引。至少作为纯粹的理论原型，经典社会主义体制就像是一座所有砖块都紧密粘合在一起的建筑物。"在这其中，意识形态的作用尤其重大："在经典体制的建设过程中，所有'层面'都涂满了意识形态的涂料。意识形态与社会主义体制的发展、稳定并最终固化密不可分，因为在这一过程中，意识形态始终发挥着重要作用，并为现实中出现的东西提供了合法性支持。"[1] 举例来说，产权制度和企业经营形态不是一个效率问题或公共品供应效率问题，而是一个意识形态、进而与统治权关联的根本问题。

正因为这一刚性制度约束，在20世纪80年代之前，众多立法企业家所创新或恢复的新规则都未被公共化，而是遭到压制。只是到了70年代末，旧体制的效率潜力完全耗尽，民众的意识形态信念瓦解，体制陷入严重危机。[2] 面对危机，正规制度体系内部的整体连贯性出现松动。执政者被迫放弃对制度连贯性的过分保守，而对各种制度的重要性进行排序，区分出对于自己的信念和利益来说最重要的核心制度和不那么重要的次要制度，据此进行权衡取舍，允许那些不甚重要的制度部分地发生变迁。比如，在不改变意识形态的情况下，通过某些办法提高经济效率。在不直接触及国有产权、国有企业地位的前提下，允许私人产权、私人企业的有限存在。只有这样，才能维系整体秩序的稳定。

从旧体制的内在逻辑来说，这种制度变迁的主导者只能是最

---

[1] 雅诺什·科尔奈，《社会主义体制：共产主义政治经济学》，张安译，北京：中央编译出版社，2007，第532页，第46页。作者还列出了一个表，说明了该体制的制度结构，见第343页。

[2] 科尔奈分析了这一制度危机的具体表现，见《社会主义体制：共产主义政治经济学》，第364—366页。

高“立法者”——我们用这个概念来包容掌握权力制定法律和政策的所有个人及机构。但是，作为同样计算个人得失的政治企业家，立法者主动改革的意愿未必十分强烈，因为在给定的制度约束条件下，改革的意识形态风险是非常高的。同样，在复杂的政治结构中，立法者的能力也受到限制。当然，立法者进行制度变革的知识——尤其是下面将要讨论的“细节性规则”——也是远远不够完备的。

但是，变革的必要性又是显而易见的。这个时候，民间的立法企业家的活动，打通了制度变迁之门。本文所强调的核心观点是：转型模式成立的前提正是，立法企业家的个人规则创新活动先于政治立法者的立法活动。这是渐进的转型与激进的转轨的根本区别所在。在转型过程中，不论是在产权制度领域，还是在企业经营制度领域，或者是在社会、文化领域，立法企业家向立法者提供了备选的新规则、新制度。这解决了立法者不得不面对的知识难题。

事实上，全国性立法者所看到的甚至不是立法企业家为解决个人福利而创新的个人规则，而是局部性公共规则。诸多论者已经指出了中国与苏联的计划体制的区别，比如，秦晖再三指出，在改革之前，苏联体系是比较典型的理性的计划经济，而中国却是“命令经济”[1]。笔者想补充的是，这种命令经济并不是单一命令，而是一种分散的、具有相当程度地方化色彩的命令经济。吴敬琏总结说，1958 — 1978 年就是中国经济体制改革的第一阶段，其核心是“行政性分权改革，以中央政府向下属各级政府放权让利为重点”[2]。

这样一种格局有其严重的经济弊端，但对于制度变迁却有一种好处，即“使市场关系在地区与地区之间的竞争缝隙中成长起来，而不至于像苏联高度集中的严整计划经济体系那样，完全没有

[1] 可参见：秦晖，“转轨前中东欧与中国经济体制的‘可放弃性’问题”，《南京大学学报（哲学 · 人文科学 · 社会科学版）》，2003 年第 3 期。

[2]《当代中国经济改革》，第 45 页。

民营经济的生存空间”[1]。即使不存在地区之间的竞争，行政性分权体制也给了地方官员决定本地制度的部分权力。作为政治企业家，不同地方的官员面对民众所创新的同一类规则，完全可能持有不同态度。如果该官员思想比较开明，或者该地区的经济危机比较严重，地方官员为了解决危机，可能容许民众进行规则创新，承认民众规则创新的意愿也会比较高。他们有较大的可能通过制定地方性政策或部门政策，把本地立法企业家所创新的个人规则确认为局部公共规则。自留地、农村土地承包经营、社队企业、乡镇企业、国有企业承包经营等等，都曾经在若干年内表现为局部公共规则。

当然，有些变革也是地方领导人主动发起的。但是，这种情形是比较少见的，因为从根本上说，处于封闭的意识形态体系内，地方官员同样不具备制度变革所必需的知识。因而很多从外部看起来由地方官员发起的变革，实际上仍然是地方官员认可了本地民众所进行的规则创新，或者是将其他地方民众的规则创新移植于本地。但假如享有一定自由活动空间，本地民众其实完全可以建立起同样或类似的规则。

不管属于哪种情形，在旧体制的逻辑下，每一项偏离正统制度的局部规则创新，都会引发剧烈的意识形态和政治争论。这样的争论把这些有助于改进效率的规则、制度呈现给全国性立法者。如哈耶克所说，对于任何情景中的立法者来说，非常重要的问题是判断将要采用的新规则在新的情势下维护整体秩序的能力。主导转型的立法者所面临的根本问题是，既要增进自己所追求的目标，同时又不至于威胁整体秩序。新规则的不确定性会使立法者对新规则有所犹豫。若这些规则在地方、部门适用并取得良好效果，自可大幅度降低其不确定性，降低新规则在体制内所遭遇的阻力，立法者

[1]《当代中国经济改革》，第 54 页。

可以拿该规则的地方效果来说服意识形态上的反对者。[1]

总之，地方试验解决了立法者采取立法企业家所创新之规则、制度的意愿、知识和能力问题。最高立法者通过制定政策、法律及宪法的实体性条款，把由立法企业家创新、并在地方或部门试验取得积极效果的规则、制度，变成普遍的公共规则、制度，由此实现一次局部的制度变迁。这样的过程重复进行、不断积累，就构成制度变迁的过程，即转型。

从整体上看，转型过程类似于普通法的立法过程。在普通法司法过程中，为了解决超出了旧有法律规则范围的新问题，法官不得不在当事人的交换、合作行动中发现备选的新规则，依据司法的“技艺理性”对其予以辨析，如果合理，就予以确认，形成新的普遍规则，替换相应的旧规则。在转型过程中，立法企业家所创新的规则或者说是局部公共规则及其效果呈现在政治结构中具有变革意愿的立法者面前，使之能够知道该进行什么样的变革，并对变革的后果有比较确定的预期，从而诱发其采取从全国性政策、法律层面上变革制度的行动。这是一个类似于普通法法官发现、确认新规则的过程，而与实证主义的集中立法过程大不相同。

在制度转型过程中，政治性立法者的意愿、知识和能力当然都是至关重要的，毕竟制度转型需要法律、政策乃至宪法实体性条款的调整，而这些都离不开立法者的努力。但是，将要确立的新制度，作为一种细节性规则，不是由立法者的心智主动地设计出来的。相反，新制度乃是立法者对立法企业家的个人规则或地方性局部公共规则进行反应性选择的结果。

这一转型过程与普通法过程还有一个相近之处：由此所形成的新的规则、制度，大体上属于哈耶克所说的“正当行为规则”。

---

[1] 关于农村土地承包经营的政策形成过程是这一制度变迁模式的典型，从中可以清晰地看到本文所论述的分析工具：立法企业家、制度技艺、个人规则、局部公共规则、普遍性公共规则。简单的叙述参阅《当代中国经济改革》，第95—101页。

这倒不是因为立法者本身多么公正、仁慈，而是因为置身于具体社会过程中的立法企业家所面对的旧体制是不合理的外在制度，为了改进自己的福利，他们恢复或创新出一种内在制度。这种制度已经在地方层面获得民众的普遍认可，一旦适用于全国，也会获得具有大体相同之信念和生活模式的全国民众的广泛认可。政治性立法者只不过明智地承认了这样的内在制度之有效性，将其从不合法的状态变成正式的政策、法律甚至宪法条款。

这样的制度变迁自然地呈现出渐进的、演化的特征：人们所看到的不是制度框架的整体变迁。每一次所发生的甚至不是局部的制度变迁，而是单个制度的零碎变迁。在规则的分类中，变迁主要发生于细节性规则层面。为了减少变革的阻力，立法者通常刻意地将变革局限于细节性规则层面，避免直接触及制度框架，甚至不去触及局部性制度框架。

值得注意的是，如中国的情形所显示的，这样的制度变迁过程能够呈现出某种持续加速的态势。一方面，一项制度发生变迁后，必然会使与之相关的旧制度的不合理性更为显著，从而诱发人们产生新的制度创新意愿。另一方面，在一个已经变化的制度环境中，人们有机会获得更多关于优良制度的知识，逐渐地不再依赖对于固有制度的记忆，而是从外部世界——包括其他地区和国家——获得关于优良制度的知识，这会使立法企业家在更广泛的方向上进行创新。更重要的是，局部的制度变迁也使个人、企业、社会自治组织享有更多自由，支配更多资源，从而增强其采取新的行动策略的能力，并可以更大的力量推动立法者采取自己创新的规则。这是一个复杂的学习过程，知识的不断积累、创新使得局部的制度变迁以加速度扩展。

另一方面，制度变迁本身也会改变立法者的信念结构，从而使之能够容纳立法企业家在更广泛的领域内进行创新。前面曾经提及，转型前体制由意识形态整合成为一个僵硬的整体，不过，面对问题和危机，为了维持整体秩序的存续，立法者不得不容许次要制度之变迁。随着这一变迁过程展开，立法者将会逐渐认识到，这些次要制度的变迁未必会威胁固有的整体秩序。事实上，次要制度的变迁所产生的效果，对于维系核心制度来说可能是有益的。

但是，要享有这种收益，就必须在既有制度体系中赋予它以合法性，这就需要对意识形态进行调整。因而经济、社会等领域的局部制度变迁会迫使原有的意识形态出现变化，这本身也构成转型的一个有机部分。而意识形态的变化必然是以一种普遍化话语来表达，比如承认“市场经济”、“法治”的合法性，即使同时对其附加了某些限定。这样的普遍性话语为民众沿着那一价值方向进行制度创新提供了话语支持。

甚至，立法者也会认同民众创新的制度及外部优良制度所蕴涵的价值，比如市场经济、法治、民主。立法者的价值重构会使其对正式体制与自己的信念、利益间的关系进行重新评估，不断地剥离出更多次要制度领域，容许民众在这些领域进行变革。

也就是说，在转型过程中，不仅立法企业家在学习，立法者也在学习。自认为已经积累一定制度变迁知识的立法者甚至可能主动进行改革。这才是严格意义上的“改革”，即由立法者自上而下进行的制度变迁。1994 年以来的改革就被认为是政府自上而下地“整体推进、重点突破”的模式。[1] 此时，这一改革式制度变迁模式已经偏离了经典的转型模式，变为完全政治化的立法模式，尽管它与俄罗斯、东欧的转轨仍有性质上的差异。在此之前的 20 世纪 80 年代才属于比较经典的转型时期，当然，这个时期同样也有自上而下的主动改革。应当说，整个 30 年期间，改革与转型始终是并存的。但从整体上看，尤其是与俄罗斯、东欧相比，中国的制度变迁主要呈现为转型的进路。

---

[1]《当代中国经济改革》，第 45 页，详尽的分析见第 70—80 页。

六、转型模式的优势

在前两节，我们以中国经验为参考系，描述了转型的基本模式：转型由具有特定信念、知识、能力和意愿的个体推动。从众多社会活动主体中可以辨认出“立法企业家”，他们为改善个人境遇而采取一些与正式体制相冲突的行动，这些行动中隐含着更为合理的，可以构成市场、民主、自治制度的新规则。它们最初呈现为个人规则，并被部分民众自发模仿，进而通过某个地方或部门的官员认可成为局部规则，最终由全国立法者确认变成普遍的公共规则。这些规则大体上属于哈耶克所说的正当行为规则。诸多这样的规则不断积累，作为内在制度的正当行为规则体系逐渐地替换旧体制的部分规则，这也就意味着，人们的自由范围逐渐扩大，国人生活的各个领域的制度发生变化，并实现了物质上的改进。个人享有经济自由，可以更为有效地发挥其企业家精神，从而实现经济增长。个人享有一定私人生活空间和一定的公共活动空间，从而出现了一定程度的言论自由、社会自治和民主参与。

如果我们把“转型”本身理解为一种制度变迁模式，那么中国的转型确实是有效的。基于目前的经济绩效，大多数经济学家对中国转型的前景持一种乐观态度，国内外的转型学者也普遍地依据中国经验得出结论：渐进的、演化的转型模式优于俄罗斯、东欧的转轨模式。事实果真如此吗？这一渐进转型过程会一直进行下去吗？会不会碰到天花板？这将是下面两节讨论的主题。本节将分析渐进转型模式的优势。

不论是政治、社会领域的制度，还是经济、文化领域的制度，都可以分解为三个层次的规则集：最抽象的层面是价值性规则，比如自由、平等、人的尊严、自治、财产权等。它们是宪法的价值性规则，也规定着转型所涉及的制度的走向和价值。新生成的制度须支持、维系这些价值，否则就无转型可言。中间层面是框架性制度，即体现上述价值而形成的制度结构，比如三权分立的权力结构安排、司法独立制度、私人产权界定与保护体系、契约自由和经营自由的制度安排、社会自治的制度安排等。第三个层面则是构成中间层面的制度结构的细节性规则，所谓制度就是由这些细节性规则按照特定的结构组合而成的，当然还需要加上其执行机制。

这三个层面的规则具有复杂的关系：价值性规则规定着制度的价值内涵。制度变迁是具有规范性内容的，即制度朝着“好的”方向变迁，以使经济社会活动产生“较好的”结果。关于“好”，人们自然会有歧义，具有不同价值取向的人将有不同看法。不过，在转型的语境中，“好”的含义是比较清楚的：从经济上表现为效率之提高，从伦理上表现为人享有更多尊严和自由，从政治上表现为人们可以更多地参与社会治理和公共事务。旧制度所蕴涵的价值是与此相反的，转型的本质就是形成支持自由、平等、财产权、自治等价值、由细节性规则构成的可以正常运转的制度框架。

细节性规则与制度框架之间同样存在复杂关系。细节性规则乃是中间层面的制度框架的基础，后者是由前者有机地构成的。而人们所能感受到、真正规范人们行为并可以强制执行的，主要是这些细节性规则。制度框架更多地是一个观念上的抽象。私人产权制度在不同领域中有具体表现形态，直接决定着人们交易、合作的形态、方式；自治在不同领域也有具体的制度安排，人们的社会活动是受它们规范的。因而，转型的关键是生成细节性规则。

不过反过来，看似抽象的制度框架本身又具有生产细节性规则的能力。恰当的政治法律制度安排，可以容纳民众进行广泛的细节性规则创新，并及时而有效地将其变成正规制度，从而维持市场效率及社会自治。不合理的制度框架，则不给制度创新留出足够空间，从而使得规范人们行为的细节性规则陷入僵化。同时，制度框架为细节性规则提供执行机制。另一方面，任何一个细节性规则，也都需要其他规则及其所构成的制度框架的支持。可以设想，单独一个正当行为规则，如果没有这种支持，很可能会在现实中被扭曲。

正是这三层规则之间的复杂关系，使后发国家的制度变迁出现了两条不同进路：一种就是激进的转轨，其实质就是按照确定的自由、市场、财产权等价值，率先实现制度框架的变迁。在此框架下，相应的政治法律机构再行生产支持这些价值或与其兼容的社会各个领域的细节性规则。另一种则是渐进的转型，其实质就是在价值十分含混、制度框架未出现根本变迁前，细节性规则渐进地向着有利于市场、自治、民主的方向变迁。关于两种进路的得失成败，国内外学界、政治界争论甚为激烈。本节试图解释，为什么中国的转型能够取得眼下人们所看到的成功。

转型模式在很大程度上采用的是政治化的普通法的制度变迁模式，这种模式具有一些比较显著的特征，从而使它具有一定的优势，尽管可能只是在一定条件下、一定期限内。转型模式最重要的优势是以特定的方式解决了制度变迁的知识难题，有效地利用了既有知识，并有利于“适切”的细节性规则之生成。

第三节讨论立法企业家的知识问题时已经指出，立法企业家及整个社会关于内在制度的记忆，为市场的局部恢复和正常运转提供了最初的制度支持。这些制度传统曾经被旧制度的权力抑制而不能发挥作用，但个人进行的制度比较会激励立法企业家自发地回归这些传统制度。转轨模式因为是自下而上进行的，因而人们最为熟悉并恢复实施的内在制度，会被立法者确定为正规制度，替换原来对应的部分旧制度。这样，传统制度就发挥了新作用。

这些制度自然表现为直接地规范人们行为的细节性规则。对于任何制度变迁，及时而有效地形成直接支配人们的细节性规则体系是最为重要的。也就是说，仅仅说价值性规则好、甚至仅仅说制度框架好，都没有太大意义。重要的是细节性规则，它们必须是适切的（appropriate)：规则是正义的还不够，还必须是具体的正义的；规则是有效的也不够，必须是能够被人们运用的效率。

规则是为了解决置身于市场过程或其他社会过程中的人对于

实现自己的目标所必须了解的诸多事实之无知而形成的。然而，此一难题能否有效解决，又取决于所形成的规则是否适切。规则的“适切性”（adequacy）对于制度之有效运转至为关键。何谓适切的规则、制度？孟德斯鸠说：“为一群人所建立的政府，若与这群人的气质和倾向最为一致，便是最符合自然的了。”“它们［法律］应当与制定它们所要管理的那群人相调适。”[1]

在哈耶克的论述中，不断重复“适切的规则”（appropriate rules）概念。哈耶克反复论证，并不是所有规则都能够形成秩序，只有人们遵循适切的规则的行动才能够形成合理的秩序。不同治理体系的根本差异其实就在于，通过其制度化途径所形成的规则之适切程度大不相同。同样，制度变迁是否成功、平稳的关键也在于新出现的规则是否有助于秩序向着好的方向演进。因而制度变迁理论的核心问题也就是，什么样的规则形成机制能够持续而有效地形成有助于好的秩序形成的适切的规则。哈耶克说，那种能够最有效地利用人们关于制度的知识，从而生成适切的细节性规则的机制，就是最好的。

最好的规则当然是人们已经遵守的规则或者一旦被发现就会被人们主动遵守的规则。在哈耶克的社会理论中，知识问题与规则—秩序问题是一体之两面。第二节已经讨论了哈耶克提出的四种制度变迁模式，而哈耶克对四种模式的判断，所依据的就是其利用分散的知识的效率。在哈耶克看来，正当行为规则乃是内在制度，是被“发现”（discover）的：“前者［指正当行为规则］在两种意义上是被发现的：它们要么只是阐明了已被人们遵守的惯习，要么人们发现它们，将其作为已有规则的必要补充，唯有如此，以那些规则为基础的秩序才能够平稳地、有效地运转。”[2] 也就是

[1] *The Complete Works of M. de Montesquieu* (London: T. Evans, 1777), 4 vols. vol.1, Book I, Chap. III: Of Positive Laws.（参见中译本：《论法的精神》，张雁深译，北京：商务印书馆，2002，上册，第6页）

[2] LLL 1, p.123.

说，普通法法官或模范宪制中的立法议会确立的规则，要么是人们已经遵守的规则，要么是一旦颁布就会有助于人们更好地追求个人目标，从而必被人们认可的“补充性规则”(complementary rules)[1]。因而，这些规则要么已经存在，由行动着的人们已经有意或无意地创造出来了，要么是法官依据人们的行动逻辑制定出来的。不管是哪种情况，分散的社会活动主体的制度得到了直接而有效的利用。

个人创新的非正式规则与正式制度之间具有某种直通车机制，这是普通法的造法过程的一个明显特征，也是其优越于集中立法模式的地方。法官不过是确认人们已经遵循的规则，或者制定补充性规则。相反，在集中立法模式中，立法机构负责统一制定法律，立法机构通常并不关注个人的规则创新，而是把违法现象或法律空隙本身当成问题，按照法律的逻辑进行抽象的思考，制定法律条文。民众创新性违法中所包含的非正式规则，就不能进入立法过程中。这是一种知识的浪费。

这样的对比也部分地适用于转型与激进转轨。转型具有普通法的特征，尽管这里进行规则筛选、确认的不是法官，而是地方官员及全国性立法者。民众大量违反旧制度的现象，清楚地揭示出旧制度不合理之所在，从而向立法者指示出变革的优先次序。个人创新的非正式规则，经过某种政治过程直接被确认为正式制度。

对于转型模式的这一优势的肯定并不意味着，转轨模式就会使这些传统制度无法恢复和发挥作用。事实上，假如政治、法律结构发生剧烈变革，个人享有较为广泛的自由，则传统制度的恢复将更为完整，同时，传统制度与市场、民主、自由的意识形态的互动更为紧密，那么生成更为合理的制度体系的可能性会更大，这可能正是中、东欧一些转轨表现较好的国家所发生的情形。

---

[1] LLL 1, p.105.

不过，在激进变革模式下也确实可能发生一种情形，制度框架急剧变化之后，细节性规则却严重匮乏。此时，很可能会采取集中立法的模式确立这些细节性规则。但此时，立法机构尽管知道应当为市场、自治、民主制定细节性规则，但未必能够清楚地知道，应当首先制定哪些细节性规则。而且，众多细节性规则之间呈现一种什么样的关系，也未必是显而易见的。在转轨的初期，立法时机的选择对于制度演进、市场、社会的健全发育同样是非常重要的。所有这些，都构成了立法者所必须面对的知识难题。而立法是有成本的，尤其总是会有巨大的机会成本。如果社会结构中的某一部分活动领域长期匮乏某项细节性规则，就可能导致社会严重失调。

转型模式的优势就在于，立法者只要注意到民众在哪些领域大量违法，就可以判断应该在哪里进行制度变革。另一方面，违法性创新活动中又包含着新的更合理的规则、制度，这些规则、制度甚至已经经过了地方或部门的试验，立法者所要做的只是将其从个人规则、局部公共规则，变成普遍的公共规则。这样，民众的制度知识就被立法者直接而有效地利用。这些规则大体上与社会“情势”是相称的，可能略微有点滞后，但却不会太过超前，基本上不会超出人们的认知水平。事实上，因为它本来就是立法企业家所创造的，因而可以推定，其他人几乎不用花费什么学习成本，就可以接受它。这些人可能本来就有此种行动意向，新通过的法律只不过使人们可以如此行动。制度与其所约束的对象之间具有某种默契。相反，激进变革模式下很容易制定出过分超前的规则、制度，而政府如果强制执行它，就很可能扰乱既有的秩序。

不论从时机还是从情势的相称性上，转型模式下形成的细节性规则大体上是比较适切的。转型的实质是相对合理的内在制度逐渐地替换不合理的外在制度，而合理的内在制度当然只能是从人们的生活、合作、交换过程中生成的制度。这些制度将能够有效地协调人们的关系，从而为经济增长、民主参与和社会自治扩展提供便利。

转型模式还有一个优势，那就是旧制度体系中隐含的某些知识，也能被立法企业家利用，从而至少在一定时期内提高效率。在不合理的旧制度体系发育出来的某些制度，可能会被立法企业家所利用，并且有可能被平稳地转换，生成新制度。比如，在财产集体所有和集体经营的制度框架下，一些具有企业家精神的人会创建社队企业，它们后来演变成为乡镇企业，再后来很多乡镇企业家又变身为私人企业家。这样，社会结构没有断裂，一些企业家在旧制度下习得的知识将保留连续性，继续支持企业家进一步创新制度。

从整体上说，转型模式下制度比较平缓的变迁，可以为人们提供较为稳定的预期，这有助于人们制定较为长期的计划，这一点对经济活动是非常有益。然而，这样的转型也有其内在局限。这将是下一节讨论的问题。

七、转型模式的限度

转型不是无目标的演化，而是具有明确价值指向的制度变迁，是整体的制度变迁，而不只限于经济领域。一般认为，俄罗斯、东欧、中国等国家所经历的制度变迁的目标至少可以概括为两个方面，即社会政治变革和经济体制变革，两者共同构成完整的制度变迁内容。[1] 前者至少可以细分为三个方面：民主、法治与社会自治。经济体制变革也可细分为三个方面：放开价格，使价格可以充分发挥配置资源的信号作用，并协调人们的行动；私有化，这包括对既有国有企业的私有化及新兴私人企业的发育，从而形成一个强有力的私人部门，以更有效地利用资源；切合市场正常运转的制

---

[1] 关于这一点，可参阅：《经济制度与民主改革——原苏东国家的转型比较研究》，第2—4页。另有学者也列举出更为详尽的“向市场经济体制转换的本质要点一览表”，见《制度经济学：社会秩序与公共政策》，第525页。

度基础。[1] 只有当所有这些制度都实现较为根本的变迁，从而确立了与转型之初始条件不同的宪政的制度体系，转型才算完成。概括起来说，转型的过程就是立宪（constitution-building）的过程。不同的变迁模式，应当是不同的立宪模式。

近年来，人们普遍把中国的转型作为一种独特的制度变迁模式来研究。诚如诸多论者所说，中国的“转型”确实是独特的。与西班牙、韩国等相比，中国的独特性表现为制度变迁有独特的初始状态。在前一类社会，即便政治上实行威权主义体制，但都保障私人产权和私人企业经济制度，社会也有一定程度的发育。[2] 也就是说，市场和市民社会发育、成长的一般性规则是相对完善的，其所发生的制度变迁主要是政治领域，宪法性制度发生较大变革。由此可以说，不能简单地以前者的转型成功之经验预期中国转型的前景。

与俄罗斯、东欧等国的转轨相比，中国转型的独特性则表现为，中国在宪法性制度并未出现根本变革的情况下，调整经济、社会活动的诸多规则发生了相当剧烈的变化，并因此在政治、社会保持稳定的环境下实现了经济的高速增长。国内外众多经济学者反复以渐进性（gradualism）来解释这种成功。这一点，转轨经济学

[1] 关于这一点，有学者概括为四点：“通过引入更为灵活的相对价格，创造一个对世界经济开放的竞争性市场环境，以纠正社会主义的扭曲，从而提高效率；稳定宏观经济，这是价格的正确运转所必需的；提供更好的激励和公司治理安排，以使企业对市场信号负责，大体上，私有化是这一变化的关键因素，但鼓励新兴私人企业进入，形成一个企业家群体也是关键因素；形成适合于市场经济的治理制度，经济学家们对于什么样的治理制度是适合的有不同看法，但对于下面几点已形成某种相对共识：(1) 需要政治和制度稳定；(2) 需要保护私人产权不受（政府及黑社会）侵犯，需要保护纳税人不受接近政府的压力集团寻租行为之害。”（Gérard Roland, 2000, *Transition and Economics Politics, Markets, and Firms*, The MIT Press, p.11）这位作者在别处则将整个转型的目标概括为与本文接近的三点：价格自由化，私有化，制度建设（见“Transposable and Non Transposable Lessons from the Transition Experience”, http://www.econ.berkeley.edu/~groland/pubs/Koreatransposable.pdf）。

[2] 有论者将这种制度的政治核心概括为“制约式政治核心”（inhibited political center），相反，大陆所建立的则是“无制约式政治核心”（参见：蔡玲，马若孟，《中国第一个民主体系》，罗珞珈译，台北：三民书局，1998，第12页）。

文献中所在多有。

学者萧功秦提议，把中国—越南模式视为转型分类学上的一个新物种予以研究。他用“演化政治学”来形容中国转型政治的特征。这一模式具有四个特征：（1）演化的试错性质；（2）与传统的非断裂性；（3）与演化经济学所研究的经济转型一样，遵循着“最小打乱原则”；（4）充分重视改革的约束条件，考虑它们的特定情境与特定的脉络。通过这种“渐进—演化路径”，中国“完成了从与计划经济时代相适应的全能主义政治体制，向与市场经济相适应的‘后全能主义的权威政治体制’的软着陆”。

尽管如此，与一般经济学家不同，萧功秦指出，这一“渐进与演化”模式虽有其特殊的优势，但也有其特殊的弱点。这是一种从全能国家体制中，通过市场经济而滋育出细小的社会细胞的“极强国家—极弱社会”的体制。因而，权力缺乏有效监督，在经济增长过程中腐败将非常严重。一旦出现社会矛盾激化与社会不满，就会进一步引发国家加强社会控制的习惯性冲动，由此很可能陷入“社会矛盾—加强控制”的路径依赖。“久而久之，这种自我强化的路径依赖，就会引导人们不自觉地进入一种路径锁定状态。”[1] 事实上，按照萧功秦的理论框架，目前的政治转型的成功，最多也只是“完成了从与计划经济时代相适应的全能主义政治体制，向与市场经济体制相适应的‘后全能主义的权威政治体制’的软着陆”，中国真正要完成政治转型，至少还要经过三个阶段的演进：“从现今的发展型的后全能主义的权威主义，走向更大程度的社会多元化，并经由权威主义向后权威主义过渡，从后权威主义向中国的民主体制过渡。”[2] 这也就是说，如果与转型的基本目标相对照，目前根本不能断言转型已经成功。

政治社会领域如此，经济体制领域其实也是如此。在评论中国

[1] 萧功秦的论述可参见：萧功秦，《中国的大转型——从发展政治学看中国变革》，北京：新星出版社，2008，导言，第5—10页。
[2]《中国的大转型——从发展政治学看中国变革》，第109页。

经济的时候，人们普遍地把经济增长等同于制度变迁。毫无疑问，中国经济增长的很大部分来自制度变迁，包括政府的价格控制大大减少，法律逐渐强化私人产权，私人企业逐渐发育，企业家精神得以较为充分的发挥。但是人们已经普遍感受到，这种制度变迁的脚步日益迟缓，甚至出现了反向变迁。近些年来，经济领域出现了非常明显的“再国有化”趋势。[1] 国有企业在若干行业的垄断已无打破之迹象，而私有化一向被认为是转轨的核心内容之一。同样，尽管已经经过30年转型，但在中国，劳动力、土地、资本等三大要素依然未能完全市场化。劳动力似乎可以自由流动，但劳动者却不能；通过政府征用农村土地，土地正在大规模国有化。在社会、政治领域，情形也比较类似。

很多人都已注意到，中国目前已经处在一个全面的“双轨制”之下，在这一状态下停留了二十多年之后，似乎还将长期停留在这种状态。科尔奈断言，俄罗斯、东欧转轨国家“必然长期继续保持在一种奇特的双轨体制当中，这是许多社会主义和资本主义社会要素同时并存而又彼此缠绕的一种‘混合’体制……这一双轨制特征将成为各种冲突的根源”[2]。只是需要注意，中国转型过程中的双轨制与转轨中的俄罗斯、东欧的双轨制的结构正好相反。在后一类社会中，制度框架已经变革，但人们的价值或细节性规则却大量受制于旧制度；在中国，部分细节性规则发生了变化，但制度框架尤其是其中的核心制度却保持不变。这种结构上的差异，对于预言两类社会的前景，具有决定性意义。钟伟也区分了20世纪80年代的旧双轨制与90年代以后的新双轨制的区别：旧双轨制是实现增量改革的一种策略，旧体制容许新制度生长；新双轨制则是旧体制向新制度索取租金的策略。[3]

---

[1] 秋风，“‘再国有化’是祸是福?”，《中国新闻周刊》，2006年3月27日。

[2]《社会主义体制》，第538页。

[3] 参阅：钟伟，“新双轨制复归：中国改革不能承受之重?”（http：//www.tecn.cn/data/detail.php? id = 5053）

也就是说，转型似乎有停滞之虞，而不像人们所设想的那样，转型过程直线地进行下去，进而达到学者、民众所理想的制度状态。不同人群对利益的考量大不相同，有些群体在转型过程获得了巨大利益，同时从政府权力与市场交换中获益，这个群体必然会拒绝进一步转型。不过，本文依然主要关注知识与信念问题[1]，试图从这一角度解释转型模式的局限性：立法企业家及立法者都面临着信念与知识上无法克服的局限性。

首先，在转型过程中，支配着制度框架的立法者将经历一个学习过程。如上文所说，立法者可能会认识到，容许次要制度变迁，并不会危及自己的利益。立法者甚至可能也在一定程度上接受新制度所体现的价值。这样，制度变迁的空间就会逐步扩展，而制度变迁的目标也逐渐从含混趋向清晰。这一点，从中国关于市场化的官方概念的演变看得非常清楚：从“有计划的商品经济”，到最终的“社会主义市场经济”。到这一步，立法者甚至可能主动制定及执行某种相当大范围的局部制度“改革”。

然而，这种学习过程似乎存在一个限度，这一点与激进变革模式完全不同。在转轨的激进变革模式中，制度变迁的价值内涵是确定而清晰的，人们明确地追求个人自由、权利、平等、尊严、财产权，因而也致力于设计和建立法治、民主、市场等制度。尽管可能出现知识准备不足、法律超前于人们的习惯性行为等现象，但从某种程度上，整个社会有一种价值忠诚。而在转型模式中，终极目标始终是含混不清的，制度变迁所要追求的价值不是明确而清晰的。生活于不合理制度下的立法企业家的努力肯定是为了扩张个人的自由、财产权而进行规则创新，但立法者通常并无这样的价值忠

[1] 樊纲指出，改革所面临的两大问题是利益结构的约束与信息不完全的约束：“信息的不完全有三种：第一，我们大概知道某一个制度怎么运行，但是你不知道它为什么那么运行，后面有哪些细节支撑它；第二，你不知道一个新体制的建立需要多少时间……第三，你不知道各个制度要素之间是怎么相互制约、相互协调的。”（樊纲，“还要多少年才能抵达河对岸?”，《南方周末》，2008年8月28日）

诚。相反，立法者接受的另一套价值，其利益有赖于依据此价值的制度框架，其容许一些次要制度变迁，在很大程度上是出于实用主义策略，而并无价值忠诚。

诺斯强调了信念体系对于制度的重要意义：“信念体系和制度框架有着密切联系。信念体系是人类行为的内在表现的具体体现。制度是人们施加给人类行为的结构，以达到人们希望的结果。也就是说，信念体系是内在表现，制度是这种内在表现的外在显示。”[1] 诺斯在解释西方世界近代以来制度变迁中突出了信念的先导作用。在诺斯看来，什么样的信念决定着将会形成什么样的制度。

也许哈耶克可能会批评，这样的看法带有过于强烈的建构主义色彩。俄罗斯、东欧转型的曲折故事也证明，有某种信念未必能够建构起完全体现、保障其中之价值的制度。但是，这个说法反过来应当是可以成立的：如果没有足够明确的信念，则恐怕无法最终完成制度变迁，因为缺乏信念的引导，制度变迁最终可能会失去方向，在转型的中间过程中永久性徘徊。

就此而言，我们要对第四节的论述作一些修正：把转型视为一个政治化的普通法的制度变迁过程，并不准确。如哈耶克所说，普通法法官的使命乃是维护一个主要由内在制度支持的大体合理的秩序。这样一个既有的规则系统本身就对法官构成了一个约束，既有规则系统的正义要求法官必须致力于发现正义的规则，法官“当始终活动于他必须接受的给定的规则的生长性秩序（cosmos order）中，他当必须将那些作为一个整体的体系所服务的目的所要求之片断融入这一生长性秩序中”[2]。事实上，法官在边缘上创新规则，就是在维护这一规则系统的正义性。然而在转型的背景性制度框架基本上是由外在制度构成的，由此所形成的社会秩序大体

---

[1]《理解经济变迁过程》，第 47 页。

[2] LLL 1，pp.99 – 101.

上是不合理的。在这种情况下，转型不是解决旧体制运转过程中出现的细节性问题，而是要走出旧体制。基于同样理由也可以说，在讨论中国转型的时候，使用波普尔的“零碎社会工程”或哈耶克的“内在批评”概念同样是不恰当的。

更为重要的是，上述区分表明，转型要成功，要求立法者不能只限于充当法官，相反，他们必须具有超越给定的制度框架的意愿、知识与能力。然而在现实中，转型的立法者甚至不具备普通法法官维护正义的意愿、知识和能力。在普通法的司法过程中，法官个人及法官群体内可以通过学习，积累“技艺理性”，这种理性有助于面对社会问题，及时地发现适切的补充性规则。但转型过程中的立法者通常受原有信念支配，其学习的意愿和能力是受到限制的，因而未必能够积累一种趋向于优良治理的“治理理性”。

其次，立法企业家也同样面临知识、能力的局限。诚然，基于增进自身利益的目标，立法企业家可以进行大量规则创新活动。但是，身处具体生活场景中的个人对于规则创新的想像力是有限度的，其构造制度的能力也是有限度的。在不合理制度下，个人的利益追求能够转化成为创新规则的冲动，但是利益也同样有可能遮蔽个人的视野，使之无法想像出比较抽象的规则。

确实也可能存在着某些不以个人利益为动机、直接致力于制度改进的立法企业家。但是，他们的视野同样受到局限，他们也许无法理解自已所诉求的规则与其他规则、与整体秩序之间的恰当关联。这样的知识需要高度发达的抽象思考能力。

综上所述，置身于转型过程中的立法企业家与立法者都存在内在局限。立法企业家具有创新的足够激励和热情，但却缺乏足够开阔的视野，缺乏构造整体制度框架的能力。立法者则缺乏足够的价值忠诚，因而具有过于强烈的机会主义倾向。双方的这些内在局限，使得转型只能完成部分制度变迁，而必然不能完成全部变迁任务。

我们或许不能不得出这样的结论：作为一种制度变迁模式的

转型本身不能自足，单纯依靠转型过程，无法达成大多数人所期待的比较完整的制度变迁目标。更具体地说，仅靠转型，似乎不足以完成宪法性制度的变迁。

综合布坎南、诺斯等人的看法，制度可以区分为两个层次：宪法性制度与一般性制度。[1] 一般性规则体系调整人们的行动，其中包括产权规则、契约规则等；本文所说的宪法性制度乃是据以决定一般性规则的结构安排与程序规定，即宪制框架，而不是权利法案。转型也许可以完成一般性制度的变迁，但很难完成宪法性制度的变迁。如诺斯所说：“一个社会的正式制度结构由广义上的宪法体系所组成，也就是说，确定政治、经济博弈方式的正式制度结构本身是有意设计出来的。”[2] 这也就是我们在价值性规则、框架性制度、细节性规则划分法中所说的框架性制度。哈耶克其实也作过类似划分。按照哈耶克的定义，宪法性法律乃是组织的规则，而不是正当行为规则体系：“我们习惯上称之为‘法律’、其实是组织规则而不是正当行为规则的那类规则，首先是包含在宪法性法律之中的、关于政府的诸权力之配置和范围的规则”，而“组织规则却是实现某些已知的、可预见的结果的明智的、有力的工具”[3]。组织规则当然是人们为了实现某种明确的目的而刻意设计出来的。复杂的组织规则构成一个宪法性制度框架，这样的制度框架的特征决定着其所生成的细节性规则的特征。这也正是哈耶克设计“模

[1] 诺斯的看法是：“制度框架由三部分组成：（1）政治结构，它界定了人们建立和加总政治选择的方式；（2）产权结构，它确定了正式的经济激励；（3）社会结构，包括行为规范和习俗，它确定了经济中的非正式激励。”（道格拉斯·诺斯，《理解经济变迁过程》，钟正生等译，北京：中国人民大学出版社，2008，第46页）布坎南在区分了规则间的选择与规则下的选择之外，也区分了“元规则”与规则，所谓“元规则”，就是据以进行规则间的选择的更为抽象层面上的规则（可参阅：杰佛瑞·布伦南、詹姆斯·布坎南，“规则的理由——宪政的政治经济学”，秋风等译，收入《宪政经济学》，北京：中国社会科学出版社，2004，第120页）。另有学者认为：“外在制度的层级结构本质上由三个不同层次的规则构成，即顶层的宪法、中层的成文法和底层的政府条例。”（柯武刚，史漫飞，《制度经济学：社会秩序与公共政策》，韩朝华译，北京：商务印书馆，2000，第166页）

[2]《理解经济变迁过程》，第49页。

[3] LLL 1，p.134，p.54.

范宪制”的初衷所在。

本文所要强调的是，在讨论制度变迁的时候，必须对宪制框架问题给予足够关注。这样的关怀将使我们更为清晰地探讨中国式“转型”的内涵、优势与限度。一般性规则的变迁至关重要，但是不合理的宪法性制度会对此构成一种约束，可能诱导人们创造出大量潜规则，这些潜规则将使旧体制永久化。反过来说，一种好的宪法性制度可以有效地生产出能够比较有效率地满足社会需要的适切、公正的一般性规则。即便随着时间推移，细节性规则的不协调累积到一定程度导致社会、经济的危机，但一个优良的制度框架——就人类目前的经验来说就是民主宪政制度——也能够在保持社会大体稳定的同时，生成新的更为适切的细节性规则集。因此，对于一个社会之优良治理来说，无论制度变迁采取何种进路，最终都需要超越细节性规则层面，形成能够适时生成适切的细节性规则的制度框架。

这样的制度框架之形成过程，却不同于细节性规则的生成规则。政府这个组织的各种具体制度安排，可能是演进地形成的；人们关于政府的信念、观念也是演进的；但是最终那个宪法性制度安排本身，几乎不可能自发地演进，而必须是理性设计的产物。旨在保障个人自由的宪政结构，只能由布坎南的契约论的立宪过程建立。归根结底，构造这样一套抽象的政治性结构，超出了身处于具体生活场景中的个人立法企业家的知识与能力的范围。相反，这需要借助于专门的“立宪政治”（consitution-building）过程来实现。汉密尔顿在《联邦党人文集》开篇就对美国人——其实也是对我们提出了一个严肃的问题：“由人组成的诸社会是不是真有能力通过思考和选择（reflection and choice）建立起优良的政府，或者是否他们的政治性宪制（political constitutions）注定了永远依赖偶然事件或暴力。”[1] 这个问题，也是一切处于转型、转轨过程中的

[1] *Federalists*, no.1.

社会需要思考的。

八、结语

本文基于门格尔、哈耶克等人所发展的奥地利学派制度理论论证了：转型模式与激进转轨模式固然均有其优势，但也有其无法克服的局限性。

激进转轨模式有其优势，即制度框架率先变革，这有可能使立法者具有足够的价值忠诚，如果社会尚维持着足够的团结，则整个社会可能迅速地通过已有的立法结构与程序，制定出新制度所需要的细节性规则，从而实现合理而真实的制度变迁。即便可能暂时出现细节性规则的匮乏或失调，只要持续的时间不长，转轨就仍然可以延续。但激进转轨模式确有其危险性。如果诸多细节性规则长时间无从生成，或者规则之间的不协调持续太长时间，就可能给社会结构、给人们之间的合作与交易预期造成不可复原的损失。作为反应，社会会形成一整套替代性制度，比如掌握权力者摇身一变成为资本持有者、黑社会兴起等，这就会导致转轨失败。

如果转型模式运作得当，就能够在保持社会基本秩序稳定，从而保持社会连续性的情况下，生成有利于人们改进自身境遇的适切的细节性新规则。但是，转型模式也很容易自我中断：转型很可能导致永久性"双轨制"，从而带来寻租的社会成本。优势与成本究竟哪个更大，乃是一个经验的问题。从某种程度上可以说，转型早期，预期稳定的收益大于寻租成本，但随着时间推移，两者关系将会逐渐翻转。

更严重的问题是，由于立法者对价值的忠诚度过低，由于立法企业家的知识与能力缺陷，转型缺乏一种自我完成的内在驱动力量，相反，转型具有自我中断的内在机制。在转型过程中，完整的制度变迁的诸多细节性规则渐进地生成，但到特定时间点上，旧有的制度框架将制度演进的力量阻挡在核心制度之外，从而使演进过程遭遇梗阻。已经形成的新规则无法拼接成为一个自洽的规则体系。这个时候，转型也会面临规则不连贯的问题。

从经验上看，转轨有失败的成例；但另一方面，在人类历史上，渐进转型而成功实现立宪式制度变迁的先例，似乎并不存在。所有的制度变迁，在经历渐进演进之后，都出现了演进的断裂，这时有两个选择：或者因为某种机缘而进行立宪政治过程，实现制度框架的变革，完成制度变迁的最后惊险一跃；或者长期停留在新旧制度混杂的中间状态，即萧功秦所说的“苏丹化”状态。

这样的讨论迫使我们不得不对哈耶克自发演进理论给予某种限定。或许不得不说，哈耶克对自发演进的信念是有预设的：人们生活于由内在制度支持的内部秩序中。唯有如此，人们遵守规则的行为才足以构成一种秩序。假如调整人们之合作、交易活动的制度体系本身主要是由外在制度构成的，也许就不适宜使用哈耶克的自发演进理论进行分析。因为，这个时候所要关注的乃是如何生成新规则的问题，而不是规则如何塑造秩序的问题。

由此，我们将简略地讨论第二个结论：为准确地认识制度变迁，尤其是把握当代中国的制度变迁，必须把奥地利学派关于个人行动的理论与规则—秩序理论融合为一体。

如前面已经指出的，在行动—规则—秩序这三角关系中，哈耶克更多关注的是秩序问题。哈耶克经常引用亚当·弗格森的一句话：秩序“是行动的产物，而不是设计的结果”。唯有人遵循规则的行动，才能形成秩序。然而，唯有人通过行动创造规则的行动，才能形成秩序的演进。

据此，我们可以构造一个行动—规则—秩序的复杂互动关系。人遵循规则的行动形成秩序，人在行动中又创新规则，新规则形成新行动，从而形成新秩序。张君劢下面的一段话就清楚地表达了这样的意思：“一国的历史，犹之全套的戏剧，其立于演台之上者，不外乎各个演员。一种哲学、一种思想、一种潮流，其发动之者，不外乎个人，而历时既久之后，就已往之经过而言，则名曰历史的演进。各个人之触景生情而言，则为时代的要求，质而言之，各个人之哲学的贡献，自然日积月累而成历史的演进与时代的要求，假令个人不能提出一种主张以成为一种贡献，其历史上之岁月完全空过，有何演进可言，有何时代要求与一己关系之可言。”[1]

可以说，不论初始条件如何，制度变迁确实可以呈现为一个自发的、累进的过程。但归根结底，此一过程乃是社会活动主体行动的产物。如果没有那些具备意愿、知识、能力的社会主体的行动，就不可能有新规则，当然也就不可能替换旧规则。第二节曾引用哈耶克的话：“自发秩序的形成乃是其中之要素在对其周边环境作出反应时遵循特定规则的产物。”[2] 我们也可以说：自发秩序之演进乃是构成它的要素依据自己的心性、知识积极地行动、从而生成更为适切之规则的结果。

换言之，欲发展奥地利学派的制度变迁理论，就必须回到门格尔，实现奥地利学派传统中企业家理论与哈耶克自发秩序理论的融合。在门格尔那里，这两者本来就是结合在一起的，但随着奥地利学派的发展，米塞斯和哈耶克分别突出了一个方面：米塞斯强调的是人的行动，主要是企业家的创造精神，这形成了奥地利学派的企业家理论传统；哈耶克所强调的人遵守规则对于秩序的重要性，这形成了奥地利学派的自发秩序理论传统。但是，要解释一个社会的制度变迁，尤其是从一个基本由不合理的外在制度构成的体制向比较合理的体制的变迁，必须回到门格尔，重新把两者融合起来。

---

[1] 张君劢，《民族复兴之学术基础》（1936），北京：中国人民大学出版社，2006，第58—59页。

[2] LLL 1，p.43.

从“一国两制”到“一制两体”

——中国改革动力学的香港视角

魏甫华[*]

2008年是香港回归11年，也是中国改革开放30年，这其中最大的变化就是中国市场成为世界市场的一个重要组成部分，全球化因素成为中国改革的重要动力。与此同时，香港自1949年后作为中国通向英美等发达国家的唯一通道，作为中国市场和世界市场之间的中转站地位，在中国改革开放30年之后受到了前所未有的挑战，许多快速发展的内地城市使香港面临了更多竞争的压力，香港政界和学界有关人士惊呼，香港正面临被边缘化的威胁。香港下一步怎么走？这不仅是关系到香港的前途问题，也是关系到中国内地的改革困境问题。这里的关键是我们在进行了30年的改革开放之后，如何重新理解“一国两制”的制度性含义。

“一国两制”的提出和中国改革开放政策的形成

1949年来，香港是中国内地通向世界的唯一通道，1978年以来的中国的改革开放进一步强化了香港作为中国和世界的中转站这一地位。香港独特的历史和地理位置，构成了一个中国人的“现

---

* 深圳市社会科学院研究员。

代化实验室”。[1] 可以说，就是这个“现代化实验室”，提供了1978年中国改革开放政策的动力学原理。

首先，香港因素是中国启动改革开放政策的重要经验条件。中国的改革开放是怎么启动的，学者们有不少的论述，也有不少的争论，但是有两个经验条件是大家所共识的。一个就是“文革”，杨小凯教授就指出，“文化大革命”对中国政治社会结构的破坏，是启动中国改革的制度性条件。朱学勤也认为，改革是“文革”启动的，并且是通过“文革”的方式启动的。[2] 朱学勤这一论断实际上点出了1978年中国经济改革本质上是一场政治改革。美国学者谢淑丽也认为，中国的经济改革起源于中央的领导权之争。[3] 周其仁教授认为还应该追溯到更早一些，和1958—1962年三年自然灾害造成大规模人口非正常死亡有关。[4] 另外一个重要的经验条件和香港有关。周其仁教授在《重新界定产权之路》一文中指出，1962年，由于各种传言说香港要开放关口，当然也由于国内的经济困难，就在广东省宝安县也就是现在的深圳，曾积集了10万人口意图偷渡逃港，这些人来自全国12个省区、广东62个市县。这变成当年很大的一个事件，也由周恩来总理亲自处理。据现在看到的资料，当时约6万人逃了过去，其中大部分被港英当局遣返回来，加上没有出去的人，当地政府做了安顿和疏散，并严格了出境制度。也在那个背景下，当地还提出过“利用香港，建设宝安”的

---

[1] 金耀基，《中国人的三个政治》，台北：经济与生活出版事业股份公司，1988。

[2] 朱学勤，《激荡三十年：改革开放的经验总结》，2007年12月15日在“岭南大讲堂·公众论坛”的演讲稿（http://www.xschina.org/show.php?id=11531）。

[3] 谢淑丽，“国际化与中国经济改革”，收入基欧汉等主编，《国际化与国内政治》，第199—220页，北京：北京大学出版社，2003。谢淑丽这篇文章是她早期著作《中国经改的政治逻辑》（*The Political Logic of Economic Reform in China*）的一篇缩写。根据她的解释，毛泽东过世后华国锋掌权，以重工业发展策略为政策主轴，释放政策利益拉拢“石油派”等中央重工业部门。而邓小平为了突破这个利益集团的封锁，所以改弦易辙，主张把中央决策权力下放地方，并以轻工业、农业部门为先，争取地方政府、轻工业部门对他的改革政策的支持。这说明中国改革动力深深限制于中国的政治经济制度结构之中。

[4] 周其仁，“重新界定产权之路”，《经济观察报》，2008年1月21日。

政策，以边境的贸易活动来活跃市场，改善民生。这个事件埋下了未来开放的契机。[1]

“逃港潮”是一段不堪回首的历史，最近，凤凰卫视做了这个口述史的节目，我们可以看到人们用脚投票对当时的中共高层产生的巨大震撼。邓小平就指出，如果我们再不改革开放，就会亡党亡国。而早期的这个“利用香港，建设宝安”政策，可以说是中国特区政策的初始版本。

其次，香港作为自1949年以来中国通向世界的唯一通道，它一直是中国内地获取外部世界知识的渠道。正如哈耶克所指出的，知识（信息）的变化是社会（制度）变革的一个重要条件。[2] 1949年后为什么不继续解放香港？毛泽东对这个问题有深刻的论述。早在1945年，“二战”结束后，中国作为战胜国，蒋介石通过罗斯福试图让英国归还香港但被丘吉尔断然拒绝。此时，毛泽东在延安对西方记者表示：“我们现在不提出归还的要求，中国那么大，许多地方都没有管理好，先急于要这块小地方干吗？将来可按协商办法解决。”（《毛泽东文集》，第四卷，第207页）中国共产党取得政权之后，首先是当时的中国刚建设新的人民共和国，国力比较弱，还不足以通过和英国再打一仗来收回香港。因为那时急于和英国一仗，很可能因此会使共产党丧失政权。其次是中国当时处在由冷战意识形态主导的世界地缘政治格局中，只有苏联等社会主义国家是对我们开放的。邓小平在20世纪50年代就指出，中国是愿意向美国等资本主义国家开放的，但是当时英美等国家对中国实行封锁政策，只有苏联愿意对我们开放。邹谠教授就指出，中苏关系的破裂，是否对中国10年“文革”有直接影响，这是一个值得进一步研究的课题。[3] 再次，香港独特的地理和制度身份，使它

---

[1] 参见：周其仁，“重新界定产权之路”。

[2] 哈耶克，“知识在社会中的作用”，《个人主义与经济秩序》，北京：北京经济学院出版社，1991。

[3] 邹谠，《二十世纪的中国政治》，香港：牛津大学出版社，1994，第47页。

成为中国获取英美等发达国家有关信息的窗口，不收回香港主权，对中国的社会主义国家建设有好处。周恩来就指出，要好好利用香港来吸引外资，以及搞海外的统一战线。1957 年周恩来在上海和工商界人士座谈时就指出：“香港可作为我们同国外进行经济联系的基地，可以通过它来吸收外资，争取外汇。”“香港应该化为经济上对我们有用的港口。”（《周恩来经济文选》，第 352 页）周恩来要求香港新华社对香港的资本主义，“要好好保护它，不要破坏它”[1]。

再次，不仅内地受香港的影响，香港也受内地的影响。香港是国际市场，内地是全封闭的国内市场，当这种互相影响的关系存在，两个市场就会受到不同的市场价格机制的调节作用，这种相互依赖关系是中国改革开放政策的动力机制。

从时间上看，“一国两制”提出的时间几乎和中国决定改革开放政策的时间同步。1978 年，中共领导人决定实行改革开放政策的次年，中共高层领导人就启动了关于香港回归问题的研究。虽然没有证据说明这个时间上的契合就可以把中国改革开放和香港回归问题紧密联系在一起，但是后来的不少证据表明，香港因素在中国改革开放政策的决策过程中起了举足轻重的作用[2]。可以说，中国改革开放政策的实行，从某种程度上是中共领导人对香港回归政治安排的一个重要手段。因为对于当时的中共领导人来说，不是收回香港的问题，而是怎么收回香港以及保持它的东方之珠的世界地位问题。邓小平在接见当时的英国首相撒切尔夫人时说：

> 我们对香港问题的基本立场是明确的，这里主要有三个

[1] 参见：强世功，“在大陆思考海洋——香江边上的思考之四”，《读书》，2007 年第 12 期。

[2] 1949 年以后，香港几乎是中国通往英美等发达国家的唯一通道。早期参与中国改革开放政策制定的一些高官回忆文章里，就指出了香港几乎是当时中共高层获取有关世界信息的重要窗口，香港在经济上的成功，也极大刺激了中国高层领导推动改革开放政策的决心。

> 问题。一个是主权问题；再一个问题，是一九九七年后中国采取什么方式来管理香港，继续保持香港繁荣；第三个问题，是中国和英国两国政府要妥善商谈如何使香港从现在到一九九七年的十五年中不出现大的波动。(《邓小平论“一国两制”》，香港三联书店2004年版，第1页)

收回香港是中国的政治主权问题，这是不需要讨论的，这也是为什么邓小平强调如果英国政府在收回香港方面采取不合作的手段，中国将采取武力收回香港的警告。对于邓小平来说，最大的问题是，如何平稳地收回香港并保持香港的繁荣稳定，这不只是香港的政治问题，而且是整个中国的最大政治问题。这涉及到，如果不能平稳地收回香港并保持香港继续繁荣稳定，中国政府将在国际的声誉竞争中丧失自己的地位。

所以，中国的改革开放政策安排在笔者看来首先是政治性的，而不是经济性的，中国改革开放政策的制定虽然并不一定是为了“一国两制”的政策所设计，但是在很大程度上是为了“一国两制”政策的落实所采取的政治安排。我们从马克思主义者经济是为政治服务的政治意识中，才能获得对中国改革开放的真正理解。对中国解决香港问题的“一国两制”的思考，也必须纳入到中国改革开放的整体战略中来，我们才会认识得更为深刻。同样，目前中国改革开放战略所受到的阻碍，亦使我们可以了解“一国两制”的困难之所在。

从“一国两制”到“一制两体”：内地与香港关系的制度安排

在《一个国家，两种金融制度》的演讲中，香港金融管理局总裁任志刚先生提出了一个关涉内地和香港两地关系未来发展的重要问题。他指出，“大家需要密切留意有关‘一国两制’的另一环节，就是两种不同制度在两个经济体系的具体范畴或环节上的关系。《基本法》并没有对这个关系作出阐述，例如两地的金融体系应如何互动、互助及互补，以符合两个制度的共同利益及国家的整体利益。我们或许可以说，有关问题可以留待市场自行处理。但要让自由市场发挥作用，其中一项重要条件是市场至少可以在其间自由运作，然而实际情况并不是这样。这是因为两个金融体系之间存在差异，例如金融中介机构进入市场的限制以及资金流动的自由程度等都不同。我相信设立某些管制是可以理解的。正是基于这个原因，有关当局更需要以国家最佳利益为出发点，来发展两个金融体系之间的关系。”[1] 在以往两地关系的讨论中，我们或者过于强调“一国两制”中“两种制度”的差异，强调差异是落实“一国两制”原则的前提；或者是过于从口岸、港口、地铁等跨境基建设施来理解两地关系的沟通。对两地两种不同制度之间应当如何互补和融合才能促进两地最大利益，以实现国家最佳利益，有关的政策研究还非常不足。

在这里，我们需要首先界定市场经济这个概念。我们知道，市场经济最重要的特点就是自愿交换，正是因为自愿交换给市场的双方带来的互利使得财富不断增长。但是，在我们现有的两地关系制度设计中，比较强调市场经济中的实物贸易这一个层面，对市场经济制度建设方面关注不足。所谓“市场经济”，它不仅是实物的自愿交换经济体系，更重要的是设定在实物之上的一系列权利进行交易的经济体系。张五常就认为，“科斯 1960 年的大文（《社会成本问题》——引者注）提出的最重要的一面，不幸被行内漠视了。他认为市场的物品或资产的交易，不应该从实物的本身看。他建议我们要转换角度，要从权利的约束那方面看物品，而市场的任

[1] 任志刚，“一个国家，两种金融制度”，2006 年 9 月 14 日，见香港金融管理局网站（http：//www.info.gov.hk/hkma/chi/viewpt/index.htm）。

何物品，交易的是一个约束了的权利的组合。”[1] 市场的运作会因为权利的约束与界定不够明确而引起混淆。早在两百多年前，亚当·斯密已经提出过这种深刻的思想。亚当·斯密在《原富》中提到中国贫穷的原因。他说：“中国历来就是世界上一个顶富裕，也是一个最肥腴、耕耘得最得法，最勤奋而人口众多的国家。可是看来她已长久在停滞状态。马可·波罗在五百多年前游历该国，盛称其耕种勤劳与人口广众的情况，和今日游历该国者所说几乎一模一样。可能远在当日之前这个国家法律与组织系统容许她聚集财富的最高程度业已到达。”[2] 斯密和科斯提供给我们一个更深刻理解经济体系的重要视角，就是要从权利约束角度看经济体系。那么，我们看内地与香港两地不同制度之间关系的制度安排，以及探讨两种不同制度之间互补及融合的可能性，也应当从两种不同制度的权利约束角度看。

（一）内地与香港两地关系的法律依据

根据《基本法》第五条规定，“香港特别行政区不实行社会主义制度和政策，保持原有的资本主义制度和生活方式，五十年不变。”《基本法》第二条规定，全国人民代表大会授权香港特别行政区“实行高度自治，享有行政管理权、立法权、独立的司法权和终审权”。这就是我们谈论内地与香港两地实行“一国两制”的法律依据。

但是在1997年7月1日中国正式对香港恢复行使主权，香港就经历了一场法律技术意义上的“革命”。这里所说的“革命”，是指香港的法律制度，经历了德国法哲学家凯尔森所说的根本规范（basic norm）的转移。凯尔森认为，任何法律制度的架构，皆可被理解为隶属于不同层级的法律规范所组成的层阶。层阶中较

---

[1] 张五常，《经济解释卷三：制度的选择》，香港：花千树，2002，第60页。

[2] 亚当·斯密，《原富》第一卷第八章“劳工工资”，转引自黄仁宇，《放宽历史的视界》，北京：生活·读书·新知三联书店，2001，第262页。

低的规范（如法例、附属法例）的法律效力来自较高层的规范（如宪法）。那些较高层的法律规范授权有关的政府机构制定较低层的法律规范。这样，一个法律制度中所有规范的效力最终都可以追溯到一个“根本规范”。在成文宪法的国家中，“根本规范”是指那个肯定立国者所制定的第一部宪法的效力的规范（而以后经修改的宪法的效力皆源自第一部宪法）。[1]

香港大学法学院陈弘毅教授指出，在香港回归中国前，香港的法律制度的根本规范与英国法律制度的根本规范基本相同，这个根本规范承认，所有明示或默示在香港适用的英国国会立法，在香港皆为有效法律。它同时承认英皇特权立法（prerogative legislation）在香港的有效性，这些英皇特权立法，包括为香港殖民地政府提供宪制基础的《英皇制诰》及《皇室训令》。但1997年7月1日，此根本规范由一个新的根本规范所取代。这个新的根本规范承认《中华人民共和国宪法》的效力，而这部宪法就成了香港所有法律的有效性的终极源头。《基本法》本身的效力源于《中华人民共和国宪法》，香港特别行政区的法律，如普通法及香港立法会所通过的条例，其效力皆源于《基本法》。

同时，根据《基本法》第八条规定，“香港原有法律，即普通法、衡平法、条例、附属立法和习惯法，除同本法相抵触或经香港特别行政区的立法机关作出修改者外，予以保留。”所以，虽然香港法律制度的根本规范发生转移，即《基本法》取代《英皇制诰》和《皇室训令》成为香港政府的宪制基础，但是有关港人日常生活、他们的权利与自由以及商业活动的法律并没有发生任何重大的改变。

香港中文大学社会学讲座教授金耀基先生认为，在香港回归之前，香港与英国的关系亦可以说在某种程度上已形成“一国两制”的格局。他指出，“事实上，在相当一段时日以来，纵然香港在

---

[1] 陈弘毅，“香港回归后法制的延续与转变”，《信报财经月刊》，1999年2月号。

法理上是英国的殖民地，但香港在实际运作上已拥有高度的自主权。无疑地，香港本身已发展出一套相当成熟的统治机制。”[1] 所以，“一国两制”并非凭空创造，而是有坚实的现实基础。这点对于我们认知“一国两制”之制度架构非常重要。

（二）内地与香港两地关系框架的几种设计之政策分析

毫无疑问，内地与香港两地关系框架设计的落脚点必须在坚持与贯彻“一国两制”的基础之上。我们在这里主要考察深港两地关系，这主要是因为深港两地的地缘关系以及两大特区的制度安排，可以更加让我们检讨目前内地与香港两地关系框架设计政策之不足。

目前深港两地关系框架设计主要有以下几种：“深港自由贸易区”、“深圳大保税区”和“深港跨境工业区”。

(1)“深港自由贸易区”。根据综合开发研究院的研究报告，提出在深港之间可以率先启动自由贸易区。主要有以下三个思路：

一个思路是，可以参照过去谈过多次的“放开一线，管住二线”的政策，并根据变化了的情况，直接把深圳特区辟为自由贸易区，与作为自由港的香港、澳门对接起来，在两地率先实现人员、资金、商品、资讯的自由流动，实行港元与人民币通用。

这种做法虽然实质上是将香港自由港的属地延伸到内地境内，并不代表建立真正意义上的自由贸易区，但它对于在内地与港澳之间逐步建立起自由贸易关系则有着相当重要的试验功能。通过试验，可以发现人员、资金、产品在自由流动中出现的各种问题和探索解决办法，还可以在取消关税和贸易限制以及构筑统一的对外关税方面实验出有效的操作方式和实施步骤。这样做，相当于深圳再次成为自由贸易区概念下的新的经济特区。

另一个思路是，按照 WTO 所认同的授权原则，即由中央人民政府授权地方政府，例如广东省或深圳市政府，负责同香港特区政

---

[1] 金耀基，“九七回归与‘一国两制’”，《二十一世纪》，1997 年 6 月号，第 14 页。

府商谈一国之内单独关税区之间的双边自由贸易协定，先在深圳或珠江三角洲地区搞次区域性的自由贸易合作，进而扩展到全国的其他地区。

这种做法可以援引的事例是新加坡同马来西亚的柔佛州、印尼的廖内群岛组成的增长三角的自由贸易安排，这个安排在短短四五年内取得了成功，现正向其他地区推广。

再一个思路是，参照最近日本与新加坡商谈的自由贸易协议的做法，搞投资协议，而不是整体的关税减免，主要选择某些行业，如电子信息产业作为切入点来展开自由贸易，然后逐步扩大到其他方面。

（2）“深圳大保税区”。这个思路的核心理念实际上在20世纪80年代末李灏同志主持深圳工作时，就已经提出来了。这就是所谓“二线管住，一线放开”，或者说“一线管人不管物，二线管物不管人”。其内容简单说，就是现在的深港边境管理线（一线）只保留边检的功能，放开对深港两地货品进出的限制，只对人员往来进行严格限制和严格监控；同时把深圳特区管理线（二线）变成海关线，对内地与深圳的货品进出进行严格限制和严格监控，但对内地人员进出深圳特区则只作简单的限制，而不作严格的监控。这样，深圳实际上就成了一个“大保税区”，深港两地的人流、物流、资金流完全融合，深港两地形成统一的市场和实际上的经济共同体，完全实现了“同城化”。

（3）“深港跨境工业区”。早在1985年，随着经济的高速发展，香港地价和人工成本的快速增加，香港的制造业开始北移。当时就有工商界人士建议当时的香港政府在深港边境地区设立“边境工业区”，这样可以享受到深圳更低廉的成本，增强香港制造业的竞争力。

2003年，香港长实集团主席李嘉诚建议在深港边境设立一个免税“工业特区”，由香港管理，有关专案以免税、相容香港及内地劳工的方式运作，但被香港特区政府所否定，因为工商界和劳工界对输入外地劳工的问题没法达成共识。

2003 年 11 月，广东省省长黄华华在公开场合透露，广东会积极采取政策措施支持深圳和香港之间的河套区开发。至于如何开发，关键是香港和深圳如何利用 CEPA 拿出最好方案来。

2004 年 6 月，时任深圳市市长李鸿忠访问香港，与时任特区政务司司长曾荫权就边境河套地区的发展计划联合宣布，两地政府将河套地区的开发纳入合作议程。双方认为发展有关过程，要充分考虑基建规模、环保、交通配套等问题。

专家指出，深港合作建立深港跨境工业区后，第一步可以促使更多的香港企业到跨境工业区落户，利用 CEPA 的协议内容，使在这里的产品能够以零关税进入内地市场。第二步，逐步扩大深圳这边的保税区面积，建立保税工业带，与香港形成保税工业走廊，并且增加跨境工业区的功能内容，使其逐步成为保税自由贸易区。第三步，在上述两步稳步实现的基础上，再争取利用现有二线的特殊有利条件，使整个深圳特区成为自由贸易区或大保税区，全面与香港对接，建立深港大保税区，使香港和深圳真正完全实现人流、物流、资金流的联通，形成真正的统一市场和经济共同体。[1]

深港两地关系的这三种制度安排，应当说都涉及到深港两个特区的政策设计，具有相当的政策针对性和试验性，但是仍然在制度层面上思考不足，未能充分理解到两地未来发展的趋势和制度上的互补性以及融合的可能性。例如，“一国两制”已经实施 11 年，其制度框架发生了怎样的变化，我们应如何应对这种变化？随着中国和世界经济一体化的推进，深港在未来的中国与世界经济发展格局中应当具备什么样的地位以及承担怎样的责任？目前的几种框架设计还有诸多的不足，而“9 +2”泛珠三角框架实际上是淡化了深港两大特区的在制度上的整合功能。

---

[1] 综合开发研究院（中国 · 深圳）课题组，“关于新时期深圳定位问题的若干政策建议”，《脑库快参》，2007 年第 17 期（http：//www.cdi.com.cn）。

（三）一个市场经济体制，两个独立行政主体

深港两地关系应当往哪个方向考量？中国经济体制改革研究会副会长石小敏先生的建议非常具有制度敏感性。他提出深港两地关系要从“一国两制”转移到“一制两体”关系上来，从而进一步落实“一国两制”的制度基础，并为两岸关系贡献制度智慧。[1]

所谓“一制两体”，说的是深圳和香港实行“同一个市场经济体制”，但两者分别是“两个独立的行政主体”。这一制度安排有着深刻的新制度经济学含义：

首先，“一制两体”是在“一国两制”的制度框架之下。两地关系的法律依据仍然是《基本法》，香港仍然具有高度的自主权，是“港人治港”。在政治制度层面，两地实施完全不同的两种制度，50 年不变。但“一国两制”过于强调政治层面，不仅遮蔽了“一国两制”丰富的制度效应，而且难以回应香港回归之后内地经济体制的根本性变化。

经过 30 年的改革开放，中国内地的经济制度已经发生了根本性的变化，从原来的计划经济体制转变到市场经济体制。从 1994 年中共“十四大”正式确立“社会主义市场经济体制”以来，内地经济制度已经发生重大变革，使得“一国两制”中迥然不同的“两种制度”的涵义已经发生了变化，在经济制度层面，“两种制度”已经逐步变成一种制度。所以，从“一国两制”到“一制两体”，非但不是对“一国两制”的反动，而是对“一国两制”的具体化和深化。

其次，“一制两体”强调两地是完全不同的独立的行政主体。这自然是对香港高度自主权和“港人治港”这一基本法精神的贯彻，但又由于两个独立行政主体在同一市场经济体制之下，就为两

---

[1] 这个“一制两体”其实只是一个口述传统。笔者 2005 年担任石小敏先生助手时，他给笔者分析中国改革的未来走向时提出这一说法。

个行政组织奠定了竞争的制度基础。这类似于美国各州之间的州际竞争。这为我们正在进行的地方政府行政体制改革引入一种组织竞争机制。这是“一制两体”的政治性含义，即金耀基先生所总结的香港治理的“行政吸纳政治”经验。

同时，香港的行政体制改革是为了顺应香港社会的政治意识的觉醒，但也是为了回应内地市场经济体制改革的发展，例如，最近香港高官多次呼吁关注内地的经济发展和“香港边缘化”问题。内地的行政体制改革因应的是市场经济体制改革的深入，原来高度垄断性的行政体制已经成为自由竞争市场经济体制的障碍。换句话说，我们目前的行政体制改革的动力机制应当紧紧地抓住推进“市场经济体制改革”这一条主线来进行。这样，内地和香港的行政体制改革的动力机制就是如何建设同一个“市场经济体制”。

再次，市场经济有好的市场经济，也有坏的市场经济；有成熟的市场经济体制，也有幼稚的市场经济体制。我们怎样才能建设出一个好的成熟的市场经济体制呢？这就要求我们很好地研究内地和香港之间的制度落差。

虽然说内地和香港都处于同一种市场经济制度之中，但它们之间仍然存在着较大的制度落差。香港作为国际市场经济体系的一部分，它的市场经济体制已经非常成熟，而内地的市场经济体制仍然在转型过程之中。所以，如何理解并利用两种市场经济体制之间的制度落差，也就是如何借鉴香港成熟的市场制度，为内地经济服务。这也正是任志刚所提出的，“内地有充分理由更好地及更广泛地运用香港的金融体系……这是两个金融体系之间的关系的一项重要元素。”[1] 例如，通过港交所托管深交所，既可以充分利用香港成熟的证券市场制度监管经验，为深圳培养证券市场管理人才，同时也可以整合两地资本市场资源，巩固香港国际金融中心之地位。

[1] 任志刚，“一个国家，两种金融制度”。

市场经济说到底是法治经济，也就是马克思提出的资本主义经济的法权体系问题。法律制度可以说是市场经济体系的基础设施建设，在这方面，内地的相关建设尤其不足。香港特区有很多值得我们学习的经验，更重要的是，内地是大陆法系，香港特区是英美普通法系。目前世界上这两大法系的一些发展趋势，如大陆法系的案例化发展，普通法系的成文法典化发展，正预示着两大法系互相融合的进程。"一制两体"恰恰是这两大法系融合的最直接也最具想像力的试验。从这个角度，也提供给我们一个两岸三地之间的关系的新解。台湾地区和中国大陆一样，在法律体系方面是继受德国和日本法律为主的大陆法系地区，随着经济的发展，两岸的法律制度也都在大量吸取英美普通法系制度，尤其在公司法、证券法、金融法和破产法等领域，普通法系所表现出来效率理性的历史经验，已经成为相关法律制度改革的架构性基本原则。但是，目前相关的法律制度改革方面，纸上谈兵的改革居多，缺乏一个制度性试验的地理空间，而深港两地的"一制两体"就是这样一个地理空间，它为两地的未来发展提供了极具想像力的制度创新动力机制。

香港回归 11 年，也是中国改革开放 30 年。"一国两制"的政策落实得怎样呢？任志刚认为，"从香港的货币与金融体系的运作所得的经验，香港特别行政区政府所享有的自治程度其实比 1997 年 7 月 1 日以前的香港政府所享有的更高。"中国恢复对香港行使主权以来，香港继续实行资本主义制度，香港的生活方式. 以至香港的自治经验，都清楚表明"一国两制"的原则在香港行之有效。香港屡次被评为全球最自由的经济体系，也足以证明这一点。但是，如何利用香港因素来加强内地市场经济体制的制度建设，应当是"一国两制"下一个 10 年的重要任务，或者说，要把制度建设也作为一项重要的基础设施建设来投资。这是"一国两制"的应有之义，也是"一制两体"的出发点。

结语：中国改革的政治经济动力学——一个香港的视角

中国改革是怎么启动的，也就是说中国改革的动力学是什么，有关研究文献可谓汗牛充栋，但是殊少有人关注香港因素和中国改革之间的关系。有人把1978—2008年的30年改革界定为“通过开放进行改革”的改革路径，而从现在开始的之后30年改革应该是“通过改革更加开放”的改革路径，这两种路径的选择实际上和香港都有着深刻的内在关系。

第一阶段，1978年改革的一个重要政治契机是1962年以来发生在中国内地的“逃港潮”，这使得一直以社会主义优越性自居的中国内地意识形态受到严重的考验。正因为如此，中共高层才决定启动改革开放，以经济特区的模式，来回应这一场意识形态的挑战。这期间最重要的成果之一是邓小平提出的“一国两制”思想，从而为资本主义思想在中国内地开放了一定的思想竞争市场的制度空间。

第二阶段以1997年香港回归为标志，如何治理好香港、如何保持香港持续的繁荣稳定是重要事件。1992年邓小平南方讲话之后，经济特区模式向内地转化，虽然从表面上看是中共高层为了缓解内地省市对特区政策倾斜的不满，但深层背景是深化改革利益集团的结盟，以保证改革开放政策的不动摇，只有这样，才能够回答邓小平在接见香港有关人士时强调的“一国两制”政策五十年不变，以及中共保证香港政治治理的平稳化和经济继续繁荣问题。邓小平指出，“到了五十年以后，大陆发展起来了，那时还会小里小气地处理这些问题吗？所以不要担心变，变不了。”[1] 1997年之后不到一年，香港发生金融危机，中共高层不惜动用外汇储备支援香

---

[1] 邓小平，“保持香港的繁荣和稳定”，《邓小平文选》（一卷本），香港：三联书店，1996，第276页。

港金管局对抗金融大鳄索罗斯的对冲基金，保卫港元。因为一旦香港经济沦陷，中国改革开放政策就将受到严重打击，这说明“一国两制”不是一个孤立的策略性的制度安排，它和1978年以来中国改革开放政策构成了互为表里的相互依赖机制。

目前正在讨论的香港普选方案把香港对中国内地的政治改革动力推进到第三个阶段。这一阶段是中国内地基层普选试点的全面铺开和香港普选制度的互动。在“一制两体”的制度框架内，我们就可以看出内地基层选举和香港普选政治之间是如何互动的，香港“一国两制”的政治试验，将在很大程度上影响中共政治改革的深度和成败。

第二部分　经济制度变迁

中国的“奇迹”：成因、问题与展望*

冯兴元**

一、有关中国“奇迹”是否存在的一些争论

中国经济到底有无“奇迹”？是“奇迹”还是“神话”？对于这一问题，过去一度有过争论。迄今为止，这一争论仍未终结。

最初有关中国“奇迹”的争论与所谓“东亚奇迹”的争论有关。1993年，世界银行（World Bank，1993）发表一份题为《东亚奇迹》的报告，指出亚洲“四小龙”（中国香港、中国台湾、韩国和新加坡）和“四小虎”（印尼、马来西亚、泰国和菲律宾）在1965—1990年间奇迹般地已经保持25年经济持续增长和快速工业化水平。时隔一年，美国著名经济学家保罗·克鲁格曼（Krugman，1994）在《外交事务》杂志发表了《东亚奇迹的神话》一文。他认为，东亚的经济增长可以用要素投入的增加来解释，而不

* 上海复旦大学经济学院韦森教授对本文有关哈耶克和诺斯的理论评述提出了重要的修正意见，上海金融与法律研究院李华芳也对本文的写作提供了部分支持。此外，本文还借鉴了德国法兰克福金融与管理学院德中管理学院院长何梦笔教授（Carsten Herrmann-Pillath）有关中国传统文化与经济发展的关系的口头观点。笔者特此感谢上述学者。

** 中国社科院农村发展研究所副研究员。

是归因于全要素生产率的提高。他由此推断在东亚经济的增长中没有技术进步的成分，不存在“东亚奇迹”，并认为这些东亚国家的经济增长不可持续。对于中国，克鲁格曼指称其犯有“综合征”，对中国的“奇迹”持否定看法。一方面，他并不否认中国的高速增长，另一方面，他认为统计数据掺水严重，而且如果不是把1978年而是把“文革”前的1964年作为基年，那么中国的经济与“四小虎”类似，效率增长最为逊色，经济增长绝大部分可归因于投入的驱动。

国内学者有关中国“奇迹”的较早提出和系统描述，要数林毅夫等（1994）发表的《中国的奇迹：发展战略与经济改革》。林毅夫等把中国的奇迹的成因简约为比较优势战略，认为经济发展的关键在于发挥比较优势。

萨克斯、胡永泰和杨小凯（2000）是中国“奇迹”怀疑论者。他们通过理论和证据对中国渐进式改革进行了批判，他们认为中国在缺乏宪政秩序的条件下进行的改革以及所实行的财政分权制度严重破坏了经济赖以发展的规模经济和专业化分工，因而是没有效率的。由此，他们认为中国当前的成功存在高估的嫌疑。改革先易后难，经济发展中的后起者往往有更多空间模仿发达国家的技术，用技术模仿来代替制度模仿。当这种方式的技术模仿空间消耗殆尽时，经济转型最终会因矛盾的积聚和爆发而最终失败，因而缺乏宪政的经济转型最后是不可能取得成功的（单豪杰，沈坤荣，2007）。陈志武（李利民，2008）则认为，如果把中国过去30年的发展、过去150年的发展放在全世界的大框架做横向比较，并考虑到同期间的科学技术水平和国际秩序状况，与其说是中国创造的“奇迹”，毋宁说是世界带来的“奇迹”。其理由是：如果中国靠模仿就能产生奇迹，那恰恰说明西方过去500年发展的科学技术和所建立的世界秩序的厉害。不过陈志武也肯定，单把今天的中国与30年前的中国相比，当然是“奇迹”。

不过，更多的文献（Cai and Treisman，2006；中国社会科学院经济学部，2008；Anderson，2008；秦晖，2008）是对中国“奇迹”的确认。

二、“奇迹”的认定标准以及中国“奇迹”的再认定

纵观历史上各种经济“奇迹”观，衡量一个经济体实现了“奇迹”的最基本指标不外乎以下几条：一是应实现了较高的经济增长；二是较高经济增长应持续了较长时段；三是较高经济增长应较为稳定；四是经济增长中应存在技术进步（包括技术效率的改进）的一定甚至较大贡献。可以按此逻辑对中国“奇迹”作一简单的再认定或者证伪。此外，之所以为“奇迹”，还因为其“奇”，也就是少见而使人称奇。

“中国奇迹”论的正方和反方，均不否认中国经济的较为长期、稳定、高速的增长。诚然，回顾中国30年改革开放历史，根据1978年不变价格和水平平均法公式计算，1978—2007年中国GDP年均增长率达到9.8%，同期第一、第二和第三产业GDP分别年均增长4.73%、11.39%和10.73%，人均GDP年均增长8.59%。

表1　1978—2007年中国国内生产总值年均增长情况

指　标	增长率（%）
国内生产总值	9.8
第一产业	4.73
第二产业	11.39
第三产业	10.73
人均国内生产总值	8.59

资料来源：基础数据来自《中国统计年鉴·2007》；IMF，*World Economic Outlook Database*，April 2008；《中国经济景气月报》，2008年第4期

现有研究表明，中国经济增长中投入依赖性比较严重，技术进步因素也存在，以全要素生产率来说明。根据联合国工业发展组

织（UNIDO，2005）的一份研究报告，改革开放以来，中国的全要素生产率并非一直处于上升状态。在改革初期的 1979—1992 年，全要素生产率增长速度基本处于上升状态，年均变动率为 1.7%。而从 1993 年开始，全要素生产率增速减缓并连续 5 年呈现下降状态，到 2000 年才走出这种局面。1993—2000 年中国全要素生产率的年均增长率为 -0.9%。改革开放后，中国全要素生产率的变动对经济增长的贡献在整个报告期为 12.7%。具体而言，在改革开放初期，这一贡献率达到 20.5%，然而到了 20 世纪 90 年代中、后期出现了明显下降，为 -10.8%。[1] 这前后两个时期全要素生产率年均增长速度和经济增长贡献率的差距值得关注。但是，根据郑玉歆（2008）的分析，全要素生产率增长率和贡献率一般在经济发展初期倾向于较高，其后则倾向于较低，但技术进步的贡献会因为计算公式中忽略了现有固定资产和资本积累的作用而低估。

李善同（2006）对全要素生产率的计算结果比 UNIDO 报告更为乐观。据其计算，1978—2003 年中国全要素生产率年均增长率为 2.4%，但 1997—2000 年仅为 0.8%。1978—2003 年全要素生产率增长率对经济增长的贡献为 26.2%，但 1997—2000 年仅为 10.9%。

表 2　中国改革以来的全要素生产率增长率及其对经济增长的贡献

年　份	GDP 增长率（%）	全要素生产率增长率（%）	全要素生产率增长率对经济增长的贡献（%）
1978—1985	9.8	3.5	35.3
1986—1989	8.9	2	22.2
1990—1997	11.2	4	36.1
1997—2000	7.7	0.8	10.9
2000—2003	8.4	1.6	19.9
1990—2003	9.7	2.7	28
1978—2003	9.4	2.4	26.2

资料来源：李善同（2006）

[1] 转引自郑玉歆（2008）。

Anderson（2008）把中国经济增长动力分解为四个因素：资本投入贡献、劳动力投入贡献、社会资源重新分配贡献以及全要素生产率贡献。他把中国经济改革以后的平均经济增速调整为9.2%。根据其测度，1978—2007年期间，中国资本投入对经济增长的贡献率为4.7%，全要素生产率的贡献率为2.1%。细究中国经济增长的最主要动力，资本投入贡献率达到了52%，比劳动力投入和全要素生产率的综合作用都更重要。Anderson的看法是，一个具备高储蓄率、强劲投资和旺盛消费的经济体，注定会保持比较高的经济增速。

此外，单纯从中国1991—2007年科技发展情况来看，研究与试验发展折合全时人员从1991年的67.1万人年增至2007年的164.9万人年，研究与试验发展经费支出占GDP的比重从1995年的0.57%增至2007年的1.49%，专利申请授权量从1991年的2.46万件升至2007年的35.18万件（表3）。这些数据也表明，简单认为中国只是投入依赖型经济增长而无技术进步的经济增长贡献的说法是站不住脚的。

表3 1991—2007年中国科技事业发展情况

	单位	1991	1995	2000	2006	2007
研究与试验发展折合全时人员	万人年	67.1	75.2	92.2	150.3	164.9
研究与试验发展经费支出	亿元	—	349	896	3 003	3 664
研究与试验发展经费支出占GDP的比重	%	—	0.57	0.9	1.42	1.49
专利申请授权量	万件	2.46	4.51	10.53	26.8	35.18
国内	万件	2.14	4.12	9.52	22.39	30.16
国外	万件	0.32	0.39	1.01	4.41	5.02

资料来源：《中国统计摘要·2008》，第188页

至于中国“奇迹”是否可以称奇，答案是很明确的，因为实现较长期稳定高速增长的国家迄今为止并不多。上面的数据和分析

表明，如果参照本文中的“奇迹”标准，那么可以再认定中国的“奇迹”。我们的总体判断是：可以把中国的经济增长视为一种“奇迹”，但在其增长过程中，投入依赖型增长成分过大，技术进步依赖型增长成分也有一定的贡献。

三、现有中国“奇迹”成因解释的问题

现有文献对中国“奇迹”的成因解释较多，往往与经济增长的成因解释混杂在一起。鉴于两者本来就有很大的重合和连带关系。在概述“奇迹”成因过程中完全有必要把两者结合起来。

迄今为止的“奇迹”成因解释虽然有着各自的长处，但具有较大的局限性。可以根据不同的尺度对现有解释进行归类。

第一类解释为要素决定论解释。比如上述林毅夫等（1994）的比较优势战略说就属于（生产）要素决定论解释。他们认为中国“奇迹”归因于中国的比较优势战略。但实际情况是，它应归因于多源成因。举例来说，中国的改革最初从农村的家庭联产承包责任制改革开始，而这基本上与比较优势战略无关，却与农村产权和治理结构改革有关。又如 Anderson（2008）提出了中国“奇迹”的高储蓄率决定论，其背后是高资本要素投入决定论。但很明显，单纯的高储蓄率并不能导致“奇迹”，“奇迹”的发生依赖于能否把储蓄源源不断地转化为“活资本”，而非“死资本”（赫尔南多·德·索托，2007）。克鲁格曼（Krugman，1994）的文章也是要素决定论，认为“东亚奇迹”和中国的增长属于投入依赖型增长，忽视了随着资本、技术和管理才能的输入，必然会或多或少带动中国国内的技术进步。要素决定论解释容易以偏概全，需要对改革进程及其成因进行解构，最终推演出一种较为完整的多元解释。

第二类解释为政府决定论。包括上述比较优势战略说在内的各种改革战略说容易误导人们对于改革进程及经济增长成因的认知：它们错误地预设了改革的政府决定论，或政府主导的“强制性

制度变迁”论[1]，进而又把中国的经济“奇迹”简单归因于政府的作用，或者威权主义政治的成果。一种适宜的解释框架应不预设政府或经济主体何者主导改革，是否为“强制性制度变迁”或“诱致性制度变迁”。这些提法本身都首先需要作为命题加以分析和解释，才有可能成为定论。林毅夫（2004）认为，“诱致性制度变迁”指的是现行制度安排的变更或替代，或者是新制度安排的创造，它由个人或一群（个）人，在响应获利机会时自发倡导、组织和实行；“强制性制度变迁”则是由政府命令和法律引入而实行。但这一区分的适用性是有限的，比如“强制性制度变迁”本身可能是被市场或社会的倒逼压力，甚至被政府内部的竞争压力所强制的，也就是说“强制性制度变迁”本身也可能是“被强制”或“被部分强制”的。

最好的、最全面的政府决定论解释是吴敬琏（1999；Wu，2005）的研究。他的解释集中于各种体制改革的缘由、背景、过程、成效和影响，但对其他非政府决定因素的描述仍然有限。钱颖一虽然没有专门写中国“奇迹”，但无形中为政府决定论提供了很多解释性支持。比如中国属于“市场维护型联邦制”，属于“中国式联邦制”（实指“分权”），这种体制有利于经济发展（Qian and Weingast，1995，1997；Qian and Roland，1998）。如果梳理钱的很多文章（包括以下的初始条件论），实际上可以发掘很多的中国“奇迹”成因。

第三类为初始条件论。比如钱颖一等（Qian and Xu，1993）认为改革之前的中国企业结构为M型组织结构，这种结构属于多部门组织结构（multi-divisional organization），不同于苏联以U型组织形式为主导，也就是以单一制组织形式（Unitary System）为主导，有利于改革开放后的区域经济发展。当然，钱颖一的文章不是用来说明中国“奇迹”成因的。

---

[1] 有关“强制性制度变迁”或者与之对应的“诱致性制度变迁”，参见林毅夫（2004）。

第四类为政治竞争决定论。比如蔡洪滨等（Cai and Treisman, 2006）认为中国的“奇迹”不应部分归因于政治与财政分权及其后续结果，而应归因于政治与财政集权，最终归功于市场派与反市场派之间的竞争引发了强化增长的政策。但其解释似乎逻辑上不自洽。[1] 首先政治与财政分权是不争的事实，虽然这是在集中权力体制前提下的分权，但仍然是分权。其次，就像分权不被其作为原因一样，最高层内部的纷争本身也不是最终原因，因为纷争后面必定还有更深层的原因。

除了上述解释之外，其他还有许多局部解释。比如周晓（Zhou, 1996）提出了中国的农民自己改变了中国农村。这属于市场决定论，但只是涉及到中国农村。尚无文献就整个中国的“奇迹”提出市场决定论，这也是可以理解的：不能完全无视政府在推进改革过程和实现中国“奇迹”过程中的正面或负面作用。

综上所述，应综合各种观点分析中国“奇迹”的成因，其结果将是多源成因说。其中既涉及初始条件、社会和市场力量的作用，也包括政府的作用；既涉及国内因素，也涉及国际因素；既涉及生产要素禀赋环节、生产环节和产品市场环节，也涉及其制度环境，包括正式制度和非正式制度。

四、有关中国“奇迹”成因的新分析框架

要扼要说明“奇迹”的成因，需要一个逻辑上自洽的分析框架。可以把改革开放过程和“奇迹”发生过程看做生产力被释放的过程，或者“解放生产力”的过程。把各种有利于和不利于“解放生产力”的因素加以甄别和分析，就可以在逻辑上自洽地推导出“奇迹”的成因。至于中国的长期高速经济增长是否属于“奇

[1] 之所以逻辑上不自洽，是因为集权体制为了推行强化增长的政策（grow-enhancing policies），仍然需要政治分权、行政分权、财政分权，甚至经济分权。

迹”，这本身并不重要，与各立论者的定义和一般接受的定义有关。但中国长期高速经济增长是明摆着的事实，这一点不容否认，各种成因说最终要说明的正是这一事实的成因。

在理论层面，为便于从“解放生产力”这种开放视角来分析“奇迹”的成因，从多学科角度构建分析框架有着很大的优越性。这里除了新古典经济学、财政学、区域经济学理论之外，还需要纳入政治经济学、制度演化理论。其中政治经济学涉及新制度经济学、奥地利学派经济学（哈耶克，2000a，2000b）、宪政经济学（布坎南，塔洛克，2000；布伦南，布坎南，2004）和德国弗莱堡学派经济学（欧根，2001）。这里，新制度经济学主要涉及诺斯的制度变迁理论，制度演化理论主要涉及哈耶克的制度演化思想。我们在此引入一个新的多学科总体分析框架。之所以称之为“新”，不是因为采用多学科分析，而是我们对诺斯的制度变迁理论和哈耶克的制度演化思想进行了综合、提炼、修正和改造，由此衍生了一种新的制度变迁理论。

鉴于中国“奇迹”与体制改革有关，对其成因分析必然涉及政治经济学的内容，其中关联最大的是制度经济学中的制度变迁理论。诺斯认为，在技术没有发生变化的情形下，通过制度创新或制度变迁亦能提高生产率和实现经济增长。[1] 从这一点看，制度和技术进步对于增长均很重要。

在制度变迁理论中，当前占据主流地位的仍然是诺斯的理论。按照诺斯的定义，“制度是一个社会的游戏规则，更规范地说，它们是决定人们的相互关系的系列约束”（诺斯，1994b）。根据诺斯的论述，制度是由非正式约束（非正式制度，非正式规则）和正式的法规（正式制度，正式规则）以及它们相对应的实施机制所组成。其中非正式约束涉及道德的约束、禁忌、习惯、传统和行为准

---

[1] 诺斯发现，1600—1850 年间海洋运输技术没有大的变化，而海洋运输变得更安全，市场经济变得更完全。这是因为船运制度和市场制度发生了变化，从而降低了海洋运输成本，大大提高了海洋运输生产率。参见 North（1968）和陈郁（1994）。

则，而正式的法规涉及宪法、法令、产权等。制度又可分为制度环境和制度安排。其中制度环境是一系列用来建立生产、交换与分配基础的基本的政治、社会和法律基础规则，制度安排则是指对某些具体行动或关系实施调节的规则，包括正式与非正式的制度安排（诺斯，戴维斯，1994）。制度变迁是指“制度创立、变更及随着时间变化而被打破的方式”（诺斯，1994a）。在其中，制度变迁的初始条件非常重要，但制度变迁过程中存在“路径依赖”和制度“锁定”等问题，阻碍制度变迁。制度变迁本身可分为五个步骤：一是形成推动制度变迁的第一行动团体，二是提出有关制度变迁的方案，三是根据制度变迁的原则对方案进行评估和选择，四是形成推动制度变迁的第二行动团体，即起次要作用的团体，五是两个团体共同努力去实现制度变迁。[1]

诺斯的制度变迁理论著作中许多细节尽管触及很多制度演化因素，但总体上是比较静态的分析框架，没有离开新古典经济学的均衡论内核。诺斯的总体分析框架只强调了制度建构的作用，但没有容纳制度演化的作用。诺斯对“第一行动团体”和“第二行动团体”的二分法适用于图示性的简化比较静态分析，虽然有用，但只聚焦于正式制度的建构，往往不能套用到动态的随着时间进展而进行的一些正式制度演化过程，因为正式制度演化涉及到多个行为者的个体决策、零星建构、互动等因素。此外，上述二分法也不适合于分析非正式制度的变迁，因为文化和意识形态等非正式制度的变迁涉及到随着时间进展而进行的演化。在诺斯的制度变迁理论里，基本上把意识形态等非正式制度作为外生变量来处理，从而聚焦于正式制度的内生变迁，忽视了大部分非正式制度的内生变迁。事实上，制度变迁，包括中国的体制改革，一方面是正

[1] 参见陈郁（1994）。原文把“primary action group”（第一行动团体）和“secondary action group”（第二行动团体）译为“第一行动集团”和“第二行动集团”。但“group”在此译为“团体”似乎更为合适。“集团”在中文中只是“团体”的某种类型，不同于“团体”。

式制度变迁的过程，另一方面也是非正式制度变迁的过程，而且这些正式制度的变迁既可能是内生的，也可能是外生的。即便是一般为内生的非正式制度变迁，也可能因为外部环境的突变而受到影响。

哈耶克（2000a，2000b）的制度演化理论对诺斯的制度变迁理论进行了修正和补充：一是它放弃了比较静态分析法和均衡论，接受动态分析法和非均衡论；二是它把非正式制度变迁进行了内生化处理，并进一步细化处理正式制度变迁的方式；三是不再将行动主体图示式地简单划一地分为“第一行动团体”和“第二行动团体”，而是根据不同的制度变迁状况对行动团体乃至行为者个人作灵活的分析和判断。

哈耶克的制度演化理论与其自发秩序（spontaneous order）概念有关。自发秩序概念蕴含了系统论和进化论的思想。根据哈耶克的看法，自发秩序是指系统内部自组织产生的秩序，是“人的行动（human action）的产物，但不是人为设计（human design）的产物”（Hayek，1973）。具体而言，这种内部秩序是系统内部人的自组织行动的产物，而不是系统外部人为设计、计划、建构的产物。比如说，大多数道德规则和习俗规则是自发演化而来，非人为设计，属于自发秩序。可以将自发秩序区别于“自然秩序”，比如天体运动。与自发秩序相对的尤其是建构秩序（constructed order）概念。建构秩序是指系统外强加的秩序，是一种计划秩序（哈耶克，2000a）。建构秩序往往是具体的秩序，是刻意创造出来的，服务于该秩序创造者的目的（Hayek，1973）。自发秩序并不旨在实现某种特定的目的，是一种抽象而非具体的秩序，人们只能经由对不同要素之间所存在的各种关系的探索而从心智上对它加以重构（哈耶克，2000a）。究其原因，一个自发秩序的演化生成基于许多人的知识分工（division of knowledge）与合作，因为许多知识都是分散知识（dispersed knowledge）或者说局部知识（local knowledge），即特定人所发现和掌握的、分散在特定时间和地点的知识。它也是许多人的本能行为和理性行为以及许多理性不及（non-rational，参见哈耶克［2000a］）因素互动的产物。

哈耶克制度演化理论区分两种理性主义和理性。哈耶克反对建构论理性主义（constructivist rationalism）或建构理性（constructivist rationality），或者建构主义（constructivism），而赞成演化论理性主义（evolutionary rationalism）或演化理性（evolutionary rationality）（Hayek，1973；哈耶克，2000a）。建构论理性主义与笛卡儿的理性传统一脉相承，哈耶克（2000a）认为，理性在笛卡尔那里被界定为根据明确的前提所做的逻辑演绎，所以理性的行动也就仅仅意指那些完全由已知且可证明为真的东西所决定的行动。人们由此几乎不可避免地会得出一种结论，即只有在这一意义上为真的东西才能导致成功的行动，进而使行动者取得成就的一切东西也就是他所进行的笛卡尔意义上的推理过程的产物。这种建构论理性主义由此对传统、习俗和历史普遍蔑视，坚信人仅凭理性，就能重构社会。它倾向于把所有具有文化意义的制度的起源都归结为发明或设计。建构论理性主义由此忽视了很多制度的理性不及特征，比如传统、习俗和自由市场制度等。

哈耶克提倡的演化理性则与波普尔提倡的批判的理性主义（critical rationalism）息息相通。根据波普尔的批判的理性主义，只有通过不断试错（trial and error，参见 Popper［1972］）、猜测和推翻，才能逐步逼近真理（Popper，1972；哈耶克，2000b；恩格尔，2001）。在这里，科学成为“试错、猜测和推翻的交替变化关系，一条可能犯错的、旨在消除错误的道路，而不是一条不会犯错的、通往真理的道路”（恩格尔，2001）。至于实践（包括改革实践）中的试错概念，其涉及范围则比波普尔的概念更广：试错是解决问题、获得知识常用的方法，即根据已有经验，采取系统或随机的方式，去尝试各种可能的答案[1]。演化理性和批评的理性主义观念对于改革有着重要的意蕴，即改革可能会犯错误，而且“改良和进步是逐步完成的”（恩格尔，2001）。哈耶克（1998）同意波普尔（Popper，1945/1992）的“零星社会工程”（piecemeal social engineering）主张，也就是同意“零星建构”（piecemeal construction），而非“整体建构”（total construction）。波普尔（Popper，1945/1992）认为，“零星社会工程技术……允许重复试错，而且它允许逐步改进。”

由此，我们对哈耶克的思想体系中制度建构与演化二分法进行了解构，提炼出三类制度变迁方式：一是制度的整体建构，二是制度的自生自发，三是制度的零星建构。与此相应，哈耶克思想体系中的“自发秩序”和“建构秩序”二分法也因其中间秩序形态的凸显而可代之以三分法，即分为“自发秩序”、“整体建构秩序”和两者之间的“中间秩序形态”。第三种事实上可以称为“局部建构秩序”，这种“中间秩序形态”其实非常多。

我们进而可以提出一种包括三种制度变迁类型的新的制度变迁理论分析框架。这三种制度变迁类型为整体建构性制度变迁、自发性制度变迁和局部建构性制度变迁，由此形成的秩序则为整体建构秩序、自发秩序和局部建构秩序。此外，在这种制度变迁分析框架下，规则，亦即制度，由哈耶克的外部规则（thesis）与内部规则（nomos）的二分法改造为外部规则、内部规则及混合规则的三分法。所谓“外部规则”，是指“组织的规则”（organizational rule），是根据组织或治理者的意志制订的，只适用于特定之人或服务于统治者目的的规则，容易成为特定的命令，而非一般性规则（Hayek，1978）。所谓“内部规则”是指“正当行为规则”（rule of just conduct）或“一般性行为规则”，是社会在长期的文化进化过程中自发形成的规则，亦即哈耶克所谓的严格意义上

[1] 参见维基百科，http：//zh.wikipedia.org/wiki/试错。

的“法律”，它是人之行动而非人之设计的结果，包括“自由的法律”（即“普通法”）与传统、习俗、惯例等。[1] 这里我们提出的混合规则，则涉及到一些外部规则的在内部化状态，或者内部规则的在外部化状态，或者一个外部规则内部局部子规则的内部化，或者一个内部规则局部子规则的外部化，或者同时包含外部规则成分和内部规则成分的规则。

显然，本文提出的这种制度变迁理论分析框架是动态制度演化论框架。在这里，诺斯原来的一套术语，包括“初始条件”、“路径依赖”、“锁定”、“行动团体”等仍然是适用的，但新的制度变迁分析框架放弃了其新古典均衡论内核。

有必要从规范角度对新制度变迁理论分析框架内的自发性制度变迁、局部建构性制度变迁和整体建构性制度变迁三种类型进行总体上的绩效评判。评判所采纳的范式应该是行为—结构—绩效范式，而不是新制度经济学的结构—行为—绩效范式。我们从哈耶克的秩序理论中可以提炼出两条评判制度和秩序优劣的标准，首先是制度变迁与个人自由的兼容性，其次是能否充分利用哈耶克所言的“知识分工”（哈耶克，2000a）。从经济增长视角看，兼顾这两个标准，是解放生产力的必要条件，它保证了制度和秩序的演进，而非退化。从立宪也就是从确立规则的层面看，这两条标准也有其重要性，可用以分析制度变迁的优劣。

三者当中，自发性制度变迁最能利用知识分工，而且如果奉行自由兼容性标准，则能确保自发性制度变迁的一种制度演进方向。如果不能前后一致地奉行自由兼容性标准，制度变迁的方式是不定的，这时制度既可能演进，也可能退化。与自发性制度变迁的情况一致，局部建构性制度变迁也要符合自由兼容性标准和知识分工标准，才能确保制度变迁的演进方向。

---

[1] 参见邓正来（2000）。根据布莱克斯通（Blackstone），普通法就是“由习惯和基本准则构成的”，其有效性是由“各个普通法法院的法官们”确立起来的。参见Blackstone（1765—1969）。

而比较自发性制度变迁和局部建构性制度变迁，在遵循上述两项标准的前提下，自发性制度变迁均将更倾向于出现试错、演进的态势。但是，不会有绝对确定的目标，因为目标本身也是开放和演化的。这与哈耶克和波普尔的上述真理观一致：人们可以通过试错而不断逼近真理。在上述两类制度变迁中，如若不奉行上述两项标准，则不能确保制度的试错、演进势态，而且不排除可能出现制度演进迟缓或者退化的结果。

至于整体建构性制度变迁，就像中国原先的计划经济体制，由于其无法利用知识分工，且以整体建构者个体的偏好取代众人的不同偏好，因而与自由不兼容，所以注定是有知识缺陷和人性缺陷，而且不能真正做到“为人民服务”，因此十分有必要进行改革。

五、中国“奇迹”成因的具体解读

对于中国“奇迹”，有必要运用上述新的分析框架，提出一个多源成因解释，主要成因涉及有利的初始条件、较适当的改革路径选择、有利的非正式制度与生存压力因素、渐进式改革因素以及多元行动团体等。

（一）有利的初始条件

中国“奇迹”的发生部分归因于有利的初始条件，这包括分散的、多中心的空间经济结构、M 型企业组织形式、低廉的劳动力成本、有利的宏观政治经济环境等。

（1）分散的、多中心的空间经济结构。在计划经济时代，出于对战争的担心，中央政府对落后的“三线”地区进行了大量重工业投入，并鼓励各省自给自足，把许多经济和投资的计划权和管理权下放到省级政府（Qian and Weingast，1995）。作为计划的无意的后果，计划者创造了分散的、多中心的空间经济结构，这为改革开放以后各地区利用自身的人才和设施展开竞争、发展经济创造了条件。

（2）M 型企业组织形式。改革初期中国的企业组织形式主要呈 M 型，也就是多部门组织结构，与此相对照，苏联以 U 型组织形式为主导，也就是以单一制组织形式为主导（Qian and Xu，1993）。中国的这种企业组织形式有利于中央政府把部分国有企业管理权下放到地方政府之后，充分发挥地方政府管理和发展这些企业经营的积极性。

（3）低廉的劳动力成本。劳动力成本低廉，是中国奉行“赶超战略”的一部分结果。在“赶超战略”下，消费被压制，投资被鼓励；轻工业被抑制，重工业被鼓励；工人、农民收入被抑制，工农业生产剩余大部分转移到重工业企业和其他支柱性企业的发展。中国的劳动力非常充裕，而资本相对稀缺，这也为中国参加国际大分工，或者说外资参与中国的劳动分工创造了条件。大量廉价的劳动创造出大量廉价的产品，而外资的进入又为产品质量的提高创造了条件。值得注意的是，中国的“单位”制度虽然使劳动力不能随意在单位间流动，但除此之外，对劳动力市场的管制几乎为零。也就是说，在某种程度上，中国当时成为世界上劳动力市场管制最少、最自由的国家之一。

（4）有利的宏观政治经济环境。“文革”结束时，中国经济处于最低谷状态，百废待兴，任何稳定政治、社会、经济局面的措施和改革措施均可以大大恢复经济产出。在这种环境下，远见卓识的政治家可以借助稳定经济和改革之名掌控整个政局。

（二）较适当的改革路径选择

中国改革路径的选择基本上采取逐步、选择性放开的进路，具体包括改革之初采纳最小阻力路线、维持选择性的币值稳定、逐步引入私人产权、逐步引入市场竞争、无意间引入地方政府竞争、选择性开放市场、逐步推行契约自由、强化责任、经济政策的前后一致性和连续性等。虽然这种逐步、选择性放开的进路是成功的，但是并不能认为这种有限和选择性的放开就是中国“奇迹”的奥秘和关键因素之所在，而是应该说这种制度变迁的方向和进路在一定程度上解放了生产力。但是，恰恰也是这种有限和选择性的放开限制了生产力的进一步解放。按照一般经济学的说法，它虽然较大程度上改善了资源配置，拓展了生产的可能性边界，但是仍然限制了资源配置的进一步改善，限制了生产的可能性边界的进一步拓展。

（1）改革之初采纳最小阻力路线。阻力最小化符合诺斯制度变迁理论中制度变迁预期收益应大于预期成本的原则。具体表现有三，一是中国从农村家庭联产承包责任制作为切入点，激发了农户的农业生产积极性，属于典型的“帕累托改进”。这里，农村家庭联产承包责任制最初的实践是民间自发的行为，属于哈耶克所说的内部规则或内部制度，而政府在改革之初将其作为一种正式的制度加以认可、外部化并加以推行。二是财政分权，其形式为多种财政包干制，大大激发了地方政府参与和促进地方经济发展的动力。其最初的设计符合中央和地方收入上的“帕累托改进”理念，但是地方政府的一些对策性行为（如“藏富于民”、预算外资金和制度外资金的收取等）事实上侵蚀了中央政府的收入份额。三是最初阶段实施“价格双轨制”，允许新建地方国有企业或者集体企业，包括乡镇集体企业。最初资源由国有部门控制，经由“价格双轨制”，利用交易机制，允许国有部门把一些资源以更高的价格配置给国有部门之外的市场主体。最初阶段的这种做法也无疑是采取了“帕累托改进”的思路。

（2）维持选择性的币值稳定。中国在1994年之前通货膨胀率较高，但是国家通过三资企业持有外汇兑换券来以选择性的方式稳定币值。1994年初取消外汇兑换券制度之后，中国通过新的预算法来切断财政部从中央银行的借款途径，使得通货膨胀率在很长一段时间内有了较大的控制。这说明了财政纪律对于维持币值稳定的重要性。此外，随着时间的进展，资本账户有了有限的、选择性的放开。

（3）逐步引入私人产权。私人产权非常重要，洛克（1996）把人的生命权、人身权和产权视为个人的三项基本权利。赫尔南多·德·索托（2007）认为，发展中国家存在大量的资产和资本，但是属于“死资本”，私人产权使大量“死资本”变成“活资本”。根据陈志武（李利民，2008）的看法，单单产权本身并不一定带来高速增长或者经济奇迹。陈提到古代中国也存在私人产权，但并没有带来发展，这说明单纯有私人产权还解释不了中国“奇迹”。中国的私有产权经历了一个漫长的发育过程。改革之初国有产权占绝对主体，随着行政和财政分权，城乡集体产权作为缝隙经济与国有产权展开竞争。相对于国有产权，集体产权主体更为明晰。乡镇企业在20世纪80年代中期开始大举发展，到了90年代后期，乡镇集体企业的大力发展形成中国工业的所谓半壁江山，但乡镇集体企业也属于政府企业，与国有企业一样有着预算软约束的问题。温州和各地个体、私营企业的兴起就是自发产生的。首先雇员人数不超过7人的个体经济得到政府的承认，接下来，超过7人规模的民营经营单位的涌现是必然的事情。最初一些民营企业主被打压，后来到80年代初期，民营企业才被政府逐步承认。1987年，在改革试验区温州市，政府制定《私人企业管理办法》，对雇佣人员数目超过7人的私人企业合法化。1988年的宪法修正案赋予了私营企业合法地位，同年国务院出台《中华人民共和国私营企业暂行条例》。1992年，中共十四届三中全会提出多种经济成分将与公有制长期并存，共同发展。由此中国逐步形成和发展壮大了独立的私人部门。即便一些个人私下建立了表面上隶属于一些地方政府部门、实际上由自身控制的乡镇集体企业，也就是“红帽子企业”，其所谓的“模糊产权”（李稻葵，1995）也是对私人产权的逼近和模拟。各种所有制企业之间的竞争体现出一种效率落差，这导致了中国两次企业改制浪潮。第一次大致发生在1992—1995年间，其中国有企业改制以转换经营机制为特点，集体企业改制方式则更多；另一次发生在1996年后，其中国有企业改制以建立现代企业制度和“抓大放小”为特点，集体企业则以大量民营化为特点。

刘小玄（1995）根据1995年全国工业普查数据做了按不同所有制分类的研究。在全国的几乎是全部制造业企业的数据基础上的分析结果表明，国有企业效率最低，私营企业效率最高。此外，刘小玄（2004）后来根据最新得到的2001年的全国基本单位普查数据，做了类似的研究，其分析覆盖了几乎全部工业产业。从分析中得到的发现主要如下：第一，国有企业（包括传统国有、国有独资企业）对于效率具有明显的负作用，私营企业、股份企业和三资企业则都表现为积极的对于效率的推动作用，其中私营企业推动产业效率的作用最强，三资和股份合作企业居其次，再次则是股份企业和集体企业；第二，对于改制企业的不同资本股权来说，个人资本普遍具有最显著的对于效率的积极效果，而国家资本则表现出十分显著的负相关的效果。因此，民营企业仍然是最有效率的，改制基本上是成功的。

（4）逐步引入市场竞争。中国的经济奇迹还跟引入市场竞争有关：一是国际竞争，全球化带来国际竞争、国际资本、国际管理经验和国际技术，尤其是香港地区和台湾地区在这一过程中发挥了重要的作用；二是国内各种企业之间的竞争，包括各种所有制经济之间的竞争，发挥了优胜劣汰的作用。

（5）无意间引入地方政府竞争。改革之初，在行政和财政分权之后，地方政府拥有“地方产权”（regional property rights，参见Granick [1990]，Herrmann-Pillath [1999]），极大刺激了发展经济的积极性，地方政府之间展开了争夺资源和市场的竞争。这种地方政府竞争虽然是无意间引入的，但有利于当时的经济发展。中国的地方分权安排被钱颖一等（Qian and Weingast，1995）誉为“市场维护型联邦制”。地方政府之间的竞争有时候和地方政府与中央政府的竞争相互交织。比如地方政府之间为吸引外来资本的投资，往往在中央同意的税收优惠基础上，增加优惠程度，或者违背中央政府的统一要求而增加对外来投资的补助。此外，地方政府之间的竞争后来导致了地方企业的民营化（张维迎，栗树和，1998）。

（6）选择性开放市场。改革开放以来，中国选择性地开放了外资和内资的市场进入并利用了国际市场，包括选择性开放一些区域，最初为特区，然后是沿海省市。选择性开放市场促进了多种所有制企业之间的竞争，有利于提高整个经济体的效率。另外，出口使得中国能够利用国际分工中的比较优势。

（7）逐步推行契约自由。计划经济时期不存在契约自由，政府统一调配资源解决不了创新问题，无法有效加总大量分散知识的问题。经济的改革与开放使得社会力量和市场主体通过自愿契约组织生产和交换，实现劳动分工和知识分工，从而能够创造更大的社会财富。私人产权的引入使得许多复杂的契约成为可能。

（8）强化责任。民营化、市场化和私人部门的兴起是产权明晰的过程，产权明晰的过程也是强化责任的过程。逐步推行契约自由也为责任的强化和落实奠定了基础。国有和集体企业存在预算软约束问题，由于产权主体缺位，企业不能为自己的行为有效承担相应的责任。私人产权则恰恰相反，企业为自己的行为承担相应的责任。这种强化责任的行为有利于为发展经济提供正向激励。

（9）对内、对外经济政策的相对前后一致性和连续性。中国改革开放以来，威权政府对外资选择性提供了比较稳定的政策环境，比如在税收优惠方面对外资承诺“三免五减半”政策。新近的外资企业所得税和内资企业所得税的“两税合并”属于经济政策的大转折，提高了外资的企业所得税税率。虽然存在缓冲期，但影响到外资企业在今后的区位选择或者再选择。不过，中国已经加入WTO，通过法治来提供普适性的授能性投资环境不可避免。对于国内民营企业，政府逐步规定的经济政策和法规相对而言也比较稳定，保持了前后一致性。不过对特定行业的小企业，比如“五小”企业，或者所谓的“重复建设”行业企业，政府实行了封杀。

上述改革进路似乎都是政府主导的，但是真正的“奇迹”却主要归因于这些政府外因素，同时部分归因于政府的作用。至少到2003年年中为止，政府主要选择了在一定程度上退出经济领域，尤其是竞争性领域，有限度地撤除众多管制，选择性地提供有利于工商业发展的政策法规环境，在大部分竞争性领域创造和维护一个相对促进绩效竞争的竞争秩序框架。

但是，这样一个相对促进绩效竞争的竞争秩序与一个较完全促进绩效竞争的竞争秩序框架之间还有一定的距离，甚至可以说有着质的差别。比如中国到目前为止仍然通过在银行业、证券业、重要工业和服务行业的国家控制来打压私人产权。相比之下，德国经济奇迹的出现，就与其早期建立和维护一个较完全促进绩效竞争的竞争秩序有关，而且德国西部地区历来都强调维护私人产权。德国这一竞争秩序的理念源自弗莱堡学派的理念，而弗莱堡学派的思想是德国社会市场经济体制最重要的思想来源，该经济体制的其他次要思想来源为基督教思想和社会主义思想。弗莱堡学派代表人物欧根主张建立一个竞争秩序，认为它是通往繁荣的必由之路。而竞争秩序构成性的原则包括币值稳定、私人产权、开放市场、契约自由、承担责任、经济政策的前后一致性和连续性。市场经济与竞争秩序为德国创造经济奇迹奠定了直接的制度基础。中国这一尚有严重欠缺的竞争秩序框架可以视为，在大部分竞争性领域中，对以德国早期社会市场经济体制为标杆的、较完全促进绩效竞争的竞争秩序的无意接近或模拟，这无疑为企业家精神的发挥提供了较好的空间。

（三）有利的非正式制度与生存压力因素

中国既存在着有利于经济发展的非正式制度，也存在着不利于经济发展的非正式制度。而历史上沿袭的非正式制度和生存压力因素有利于中国的经济发展。

(1)“小传统”因素。中华文化中的“小传统”作为民间的非正式制度因素，有利于中国的工商业发展。儒家不主张“君子”(政治家、官员和文人等)经商，但并不排斥“小人”(普通百姓)的商业活动。这两种分别体现为中国历史上传承下来的“大传统”和“小传统”。[1] 孟子甚至大力提倡“通功易事”，即通过互通有无改善交易双方的福利。“大传统”涉及的官方伦理和文化往往是一些伦理诉求，而“小传统”中的文化却是真正内化的、实践中的非正式制度和规范。古代官吏往往表面上重农抑商、轻视商业，实际上又不得不重视和利用工商。

(2)追求更美好生活的心态。中国人一直来保持着更美好生活的追求，这种追求心本身也属于一种非正式制度，有益于发挥中国人的企业家精神。中国人一方面信佛事佛敬佛，或者很多的人信基督，似乎追求彼岸的解脱，但中国人同时是实用主义的，追求世俗的满足、现世的更美好生活。中国人这种追求现世更美好生活的心态作为一种经商文化虽然在计划经济时代被压抑，但到了改革开放之后就成为追求财富的动力来源。

(3)吃苦耐劳的传统和态度。历史上的生存压力和对更美好生活的追求使得中国人总体上形成比较刻苦耐劳的品质，这种品质在温州人身上表现得尤为明显。刻苦耐劳的人格和“功利”心态对经济发展是非常有利的。

(4)重视教育的传统。这种传统使得中国的大量劳动力和企业家掌握了一定的文化知识，同时有通过习得进一步掌握专业技

[1] 美国人类学家罗伯特·雷德菲尔德(Robert Redfield)在研究墨西哥乡村地区时，开创性地使用大传统与小传统的二元分析框架，并于1956年出版了《农民社会与文化》，首次提出“大传统”(great tradition)与“小传统”(little tradition)这一对概念，用以说明在复杂社会中存在的两个不同层次的文化传统。所谓“大传统”指的是以都市为中心，社会中少数上层士绅、神职人员、知识分子所代表的文化，也称“雅文化”(high culture)；“小传统”则指散布在村落中多数农民所代表的生活文化，也称“俗文化”或“民间文化”(folk culture)。参阅Redfield(1956)。

能的能力。中国的父母们绝大多数愿意自己省吃俭用，甚至倾家荡产，也要送孩子上学读书，包括出国读书。

上述文化、教育传统和追求更美好的生活的心态为改革开放后中国涌现大量民营企业家、发挥企业家精神创造了非正式制度条件，而生存压力外加政府允许（最初为默许或者容许）空间的扩大，进一步促成了企业家精神的发挥。这里值得进一步说明的是，甚至政府官员的改革冲动和港台企业家的大举投资也同样受到中华文化和教育传统的影响，以及生存压力和追求更美好生活的心态影响。

虽然上述非正式制度和生存压力因素对经济发展有利，但同时存在着阻碍和不利于经济发展的官方意识形态因素，这也属于非正式制度。一些学者把这一因素称为改革开放的“刚性原则”，这里的“刚性”指的是“不可否定、不可动摇的法律和政治强制性”（邹东涛，2008：19）。不过，中国“奇迹”的实现过程就是克服不利于经济发展的正统官方意识形态因素的过程，是正统官方意识形态“去魅化”（disenchantment）的过程。[1] 在这里，有利于经济发展的生存压力因素和追求更美好生活的心态是使得改革进程呈现“不可逆转性”的重要因素，因为随着改革的进展，无论是官员还是民众均看到了更大的总体利益，而逆转改革进程则意味着对这种利益的放弃，这无疑不能为民众所接受。

（四）渐进式改革因素

整个改革进程采取渐进的改革方式（gradualist approach）。这一方式利弊并存，属于双刃剑。渐进式改革有利于政治、经济与社会秩序的稳定，也有利于政权的稳定。根据德国弗莱堡学派（欧

[1] “去魅化”，英文为“disenchantment”，源自德文用语“Entzauberung”。根据维基百科的解释，在社会科学中它意指“神秘主义的贬值”（devaluation of mysticism），马克斯·韦伯用这一概念来描述现代化、世俗化的社会的以下特征：人们更看重科学理解而非单纯的信念。

根，2001）的观点，经济和社会秩序中存在许多子秩序，这些子秩序之间存在着相互依赖性。无疑，这种相互依赖性是整个秩序运作的基础。“休克疗法”一夜之间打破这些子秩序之间的相互依赖性，并难以在短期内磨合种种新的子秩序而重建其相互依赖性，从而短期内新的整体秩序难以形成和运作，整体经济处于严重失衡和不稳定之中。而渐进式改革就没有这一问题，符合事物发展的应然规律。此外，渐进式改革允许文化、意识形态等非正式制度随着时间发育和演化。“休克疗法”则试图一下子改变和调整非正式制度，这注定是要蒙受短期挫折，因为非正式制度一般来说很难在短期内改变或者形成。

渐进式改革的弊端是：它可能被既得利益者用来阻碍改革的进程，既得利益者越强、人数越多，改革的阻力越大；渐进式改革本身也可能成为政府官员腐败的工具，这是因为渐进式改革往往意味着对一些现有法规政策的边际上突破。这种突破往往涉及到超越一般收益的租金（rent）收益，一些利益集团往往可以通过寻租（rent seeking）向政府官员提供小部分好处而换取较大的租金收益（Tullock，1967；Krueger，1974）。情况确实如此。中国已查处的贪污腐败案件数目触目惊心。根据肖扬2003年3月12日的最高人民法院工作报告，此前五年共审结贪污贿赂案件99 306件，判处犯罪分子83 308人。其中，县（处）级以上公务人员2 662人，比前5年上升65%。另据肖扬2008年3月10日的工作报告，此前5年来审结贪污、贿赂、渎职犯罪案件12万件。由于既得利益集团的影响、正统意识形态的阻碍以及对政权稳定的顾忌，随着改革深入，触及一些核心领域时，即便进一步改革的时机已经成熟，也往往不能推进。尤其是现在改革方案往往出自具体相关部门，出于部门利益的考虑，由此出台的改革方案往往成为真正改革的障碍。

但是，中国的渐进式改革不完全等同于试错式改革。在自上而下的那些改革中，选择渐进式进路很大程度上与改革阻力大或者决策者改革意愿不足有关，而与通过不断“试验—犯错—再试验”这种从错误中学习的试错式制度改革进路关联较少。很多改革采取先试点、后推广的模式，但试点和推广的速度在很多场合下非常缓慢，与成熟的改革时机不匹配。很多改革实际上与试错和改进意图无关，而与维护政治权力格局稳定和政府寻求部门利益的意图有关。当然，不应否认多数改革试点或多或少存在试错成分，尤其近年来农村金融改革的试错特征比较明显，不过其试点和推广的速度仍然远远落后于应有的速度。

自下而上的改革往往采取了“先做后承认”的方式：改革是在非法状态下自发发生，在局部推开，成为一种绩效标杆和倒闭机制之后，政府对其合法性最终予以承认，从而为进一步推开打下基础。比如农村家庭联产承包责任制改革就是这种情况。很多自上而下的改革也是“先做后承认”的方式：往往首先允许试点，在合法和非法、合规和不合规的边际试点，然后改革成果被政府所承认（也有被否定的）和推开。比如国有企业改革、乡镇集体企业改革、农村金融改革等就是如此。

总体上看，渐进式改革本身仍然是正确的选择。至于渐进式改革被利益集团和部分政府官员所用以满足私利或者部门利益，恰恰反映了政府体制改革需要跟上，不能因为政府体制改革滞后而否认渐进式改革本身。

（五）推动改革和增长的多元行动团体

由于整个经济体制改革涉及多个子系统或者子秩序的改革，改革的推动力量并非单一来源。单纯笼统地认为改革是自上而下或者是自下而上都有失偏颇。而且，要区分推动改革的行动团体和推动增长的行动团体。

在农村家庭联产承包责任制一例中，主要是生存压力（度荒压力）导致1978年安徽省凤阳县和四川一些农民自发组织实施，冒着风险“包产到户”。随着学习、模仿，“包产到户”制度在凤阳县很快悄悄铺开。这是属于自发秩序。它作为一种内部秩序，是系统内部的人的行动的产物，而不是来自系统外部的人的计划、设计或者建构的产物，其运作依靠自身的内部规则。改革开放后，家庭联产承包责任制通过政府的确认被正式化、外部化，成为一种外部的局部建构秩序。在形式上，从未外部化之前自发秩序的形成和事后政府确认两阶段来看，这符合诺斯的“第一行动团体”（自发实施承包制的村民）和“第二行动团体”（政府）的区分。但就未外部化之前自发秩序的形成过程来看，其中即便存在一个或数个“包产到户”始作俑者，也可以视之为“创新者”[1]，但整个自发秩序的形成是制度学习、模仿和创新的产物，很难仅仅用“第一行动团体”和“第二行动团体”加以区分。这些行动团体其实都是各自为政，各有目标，与诺斯制度变迁理论的确定目标取向的制度变迁完全不同。而政府对该自发秩序的正当性和合法性加以确认、外部化或推广，说明政府作为一个行动团体发挥了重要的作用。本质上看则是政府放弃某部分权力（power），这部分权力转化为权利，归还给村民。

其他一些改革措施的出台与农村家庭联产承包责任制的出台有着相似、但有差别的进路。行动团体在未被国家承认的情况下自发做出了一些企业家型的举措，甚至演化出一种内部的自发秩序，然后被政府主动或者被动承认，正式化、外部化之后拓展为一种外部的局部建构秩序（被政府赋予正式的法律地位和法律形式）。这种局部建构秩序本身容纳自发、演化因素，随着时间的进展，其秩序形式倾向于游离在局部建构秩序和自发秩序之间。比如改革开放以来个私企业的发展是自发产生的，形成了自发秩序。随着个体经济、私营经济被政府逐步承认，私人部门被正式化、外部化为局部建构秩序。随着市场和私人部门的进一步拓展，整个私人部门更

[1] 相对于此前历史上已有的“包产到户”经验，此君或此群体则是习得者或者模仿者。

加呈现为一种自发秩序。

许多渐进式改革措施都是政府出台的，比如财政和行政分权，维持选择性的币值稳定，逐步引入私人产权，逐步引入市场竞争，选择性开放市场，逐步引入契约自由，强化责任，对内、对外经济政策的前后一致性和连续性等。这些都是局部建构。由于存在正统意识形态的障碍和阻碍改革力量的抵制，改革往往只是在制度变迁收益大于成本的时候通过试点才有突破，整体过程随着时间的演化或进或退，呈现一种蟹行进路。这其中，政府或者政府中部分领导人作为“行动团体”发挥了重要的作用。

上述分析涉及推动改革的社会团体。至于推动增长的社会团体，则是另一回事。正如上文所述，许多改革进路似乎都是政府主导的，但推动增长的力量却主要归因于各种政府外因素，同时部分归因于政府的作用。在政府开放市场、引入竞争、步步退出竞争性经济领域的过程中，各经济主体获得了广阔的自由发展的空间，推动了经济增长和“奇迹”的实现。

六、问题与展望

上述种种原因导致了中国的“奇迹”。在“奇迹”创造过程中也存在着很多问题，主要问题包括：一是劳动和社会保障不足问题。比如劳动力的保险和养老保障法规执行不力，劳动安全保护不足，民工不能根据其工作和生活地点获得城市户口和相应待遇，医疗保障不足等。二是环境严重污染问题。环境严重污染问题说明生产者的大量生产成本被外部化，没有纳入其私人成本考虑和计算，而是成为社会成本。三是与城市化和工业化有关的侵犯农民利益问题。这方面最突出的是制度化剥夺农民土地权益和相关社会冲突问题。四是严重腐败问题。尤其是国有和集体企业民营化过程中存在的腐败问题使得社会各阶层感到不公和“仇富”，容易造成社会分裂。五是区域收入差距较大问题。考虑到“包容性发展”（inclusive development，参见IDDC [2004]）的需要，收入差距较大问题仍然需要得到正视。

劳动和社会保障不足、环境严重污染问题，直接体现为工资成本相对较低，环境防治投入较少，由此为产品的低位定价和对外大量输出创造了空间，这些问题也成为增长和“奇迹”的部分原因。再加上腐败问题，这些问题也同时可被看做是中国“奇迹”的代价。

总体上，在未来需要解决劳动、医疗、环境、养老、腐败、打破现存国有企业的行业垄断、减贫、维护农民基本权益、对政府“限政”等一系列问题。而要解决劳动、医疗、环境、养老等问题，就意味着生产成本的大幅度上升，企业利润大幅缩水甚至变负。再加上能源和原料价格上涨等原因，中国的经济是否能够长期保持高速增长？回答就会比较微妙。

随着经济改革的进展，改革的难度越来越大，已触及一些核心的体制问题。这里涉及农民基本权利的维护、土地产权改革、国有垄断的打破、国有企业（包括国有商业银行）的进一步退出、竞争秩序的建立和形成、政府停止对微观经济过程的大量干预等改革。若要进一步推进这些改革，萨克斯等（2000）和陈志武（李利民，2008）等关注的宪政改革不可避免，因为这里涉及对政府的“限政”和对个人自由的维护，关系到从行政本位走向个人本位。

中国改革开放的过程总体上是经济、货币、财政规则生成和完善的过程。但是，在劳动保障、医疗保障、环境保护、养老保障改革过程中，很容易失去规则取向：在这些领域中，也需要关注效率和公平两大原则的结合。单纯追求所谓的“公平”，往往变成了不公平。比如新的《劳动合同法》出台，直接造成了社会分裂：整个社会分成两大阵营，一个阵营极力反对新的《劳动合同法》，另一个阵营则极力赞同。无论是反对还是赞同，《劳动合同法》必然仅仅倾向于保护有技能的在职者，而不利于低技能、无技能的在职者，也不利于谋求新进入劳动力市场者，这倾向于导致失业人数增加，因为企业家会考虑精简人数，增加资本和技术投入以替代劳动。

近年来中国民粹主义、国家主义、民族主义和统制主义的思潮和政策频繁登台[1]，与此同时，中国“奇迹”的基础，也就是个人和企业的经济自由，正在被侵蚀或蚕食。企业家产权被加快剥夺（比如通过大量劳动法规），经济、财政和货币规则被废除（比如中央银行和财政部设立公司，发改委主导本应由银行自决的信贷政策），产业政策凌驾于竞争政策之上。大量转移支付和补贴政策出台提高了个人和地方对中央的依赖性，许多人逐渐忘记或者丧失了更为根本的个人自主性和自主权。上述正式规则或者正式制度的事实侵蚀或者废除还不是最糟糕的事情，更糟糕的是众人的规则取向意识正在丧失或者破坏。而在丧失或破坏这种非正式制度之后，我们想要重建，则需要至少几代人的时间，甚至可能永远不能重建。

所幸的是，中国的文化和教育传统因素，以及对更美好生活的追求与企业家精神仍然颠扑不破。生存压力也仍然存在。只要气息尚存，企业家阶层仍然会甘冒风险，寻求利润机会，发挥企业家精神。但是，如果事实上离开了产权保护，失去了一个较为有利的投资环境和一个较为促进绩效竞争的竞争秩序，企业的成本必然上升，同时如果技术创新和产业升级滞后，再加上其他多种成本上升和不利的国内外需求因素，中国的“奇迹”可能会在未来某个时点

[1] 民粹主义含义比较杂多。这里的“民粹主义”是指政府根据预期可获得民众支持的强度和广度来决定其政策，以动员民众支持和操控特定“边际集团”。它所依靠之政策的基础是由一种巧妙的恩赐制度所巩固的领导人个人感召力和对其个人的效忠。民粹主义的意识形态是道德的、感情的和反理智的，而其纲领也是非特定的，这与“民主主义”不同，“民主主义”是规则取向的，民粹主义则恰恰相反。统制经济的做法也叫经济统制主义。其典型做法是，国家通过特定的市场干预部分或全部地消灭掉分散化的价格、生产、消费和投资决策自由，以达到特定的、典型的干预主义目标。经济统制主义最常见的干预形式包括直接的价格控制、不同形式的投资指导、数量上的生产和贸易限制（配额以及相应的自愿出口限制协定）、外汇管制等。其中价格控制方式包括价格监控，对利润空间、最高和最低价格的规定和固定价格，普遍地禁止价格波动等（席勒，克吕塞尔贝格，2006）。

早于我们的预期而终结。因此，需要政府和社会各阶层提高警惕，共同负起责任，严格产权保护，培养一种竞争文化，创建和维护一个促进绩效竞争的竞争秩序和普适性的规则体系，并提供一个有利的投资环境。

参考文献

1.Anderson，Jonathan，2008，“高储蓄必有高增长”，《证券市场周刊》(6 月 9 日)。

2.Blackstone，Sir William，1765 – 1969，*Commentaries on the Laws of England*，Oxford：Clarenton Press，pp.104 – 105.

3.Cai，Hongbin and Daniel Treisman，2006，“Did Government Decentralization Cause China's Economic Miracle?”，*World Politics*，vol.58，no.4：505 – 535.

4.Granick，David，1990，*Chinese State Enterprises：A Regional Property-Rights Analysis*，Chicago：Chicago University Press.

5.Hayek，F.A.，1973，*Law，Legislation，and Liberty*，vol.1，Chicago：University of Chicago Press.

6.——，1978，*New Studies in Philosophy，Politics，Economics and the History of Ideas*.London：Routledge & Kegan Paul.

7.Herrmann-Pillath，Carsten，1999，*Die Fiskalische und Regionale Dimension des Systemischen Wandels Großer Länder：Regierungswettbewerb in China und Rußland*，Wittener Diskussionspapiere，Nr.42 (September).

8.International Disability and Development Consortium (IDDC)，2004，“Inclusive Development and the UN Convention”，IDDC Reflection Paper (May).

9. Jin, Hehui, Yingyi Qian and Barry Weingast, 2005, “Regional Decentralization and Fiscal Incentives: Federalism, Chinese Style”, *Journal of Public Economics*, 89 (9 – 10), September: 1719 – 1742.

10. Krueger, Anne, 1974, “The Political Economy of the Rent-Seeking Society”, *American Economic Review*, 64: 291 – 303.

11. Krugman, Paul, 1994, “The Myth of Asia's Miracle”, *Foreign Affairs*, volume 73, number 6 (November/December).

12. North, Douglass C., 1968, “Sources of Productivity Change in Ocean Shipping, 1600 – 1850”, *Journal of Political Economy*, Chicago: University of Chicago Press, vol. 76, p. 953.

13. Popper, Karl R., 1972, *Objective Knowledge: An Evolutionary Approach*, London: Oxford University Press.

14. ——, 1945/1992, *Die Offene Gesellschaft und ihre Feinde. Band 1: Der Zauber Platons*, Tuebingen: Mohr (Siebeck).

15. Qian, Yingyi and Chenggang Xu, 1993, “Why China's Economic Reforms Differ: The M-Form Hierarchy and Entry/Expansion of the Non-State Sector”, *Economics of Transition*, 1 (2), June, pp. 135 – 170.

16. Qian, Yingyi and Barry R. Weingast, 1995, *China's Transition to Markets: Market Preserving Federalism, Chinese Style*, December 01, Hoover Press.

17. ——, 1997, “Federalism as a Commitment to Market Incentives”, *Journal of Economic Perspectives*, Fall, 11 (4): 83 – 92.

18. Qian, Yingyi and Gérard Roland, 1998, “Federalism

and the Soft Budget Constraint", *American Economic Review*, December, 88 (5): 1143 - 1162.

19. Redfield, Robert, 1956, *Peasant Society and Culture: An Anthropological Approach to Civilization*, University of Chicago Press and Cambridge University Press.

20. Tullock, Gordon, 1967, "The Welfare Costs of Tariffs, Monopolies, and Theft", *Western Economic Journal* (now *Economic Inquiry*), 5: 224 - 232.

21. UNIDO, 2005, *Productivity in Developing Countries: Country Case Studies. China*, November.

22. Weingast, Barry R., 1995, "The Economic Role of Political Institutions: Market-Preserving Federalism and Economic Growth", *Journal of Law, Economics, and Organization*, 11: 1 - 31.

23. World Bank, 1993, *The East Asian Miracle: Economic Growth and Public Policy*, New York: Oxford University Press.

24. Wu, Jinglian, 2005, *Understanding and Interpreting Chinese Economic Reform*, Texere (December 14).

25. Zhou, Kate Xiao, 1996, *How the Farmers Changed China: Power of the People*, Boulder, Colo.: Westview Press.

26.布坎南，塔洛克，《同意的计算：立宪民主的逻辑基础》，陈光金译，北京：中国社会科学出版社，2000。

27.布伦南，布坎南，《宪政经济学》，冯克利、秋风、王代等译，北京：中国社会科学出版社，2004。

28.陈郁，“中译本序”，载诺斯，《制度、制度变迁与经济绩效》，上海：上海三联书店，1994，第1—20页。

29.单豪杰，沈坤荣，“制度与增长：文献综述及中国的经验”，载天则经济研究所网站，2007年11月13日。

30.邓正来，“研究哈耶克法律理论的一个前提性评注”，代译序，载弗里德里希·冯·哈耶克，《法律、立法与自由》，北京：中国大百科全书出版社，2000，第1—69页。

31.恩格尔，“知识的狂妄——哈耶克与卡尔·波普尔的批评理性主义”，载帕普克主编，《知识、自由与秩序》，北京：中国社会科学出版社，2001，第76—108页。

32.哈耶克，《自由宪章》，北京：中国社会科学出版社，1998。

33.——，《法律、立法与自由》，北京：中国大百科全书出版社，2000a。

34.——，《致命的自负——社会主义的谬误》，冯克利、胡晋华等译，北京：中国社会科学出版社，2000b。

35.赫尔南多·德·索托，《资本的秘密》，于海生译，北京：华夏出版社，2007。

36.李稻葵，“转型经济中的模糊产权理论”，《经济研究》，1995年第4期。

37.李利民，“对改革路径的再思考——陈志武教授访谈”，《经济观察报》，2008年2月16日。

38.李善同，“中国经济增长潜力与经济增长前景分析”，《管理世界》，2006年第9期。

39.林毅夫，“关于制度变迁的经济学理论：诱致性变迁与强制性变迁”，《财产权利与制度变迁——产权学派与新制度经济学译文集》，上海：上海三联书店，上海人民出版社，2004，第261—264页。

40.林毅夫，蔡昉，李周，《中国的奇迹：发展战略与经济改革》，上海：上海三联书店，上海人民出版社，1994。

41.刘小玄，“国有企业与非国有企业的产权结构及其对效率的影响”，《经济研究》，1995年第7期。

42.——，“民营化改制对中国产业效率的效果分析”，《经济研究》，2004年第8期。

43.洛克，《政府论》，下篇，北京：商务印书馆，1996。

44.诺斯，《经济史中的结构与变迁》，上海：上海三联书店，上海人民出版社，1994a。

45.——，《制度、制度变迁与经济绩效》，上海：上海三联书店，1994b。

46.诺斯，戴维斯，“制度变迁的理论：概念与原因”，载科斯，阿尔钦，诺斯，《财产权利与制度变迁》，上海：上海三联书店，上海人民出版社，1994，第266—294页。

47.欧根，《经济政策的原则》，上海：上海人民出版社，2001。

48.秦晖，“‘中国奇迹’的形成与未来——改革三十年之我见”，《南方周末》，2008年2月22日。

49.萨克斯，胡永泰，杨小凯，“经济改革和宪政转轨”，《当代中国研究》，2000年第4期。

50.吴敬琏，《当代中国经济改革：战略与实施》，上海：上海远东出版社，1999。

51.席勒，克吕塞尔贝格，《秩序理论与政治经济学》，史世伟等译，史世伟、冯兴元校，太原：山西经济出版社，2006。

52.郑玉歆，“理解全要素生产率——用TFP分析经济增长质量存在的若干局限”，载中国社会科学院数量经济与技术经济研究所网站，2008年6月12日。

53.中国社会科学院经济学部，《中国经济研究报告（2007—2008）》，北京：经济管理出版社，2008。

54.邹东涛，《中国改革开放30年（1978—2008）》，北京：社会科学文献出版社，2008。

55.张维迎，栗树和，“地区间竞争与中国国有企业的民营化”，《经济研究》，1998年第12期。

中国的经济增长能持续吗?

——企业家视角的解读*

朱海就**

提　要：文章前面部分是一个理论框架，着重说明为什么经济的持续增长有赖于企业家创新。笔者认为熊彼特的"企业家创新"思想有局限，不足以说明经济的持续增长问题，并提出了"奈特—柯兹纳企业家"概念，从不确定性和主观性两个方面重新解读了"企业家创新"的内涵。作为该理论框架的一个应用，文章后面部分考察了中国改革开放以来的经济增长，指出中国的高增长不是企业家创新驱动型的增长。要实现持续增长，不仅要求政府排除各种限制企业家创新的制度障碍，还要维护并尊重企业家竞争中自发形成的制度。

关键词：经济持续增长；企业家；创新；制度

在过去的几十年中，中国经济保持了高速增长，这种增长的势头能否持续下去是人们非常关注的问题。本文从企业家的视角进

---

* 中国社科院研究员冯兴元、浙江大学与浙江工商大学教授张旭昆、台湾逢甲大学教授余赴礼对该文提出了宝贵建议，华南师范大学副教授刘志铭、西班牙卡洛斯大学教授 Jesús Huerta de Soto 提供了资料，一并感谢。文中的错误由作者负责。

** 浙江工商大学经济学院副教授。通讯地址：浙江省杭州市学院路 212 号 2—502（310012）。

行分析，认为依靠要素投入、资本积累和技术引进的经济增长都是不可能持续的，经济持续增长的源泉是企业家创新才能的不断释放。文章主要包括四个部分，第一部分对内生增长理论做一个简要回顾，指出其不足；第二部分构造了一个理论框架，阐述为什么经济持续增长要依赖企业家创新，并对企业家创新的内涵进行了解读；第三部分从企业家创新的视角对中国改革开放以来的经济增长过程进行总结，说明为什么中国现有的高增长不是企业家创新驱动型的增长；结语部分简要地给出了政策建议。

一、新增长理论及其局限

怎么解释经济增长一直是经济学家感兴趣的一个问题。古典和新古典经济学家强调储蓄与资本积累，但是随着经济学的发展，经济学家越来越认识到资本积累不能解释经济增长，特别是索洛在1957年的论文，更是使人们对经济增长有了新的认识。索洛发现资本和劳动的投入只能解释12.5%左右的产出，另外的87.5%的产出无法用资本和劳动的投入来解释，不能用劳动和资本投入解释的部分被称为“全要素生产率”(Solow，1957)。索洛注意到全要素生产率的主要构成因素是“技术进步”，但在索洛的模型中，“技术进步”只是一个外生变量，这种做法显然不能令人满意。几十年来经济学家一直试图将技术进步和影响技术进步的因素内生化，新增长理论（又称“内生增长理论”）就是沿着这个方向发展起来的。

新增长理论的创始人是罗默和卢卡斯。罗默强调的是“知识”，在罗默的第一代模型中，他假设知识具有外溢效应，知识溢出将导致收益递增，但知识是在资本积累过程中被动产生的，产品是同质的，知识是无差别的，或者说他采取的是完全竞争假设。在罗默的第二代模型中，他对模型进行了修正，在垄断竞争的条件下研究知识与经济增长的关系，在这个模型中，他假定技术进步表现为新型资本品或消费品的不断出现，他的第二代模型也称为知识驱动模型。与罗默不同，卢卡斯认为技术进步的形式是人力资本积累，他在《为何资本不从富国流向穷国》一书中写道："从传统农业向现代化增长的关键、经济转型的关键在于人力资本积累率的提高。"（卢卡斯，2005：17）内生增长理论的另一研究路线是认为技术进步表现为产品质量的提高，这种研究方法的代表人物是格罗斯曼（G.M.Grossman）和赫尔普曼（E.Helpman）。他们得出的结论与索洛得出的结论是相似的，即都认为影响经济增长的主要因素不是资本积累而是全要素生产率的增长，发达国家与发展中国家的差距是因为发达国家对创新进行了投资（赫尔普曼，2007：72）。

抛开资本积累，而转向内生的技术进步和创新，是新增长理论的重要贡献。但是这种理论仍然不能使我们满意，因为它没有能回答经济增长背后的驱动力究竟是什么。新增长理论把增长主要归为创新或技术进步，但是创新、技术进步及人力资本积累只是结果，究竟是什么导致了创新或技术进步，它没有回答。鲍莫尔（W.Baumol）教授做了一个比喻，在宏观经济内生增长模型中漏掉了最最关键的"丹麦王子"，"这些模型告诉我们许多有关创新与增长方面的知识，但是它们却没能解释自由市场经济增长历史最显著、最非凡的特征，即自由市场经济无以媲美的成就"（鲍莫尔，2006：125）。技术进步就一定能带来经济增长吗？显然我们可以找到有技术进步但没有经济增长或经济不能持续增长的反例。比如计划经济时代的苏联，有大批高素质的人才，人力资本积累和技术进步并不落后美国多少，但经济状况却不断恶化，最终导致国家解体。我们认为，无论是用知识、技术抑或人力资本，对经济增长的解释都是不充分的。那么，经济增长中的哈姆雷特究竟是谁？或者说，究竟是谁推动了创新？答案是企业家。

二、经济增长与两种不同类型的企业家

讲到企业家与经济增长的关系，我们自然会想到熊彼特以及

他在《经济发展理论》中的论述，但是他理解的企业家，或者说他所描述的那一类企业家对经济持续增长的解释是不充分的。

（一）“熊彼特企业家”对经济持续增长的不充分解释

在熊彼特的笔下，企业家是打破均衡状态的力量，但是打破均衡并不意味着经济的持续增长。熊彼特本人关注的不是“增长”，而是“发展”，他考察了企业家与发展的关系，但并没有考察企业家与增长的关系。“增长”与“发展”在熊彼特的眼中有不同的含义，“增长”在熊彼特看来是连续的微小的变化，是“新组合”通过小步骤的不断调整从旧组合中产生（熊彼特，2000：73），而“发展”是一种跳跃式的变化，是对旧组合的否定，“新组合是间断地出现的时候，那么具有发展特点的现象就出现了”（熊彼特，2000：73）。“发展”具有“创造性破坏”的特征，而执行这种职能的就是“企业家”。他把新组合的实现称为“企业”，把职能是实现新组合的人们称为“企业家”（熊彼特，2000：83）。这种具有创造性破坏特征的“发展”与本文研究的“增长”不是同一个概念。创造性破坏并非经济持续增长的前提条件，创造性破坏也并不必然导致经济的持续增长。熊彼特强调的是非连续的突变式的创新，而演化经济学的研究已经表明，持续的改善才是经济增长的动力。罗斯巴德也指出企业家活动主要是由“小调整”所构成的，熊彼特对企业家的理解是片面的。他批评说，“熊彼特关于企业家地位的观点——通常被认为是他最重要的贡献——十分狭隘和片面。他只是认为企业家进行创新，为创新建立新的企业等。实际上，企业家在不断工作，根据将来不确定的需求和供给状况一直进行调整，包括创新产生的结果。”（罗斯巴德，2003：125）

熊彼特没有回答下面两个问题，这两个问题是我们研究经济持续增长的关键：一是为什么创新带来的就一定是“发展（增长）”而不是“破坏”？二是“创新”的来源是什么？如果创新的来源会消失，那么增长是不可能持续的。熊彼特并不关心创新的来源问题，他关注的是创新扩散（及所产生的经济周期）问题，实际上是受瓦尔拉斯一般均衡分析方法的影响。在他的理论模型中，所有的生产要素都是给定的，机会都是已经存在的，所要做的就是去“做”、去“创造性破坏”或“实施新的组合”，他实际上把“创新”问题变成了“投资”问题（Witt，1992：220）。可以说，要么他没有深究创新的内涵，要么他对创新内涵的理解存在偏差。下面我们将回答上述两个问题，同时这也是对“企业家创新”概念的进一步解读。

（二）“奈特—柯兹纳企业家”与经济持续增长

要回答上述第一个问题，我们必须引入奈特（F.Knight）强调的“不确定性”。人们通常以为经济增长就是产出的增加，新古典经济学与新增长理论实际上都是从这一供给角度来理解增长。但这是对“增长”的片面理解，衡量经济是否增长的标准应该是消费者的偏好是否得到满足，消费者的效用是否得以提高。但是，企业家是否一开始就知道什么产品或服务更能满足消费者的偏好和需求呢？当然不能。他的生产是在不确定情况下进行的，市场的不确定性一方面来自于产品或服务是否能迎合消费者的口味，另一方面也来自于竞争者是否提供了更高质量的产品或服务。经济增长只有在不确定性条件下才能得到说明，与经济增长相关的企业家一定是不确定情况之下的企业家。取消不确定性，就取消了竞争，也就取消了企业家活动。只有在竞争过程中，才能“发现”什么样的产品或服务更能满足消费者的需求（按照上述定义，这意味着经济增长）。可见，不确定性、竞争与经济增长是三位一体的，假如人为地消除不确定性（如苏联在计划经济时代所做的那样），那也就消除了经济增长的可能性，不考虑不确定性的增长理论也必然是缺乏解释力的。[1] 经济增长是企业家在不确定环境下的竞

[1] 熊彼特并没有把企业家看做是风险承担者（Hebert，1988：101）。

争的自然产物。

不确定性下的企业家与增长的关系，除了可以从上述“竞争”这一视角进行解读外，还可以从“企业家利润”[1] 的角度进行说明。“利润，就它的广义而言，是来自行为的利得：它是满足的增加（不愉快之减少）。”（米塞斯，1991：383）“满足的增加”也就是经济的增长。利润必然是不确定条件下的产物，按照奈特（Knight，1921）的解释，没有不确定性，就没有利润。而经济增长本质上表现为企业家在总体上所获得的正的利润，如米塞斯所说，“如果利润总额超过亏损总额，这就证明经济在进步，而大家的生活标准也在提高，这个超额越大，一般的繁荣也愈增加”（米塞斯，1991：392）。在市场经济中，不确定性是不可能消除的，每个面对不确定性的人实际上都是企业家，都参与经济活动，都以他自己的方式参与经济增长的过程。这样我们就有了检验是否是创新的标准，即是否对增长有贡献，假如新组合没有实现利润，那便不能被视为创新。

再看熊彼特没有回答的第二个问题，即创新的来源。在不确定的环境下，企业家要获得利润，就必须进行“判断”（Knight，1921）、“发现”（Kirzner，1973）等主观活动。这些主观活动是企业家创新的来源，赋予产品与服务更高附加价值的也正是企业家这些主观的创新活动。生产要素总是稀缺的，任何要素都是有成本的，但是企业家活动不一样，企业家的创造性是没有成本的（准确地说是没有机会成本），“创造性的企业家活动不牵涉任何成本”（Huerta de Soto，1992：24），“创造性是无中生有”（Huerta de Soto，1992：33）。企业家利润并非来自于要素，而唯一地来自于企业家主观的创造性。[2] 企业家的创造性具有“主观”特征，企业家赋予产品或服务附加价值的发现与判断才能是不会枯竭的。促使

[1] 我们要区分“企业家利润”和“垄断利润”，特别是“行政垄断利润”，后者的实现不能说明经济的增长。

[2] 当然，这并不是说企业家的创造性活动就不需要物质资本。

产品或服务附加价值不断提升（即经济持续增长）的，绝不是稀缺的要素本身，而只能是企业家的主观活动。建立在企业家（主观）创新基础上的经济增长消耗的主要是企业家的主观思想，而不是物质资源，我们有理由认为这样的增长方式必然是资源节约型的。

新技术或新知识并不必然意味着经济增长，如果新技术或新知识不被企业家利用到满足消费者的需求中去，就没有价值可言；反之，即使是陈旧的技术或知识，经过企业家的判断、发现和想像等创造性活动，也可以化腐朽为神奇，得以利用到满足消费者需求的地方中去（这属于创新活动），创造新价值（亦即经济的增长）。与企业家创新相关的知识接近于哈耶克所描述的知识，即这是一种“主观知识”，是“企业家独有的知识”，是“分散在不同的企业家当中的知识”，是“不能用语言表达的知识”，我们还可以补充另外一个特征，即“企业家知识”是“无中生有的知识”[1]。对经济增长来说，我们更应该强调的是“企业家知识”，而不是新增长理论所强调的“技术知识”。我们可以把“企业家知识”看做是凌驾于“技术知识”之上的一种知识。举个简单的例子，企业家首先要发现市场机会（企业家知识），然后才会去研发某种产品（技术知识），前一种知识决定后一种知识。中国历史上很长一段时间内增长缓慢，不是因为缺乏当时的先进技术，而是因为缺乏“企业家知识”。苏联的情况也一样。

假如我们从企业家的角度理解经济增长，那么我们就会意识到，经济增长问题绝不是“在给定目标下如何配置既定的稀缺资源”的问题，或者说不是“罗宾斯最大化问题”，企业家的创造性活动是不断“发现”新的目标（ends）与新的手段（means），目标和手段都不是既定的，企业家的生产可能性边界也不是事先确定了的。经济的增长，更多的是体现在企业家“发现”了新的机会，而不是对既定资源的使用上。

---

[1]“品牌”是企业家“无中生有”的一个典型例子。

（三）企业家创新需要什么样的“制度”

只要做简单的比较，就可以发现，不同的国家和或一个国家内部不同的地区，企业家创新的程度有天壤之别。对于这种情况，我们不能用人种的差异去解释，而只能说在某些国家或地区缺乏企业家创新所必需的条件，那么我们自然要问企业家创新活动需要的条件是什么？

企业家创新活动受制度的引导，制度可以分为两种不同的类型，一种是限制或阻碍企业家创新活动，如用各种强制措施为创新活动设置障碍；另一种是保护和促进企业家创新活动，如保护产权的制度。前一种往往是政府等组织强制实施的产物，如行政垄断；而后一种一般来说是自发形成的，哈耶克强调的法律、传统、习俗及惯例就具有这种功能。其实，赫尔普曼、鲍莫尔和奥尔森（M. Olson）等很多经济学家早已指出制度与企业家创新活动之间的相关关系，只不过我们考察制度重要性的角度与他们不同，我们认为制度之所以重要是因为它与企业家创新活动必不可少的“经济计算”相关。“经济计算”通俗地说，是企业家在不确定的环境下对利润机会的把握，在实施创新活动前，他要“计算”一下他的行为“值不值得”。假如此时要素的价格是扭曲的，或者说根本不存在反映要素稀缺性及反映消费者和投资者需求状况的“真实”价格[1]，那么他就无法进行经济计算，或者说他的经济计算必然有误，投资必然亏损。如果一个社会中多数企业家都不能进行投资活动，或即使投资也必然是亏损，那么经济增长就无从谈起。而制度直接影响要素价格，进而影响企业家的经济计算。

制度与要素价格之间的关系，米塞斯在20世纪20年代那场著名的社会主义大辩论中已经隐含地做了论述。他认为，在计划经

[1] 下面谈到的“真实”价格指的也是“反映要素稀缺性及反映消费者和投资者需求状况的价格”。

济“这种制度”下不可能有“真实”的要素价格，因此政府的计划也是不可能的。只有企业家在竞争过程中形成的价格才是“真实的价格”，才是企业家创新的可靠依据。我们把这种观点扩展一下，假如我们把完全的计划当做是一种极端的制度，那么纯粹的自由市场是另外一种极端的制度（这两种制度都只是在理论抽象中才存在，真实世界的制度总是处于这两种制度之间），因此真实世界中的要素价格也是处于“完全不真实的价格”与“完全真实的价格”这两种虚构的价格之间。尽管我们不能指望在真实的世界中有完全“真实”的要素价格存在，但无论如何，制度应该有助于形成越来越“真实”的要素价格，而不是阻碍这种价格的形成。

我们强调的制度是一种“实践”意义上的制度，不能简单地把制度理解为条文。对企业家的创新活动来说，制度与是否被正式制定出来关系不大，重要的是是否被履践，没有被履践的制度只是一纸空文。而那些被人们自觉履践的制度通常是“自发”地内生出来，往往是先于成文制度。这种自发形成的制度除了哈耶克强调的传统、习俗外，还包括企业家在竞争过程中确立的游戏规则，甚至制度本身也被解释为企业家创新活动的产物（Yu，2001：117）。我们之所以强调自发形成的制度，并非因为自发形成的制度一定就是“最优的”，而是因为这种制度是经过选择，本身是开放的，是可进化的，另外实施这种制度不需要专门机构花大力气去监督，实施的成本较小。对与企业家创新活动相关的制度作出上述界定之后，我们就可以对政府的行为是否恰当给出一个大致的判定标准，即政府是否维护了自发形成的制度，是否尊重了自发形成的制度，是否为自发制度的形成创造了宽松的条件。

三、改革开放以来中国经济增长的考察

改革开放以来，中国的经济快速增长，这是有目共睹的，我们要问的是这种增长的势头能否得到延续。在文章第一部分，我们指

出，依靠要素投入实现的增长是不可持续的，企业家创新才能的发挥才是经济持续增长的关键，而这离不开我们在前文中定义的制度。下面我们首先看一下中国改革开放以来的经济增长是否是企业家创新驱动型的增长。

（一）非企业家创新驱动型增长

在计划经济时代，企业家才能完全被抑制了，或者说政府的投资替代了企业家的投资。[1] 自 1978 年改革开放开始，中国经济实现了高速增长，我们认为这种增长是由要素廉价的优势驱动的，而不是企业家创新驱动的。林毅夫用“比较优势”来说明我们建立在要素价格低廉之上的增长，但这种比较优势的产生并不能定义为是“发展战略”的转变，而是在放开国门之后自然而然就会出现的结果。这种要素价格优势在改革开放之前也存在，只不过改革开放之后，这种优势变成了现实。我们消除了商品流动的限制，占主体的国有资本为适应市场化的要求进行了改革，外资蜂拥而入，民间资本的积极性也被调动起来，中国被称为“世界工厂”正是要素价格优势被发挥出来的集中体现。

生产要素被配置到具有比较优势的生产过程中去，是我们过去高增长的主要原因，但是在这个过程中，生产要素是否被用于不确定条件下的企业家创新活动是一个关键问题。如果答案是肯定的，那么要素的配置效率就会持续地提高，经济也将保持持续的增长。然而我们发现，我们的生产要素并没有被用于企业家的创新活动当中。下面我们以“资本”这一要素为例 [2]，对外资、国有资本和民间资本这三种不同的类型逐一进行考察。外资促进了我国

[1] 政府投资为主导的增长是低效的。有数据表明，1953—1978 年间，中国大陆人均 GDP 年均增长仅为 4.0%，1952 年人均 GDP 为 53 美元，到 1978 年为 220 美元。台湾地区 1961 年人均 GDP 仅 154 美元，不到大陆同时期的 2 倍，到 1978 年其人均 GDP 已达到 1 604 美元，是大陆同时期的 7 倍（潘士远，金戈，2008：70）。

[2] 除了资本外，另一重要生产要素“土地”的配置主体是政府，明显不受企业家支配。

的经济增长是毋庸置疑的，中国经济增长最快的地区是外资集中的珠三角和长三角，但我们的生产要素只是外资的生产手段而已，而非创新元素。准确地说，外资并不会在我国从事企业家活动，而只是把我们的要素当做是实现既定计划的工具，因此被外资利用的生产要素其实并非真正意义上的“资本”，外资并不具有不断提升我国生产要素价值的动机[1]。经济的持续增长绝不可能依赖外资实现，十几年前南美经济发展的教训和最近越南的经济危机都已经证明了这一点，实际上鲜有依靠外资而实现经济腾飞的例子。

由于资本拥有主体是政府而不是企业家，国有资本本质上不是资本。占主体地位的国有资本对经济增长的贡献难以评估，国有企业在改革开放之后的很长一段时间里，总体上看都是资不抵债，对增长的贡献是负的。大规模改制以后，剩余的国有企业大都是垄断企业，所获得的利润并不是在不确定条件下获得的“企业家利润”而是“垄断利润”，这种利润的实现并不能说明对经济增长作出了多大的贡献。

相对于外资与国有垄断资本来说，民间资本的规模最小，受到的政策限制也最多，但民营企业家经过几十年的摸爬滚打，实力已经大大增强，民营经济在国民经济中所占的比重也越来越高。但是我们不能肯定民营企业家今后就能够承担起领导中国经济持续增长的重任。理由有二，首先，假如我们用“奈特—柯兹纳企业家”为标准来衡量企业家创新与否，就会发现多数民营企业家并非在“创新”，他们创造的利润并不是“企业家利润”，而只不过是“租的转化”[2]。当国内外存在明显的要素价格差、商品价格差和技术水平差时，中国相对发达国家就有“租”存在，只不过改革

---

[1] 外资为了占有利润，往往会人为地抑制当地企业的创新活动，使当地企业在技术、品牌和人才等方面依赖于外资，间接地阻碍本土企业的发展，如中国的汽车行业就是一个典型的例子。

[2] 可以用一个比喻来解释这里“租”的含义：好比是相邻的两块土地，当其中一块的价值上升时，另一块的价值相对来说也提高了，后者相对原来增加了的那部分价值就是我们所说的“租”。

开放前，这种“租”不能转化为现实的增长。在商品价格差、要素价格差与技术水平差都比较大的情况下，市场不确定程度较低，企业家不需要进行大量的“判断”和“发现”。我们不能肯定，当“租”由于国外经济衰退、原料价格上涨、人民币汇率升值以及本国劳动力价格上涨而消失时，我们的民营企业家是否还能获得利润。的确，最近一段时间，由于上述原因在沿海加工业比较发达的地区出现了大量企业经营困难甚至倒闭的现象，这充分说明很多企业家并不是在“创新”。其次，促进企业家创新的“制度”扩展滞后于经济的增长，这也构成了对企业家创新活动的制约，这是我们下一小节要具体说明的。

我们通过对资本和企业家创新性质的考察得出了中国过去几十年的增长并非是企业家驱动型增长的结论。实际上，其他学者所做的经验研究也得出类似的结论，如张军（2008）指出“经济增长更多地来自投资”。对于中国经济增长的解释，陈志武的观点与本文的观点相似，只不过他认为中国的经济增长是因为“搭上了全球化的便车”（李利民，2008），而本文认为经济增长是来自“租的转化”。

（二）自发制度的扩展仍然受到限制

促进企业家创新的制度并不是一开始就在那儿，也不是一蹴而就，而是企业家在竞争中逐步形成的。中国是一个转型国家，与原苏东国家不同的是，我们是渐进式的改革，程度逐渐提高的竞争逐步地释放了企业家的创新活力。假如在企业家竞争过程中，自发形成的制度也能逐步确立起来，那么企业家创新活动将不会被破坏，经济的增长也将会持续。如果说在前苏东国家的“休克疗法”中，阻碍企业家创新的制度一下子全部被拆光了，剩下的只是如何“保护”竞争中自发形成的制度的话，那么我们在企业家创新制度方面实际上面临着双重任务，一是要逐步清除计划经济时代遗留下来的不利于企业家创新的制度，二是要“保护”企业家竞争中自发形成的制度。其中前者是后者的前提，即不清除各种限制，自发的制度就无法形成。

我们看到，在改革开放之后的较长一段时间内，我们确实是朝着清除企业家活动障碍的方向在努力，企业家的活动空间扩大，如商品和人员流通的障碍已经大为减少。在经济增长的同时，自发形成的制度也在演进，两者相辅相成。但是我们遗憾地看到政府清除制度障碍的力度呈“边际递减”之势，而且近年来某种程度上反其道而行之，对企业家活动设置了人为的障碍，如能源等“重要行业”禁止企业家进入，价格管制越发严厉，以及占主体的公有产权被排除在企业家可配置的要素范围之外等。同时，企业家自发形成的制度没有得到有效的保护和尊重，自发形成的制度一旦与现行的法律相冲突就被禁止，典型的例子是前段时间“小产权”被禁止。

不难发现，凡是政府较少干预，主要依靠市场自发形成的制度来协调经济的地区，企业家创新活动就比较频繁（比如在浙江、广东及江苏，著名品牌的数量相对其他地区为多），经济增长也往往较快；而政府干预较多，自发制度的形成相对缓慢，企业家活动较少的地区经济状况往往差强人意。而且我们也发现，凡是政府较少干预，利用自发形成的制度来协调的市场往往发育较好；而政府干预较多，把自发形成的制度排除在外的市场往往停滞不前。义乌小商品市场与上海（深圳）的证券交易市场，同样都是“市场”，但发展的程度却有天壤之别。前者已是世界最大的小商品交易中心，从“鸡毛换糖”到成为“国际商贸中心”只用了二十多年时间，从形成到发展，完全是自发制度的产物。而上海（深圳）的证券交易所也已经有近二十年的发展历史，目前甚至连市场最基本的价格发现功能都还不具备。我们的资本市场发展滞后的根本原因在于，在这个市场中市场自发的制度没有得到尊重和保护，政府把这个市场当做某种工具。显然，这样的一个“政策市”不可能“发现”真实的要素价格，帮助企业家进行“经济计算”，指引企业家的创新活动。

四、结语

中国经济能否持续增长在于能否从要素投入型的增长转向企业家创新驱动型的增长。在本文中，笔者指出用熊彼特的“企业家创新”思想不足以说明经济的持续增长，而且他对企业家创新的理解存在局限。笔者提出的“奈特—柯兹纳企业家”概念，对企业家创新的内涵进行了深化，同时也回答了为什么经济的持续增长必须依赖企业家创新这一问题。有助于企业家创新的制度是企业家在竞争中内生地衍生出来的，具有自发性特征的制度与企业家创新相辅相成，而且是企业家创新的载体。为这种制度的扩展设置障碍，就是阻碍企业家创新，也就阻碍经济的持续增长。当前，阻碍企业家创新的制度障碍仍然存在，如国有企业行政垄断、行业准入的限制等。对我们政府来说，一方面要消除制度阻碍，让企业家参与垄断行业的要素配置，参与国有产权的重组；另一方面还要尊重企业家竞争中自发形成的制度，为这种制度的形成和扩展提供保障。

参考文献

1. Hebert，R.F. and A.N. Link，1988，*The Entrepreneur：Mainstream Views and Radical Critiques*，New York：Praeger Publishers.

2. Huerta de Soto，Jesús，1992，*Socialism*，*Economic Calculation and Entrepreneurship*，Compuesto y Maquetado por JPU GRAPHIC，S.L.

3. Kirzner，I. M.，1973，*Competition and Entrepreneur*，Chicago：The University of Chicago Press.

4. Knight, F.H., 1921, *Risk, Uncertainty and Firm*, Boston: Houghton Mifflin.

5. Solow, Robert, 1957, "Technical Change and the Aggregate Production Function", *The Review of Economics and Statistics*, Vol.39, No.3, pp.312－320.

6. Yu, Tony Fu-lai, 2001, *Firm, Government and Economic Change*, Northampton, MA: Edward Elgar Publishing.

7. Witt, U., 1992, "Turning Austrian Economics into an Evolutionary Theory", in B. Caldwell and S. Boehm (eds.), *Austrian Economics: Tension and New Direction*, Boston: Kluwer Academic Publishers.

8. 鲍莫尔，"创新的微观经济学：市场经济的增长引擎"，《南大商学评论》，2006（3），第122—136页。

9. 赫尔普曼，《经济增长的秘密》，北京：中国人民大学出版社，2007。

10. 李利民，"陈志武：对改革路径的再思考"，《经济观察报》，2008年2月16日。

11. 卢卡斯，《为何资本不从富国流向穷国》，南京：江苏人民出版社，2005。

12. 罗斯巴德，《美国大萧条》，上海：上海人民出版社，2003。

13. 米塞斯，《人的行为》，台北：远流出版事业股份有限公司，1991。

14. 潘士远，金戈，"发展战略、产业政策与产业结构变迁——中国的经验"，《世界经济文汇》，2008（1），第23—28页。

15. 熊彼特，《经济发展理论》，北京：商务印书馆，2000。

16. ——，《资本主义、社会主义与民主》，北京：商务印书馆，2006。

17. 张军，"30年来中国：经济改革与增长模式"，《社会科学战线》，2008（1），第4—16页。

资源要素租金与国有企业改革

——兼论重建“全民所有制”

张曙光*

提　要：本文在回顾和评述租金理论的历史发展中发现，租金问题实质上是资源要素价格问题，其来源和性质取决于所有权及其垄断。中国国有企业改革中国家与企业的利益分配关系、产权的交易和重组，以及经营者激励和企业家定价问题，都与租金的索取和分配密切相关。根据租金的来源和性质，文章还讨论了公共信托基金和信托机构的建立和运营问题，提出了重建“全民所有制”的观点和主张。

关键词：租金；要素价格；全民所有制

一、租金理论的文献回顾

在古典经济学中，租金理论占有非常重要的地位，从威廉·配第到重农学派，从亚当·斯密、大卫·李嘉图到卡尔·马克思，几乎所有的经济学家都有自己的地租理论。例如，斯密《国富论》的第十一章就是专门讨论地租理论的，李嘉图《政治经济学和赋税原理》第二章的标题是“论地租”，马克思的地租理论集中在《资本

* 北京天则经济研究所学术委员会主席。

论》第三卷第六篇“超额利润转化为地租”。尽管他们相互之间存在很多分歧，但在基本的方面奠定了租金理论的基础和内容，概括起来，主要有以下两个问题。

一是关于地租的定义及其来源问题。斯密正确定义了地租，明确指出，地租是“为使用土地而支付的价格”，而且是一种“垄断价格”。它虽离不开自然的作用，但却是土地所有权的纯粹结果。正是土地所有权及其垄断，土地的产品才能按照高于费用价格（马克思的生产价格）的价格出卖，地租才构成土地所有者的收入。

在斯密关于地租的定义中，所谓土地并非仅指用于农耕的土地，而是泛指自然力，不仅包括土地的自然力，而且包括水力和风力等一切自然力。斯密不仅考察了广义农业（农林牧渔）的地租，而且讨论了煤矿和宝石矿的地租。不过，这种考察都是以农业地租为基础，这一点在马克思那里表现得更为清楚。马克思以农业地租为对象把全部地租理论讨论清楚以后，才考察了建筑地段地租和矿山地租。

二是关于地租的形式和数量问题。地租的形式有两个方面，一个是它在社会生产发展的不同历史阶段所采取的形式，诸如劳动地租、产品地租和货币地租；一个是在它的发展形态上所采取的形式，即资本主义地租的形式，主要是级差地租的诸种形式。两类地租形式的考察各有其不同的目的和作用，前者旨在揭示地租及农业的历史发展过程，后者重在说明地租的数量及其决定因素。

古典经济学讨论的地租通常都是级差地租，如李嘉图认为，“地租总是使用两个等量的资本和劳动所取得的产品量之间的差额”，指的就是级差地租。也许对级差地租讨论得最清楚的还是马克思，他不仅区分了级差地租Ⅰ和级差地租Ⅱ，指出前者是基于肥力和位置而发生，后者是基于投资及其分配而生成，而且考察了生产价格不变、下降和上涨三种情况下级差地租Ⅱ的数量和地租率的变化。在这个基础上，进而说明了“最坏耕地也有级差地租”，提出和讨论了绝对地租问题，并指出其在真正的采掘工业中起着更为重要的作用。

如果说地租理论是古典经济学的重要组成部分，那么在现代经济学中，它的地位却一落千丈。现代经济学家很少专门讨论地租问题，也没有像样的地租理论。或者说，现代经济学家讨论地租问题的角度和方法与古典经济学有着根本的不同。其根本原因可能有二，一是由于边际革命及其带来的价值论的转向，二是由于市场制度的扩展，一切有用之物（包括人造之物和自然之物）都具有了商品和价格的形态。

大家知道，古典和现代经济学的分水岭是边际革命和随之而来的“方法论大论战”。虽然现代经济学的发展发生了分化，形成了新古典经济学和奥地利学派。两个学派在研究对象、研究方法和分析工具上虽然存在着一些差别，但由于两者均参与了边际革命，在价值论上是基本一致的。两者都否定了古典经济学价值论的客观成分，而接受和采用了效用价值论或者主观价值论；再加上社会经济的发展和市场竞争的形成，它们均将土地看做是与资本和劳动一样的生产要素，其价格的决定虽然要考虑时间偏好，但都必须按照其未来的预期效用来估价。因此，地租问题似乎没有单独讨论的必要，其理论地位自然明显下降，经济学家也很少关注。正如米塞斯指出的那样，“在李嘉图的经济学架构里，使用地租概念所处理的问题，实际上与现代经济学用边际效用分析[1]所处理的问题相同”，“李嘉图的土地分级评价说，完全容纳在现代生产要素价格理论中。这不属于客观地租理论，而是这个复杂经济体系给予它的特殊地位。级差租是一个普遍现象，而不限于土地价格的决定。在‘租’与‘准租’之间作诡辩性的区分完全没有必要。土地的效用以及其他生产要素的效用，都应该以相同的方法来讨论”（Mises，1949）。由此可见，在租金理论上，古典经济学和现代经济学

---

[1] 原文中有如下注释：Fetter（*Encyclopaedia of the Social Science*，XⅢ，p.291）说，这是“一个断章取义”的边际理论。

的最大区别在于，在前者，租金既被看成是土地的价格，又被看做剩余价值的构成部分[1]；在后者，租金被看做是要素的价格，是生产成本的构成部分。

需指出的是，米塞斯并未否定级差地租，认为“级差地租这个概念，大体上可容纳于主观价值论”，但却明确否定了绝对地租的存在，并指出，“李嘉图地租理论的最大优点，是认识到了边际土地不产生地租的这个事实。在这个知识基础上，只要再进一步就可以发现主观价值论的原理了。可是古典经济学家及其门徒都囿于‘实际成本’的观念而无法跨出这一步”。不过，有关价值理论一直存在着三种不同的立场观点，即客观价值论、主观价值论和主客观结合的价值论。虽然从效用价值论和边际分析的角度来看，绝对地租是不存在的，但现实的情况可能没有这么简单，特别是在矿业以及某些与资源环境相联系的现代经济现象中。因为地租是与土地所有权及其垄断联系在一起的，即使土地的价格按照与其他生产要素价格决定相同的方法形成，且不发生相对价格扭曲，还是有租金的索取和分配问题，更何况在很多经济中，相对价格扭曲的存在和作用还相当广泛。这是我们今天重提租金问题的主要原因。能为此提供依据的现代事实是，石油价格大涨，为什么其收益落入石油输出国的手中，可能与所有权及其垄断不无关系。

新古典经济学抛弃了古典经济学的制度分析内容，在充分竞争和完全信息的前提假定下，集中于资源配置的分析，因此，其主流学派对地租理论几乎没有什么论述。新古典制度经济学则讨论了地租问题，讨论的中心是地租形式对资源配置的影响，即定额租和分成租的制度效率大小同异的问题（张五常，2000），而不是地租的来源和分配问题。应当指出，作为分析人的经济行为和人与人经济关系的经济学，这种讨论是必要的和重要的，但是，地租的来

---

[1] 把租金看做是剩余价值的构成部分，这一观点在斯密和李嘉图那里不确定，有时是，有时不是，而在马克思那里，则坚定不移，这也是马克思与斯密和李嘉图的根本分歧。参见《马克思恩格斯全集》第24卷（Ⅱ）。

源和分配问题仍然是一个不可或缺的内容。

二、租金、税收和利润

租金、税收和利润是经济学的三个基本概念和基本范畴。[1] 在经济运行和发展中，三个范畴各有自己的意义作用和运行轨迹，不可含糊和混淆。租金是资源要素的贡赋或者价格，税收是公共管理的报酬，利润是资本投资的收益。从微观上来看，租金和税收都构成企业的成本支出，而利润 [2] 才是企业经营的最终成果和净收益。从宏观上来看，三个范畴对应着三个经济主体，租金的主体是资源要素的所有者，构成该主体的收入；税收的主体是政府，构成政府提供公共产品和服务的收入；利润的主体是投资者，构成资本投资者的收益。

在传统社会主义全民所有制经济中，政府既是资源要素的所有者，也是公共服务的提供者，还是唯一的投资主体。与此相适应，租金、税收和利润三个范畴是混在一起的，其基本的运作方式是利润全部上交，支出全部下拨，国有企业既不交租，也不纳税，三者的区分既无必要，也无可能。其之所以如此，除了三个主体的合一以外，可能还有这样几个原因：一是受自然经济观念的影响，传统社会主义经济理论把与商品货币和市场经济有关的租金、税收和利润等，统统看做资本主义经济范畴，因而在限制和消灭资产阶级法权的思想理论的指导下，租金、税收和利润都是应当而且需要消灭的东西，自然不必要加以区分和研究；二是受传统政治和权力的束缚，缺乏个人独立和自由的基础，全民所有非共同所有和人人所有，而是国家所有和政府所有，改革开放以来，全民所有制企业变成国有制企业没有遇到任何障碍就是证明；三是受理想主义

[1] 本文没有讨论工资范畴，从一定意义上来说，工资是劳动要素的租金和价格。
[2] 在财务会计中，利润分为毛利润和净利润，即税前利润和税后利润。

的驱使，夸大了人的主观能动性，混淆了自然赋予和人为创造的界限，把对自然的侵犯和掠夺当做人类的成功。

在市场经济中，租金、税收和利润三个范畴明确分开了，正如前面指出的那样，特别是在古典资本主义时代，租金范畴受到相当的重视，只是到了现代，相对于对税收和利润的高度重视和充分讨论，租金似乎退居到一个次要的地位，很少有关于租金问题的专门分析。除了上面讨论的价值论上的转型以外，其原因可能还有，一是随着市场的发展和完善以及私有财产制度的确立，资源要素及其价格的决定也完全市场化了。二是随着科学技术的进步，人们开发和利用自然的能力增强了，因此一方面，作为自然的贡赋，租金的地位和作用似乎下降了；另一方面，人们对租金的掠夺也增加了。三是随着政府权力的膨胀和资本势力的扩张，现代市场经济成为一种政府和企业、权力和资本统治的经济。收税的主体是政府，利润的主体是企业，而租金的主体相对分散且较弱，其结果是被强势主体瓜分了，不是作为政府的税收，就是作为企业的利润。所以，在现代经济学中，对税收和利润的研究和考察加强了，而有关租金的分析则削弱了，似乎不再是经济学关注的对象。

中国正在建立市场经济制度，如果说产品市场已经基本形成，产品价格已经市场化了，那么要素市场仍然存在着严重的国家垄断和高度的政府管制，要素价格还没有市场化。因此，资源要素租金问题仍然是一个重要的理论和实践问题，更何况，在社会经济的未来发展中，租金问题仍有其独立的价值和意义。

三、国有企业改革中的租金问题

30 年来，国有企业改革始终是中国经济体制改革的核心环节，其实施和进行包括三个相互关联的问题：一是国家与国有企业的利益分配问题，二是国有企业的产权改革问题，三是经营者激励和企业家定价问题。在我国目前的条件下，这三个问题都与租金有着密切的关系。

（一）国家与国有企业的利益分配关系

国有企业改革是从调整国家与国有企业的利益分配关系开始的，其第一步就是放权让利中给国有企业的利润分成。在放权让利的基础上，1983—1986 年实施了两步利改税，1994 年实行了分税制，暂免交利，名义上是利税合一，国有企业向国家交税，实际上把利润和税收两个范畴分开了。这主要体现在以下几个方面，一是明确了无论是国有企业还非国有企业，都必须向国家交纳营业税和所得税，从而结束了国有企业不纳税的历史。二是利改税后的国有企业在交税的同时，国家不再向国有企业投资，企业的资金来源采取了“拨改贷”的方式，企业用利润还贷，视同国家投资——虽然给不给贷款，政府仍然起着决定的作用。三是分税制主要是解决中央和地方的利益关系，鉴于当时国有企业的实际困难，《国务院关于实行分税制财政管理体制的决定》明确指出，“作为过渡措施，近期可根据具体情况，对 1993 年以前注册的多数国有全资老企业实行税后利润不上交的办法，同时，微利企业交纳的所得税也不退库”。由此可见，这不是取消利润范畴，规定国有企业只向作为行政管理者的政府纳税，不向它的所有者交利，而是暂免上交。因此，从利改税到分税制，是规范国家和国有企业分配关系的重要步骤。

然而，这一改革远未完成。其关键不在于税制本身尚不完善，而在于资源要素价格改革迟滞以及租金收取和分配上的扭曲，因为既有的改革虽然把税收和利润分开了，但是租金和利润仍然混在一起。随着改革的推进以及经济环境和经济周期的变化，国有企业从改革初期的亏损经营，暂免交利，变为目前的盈利大增，2007 年超过 1.6 万亿元。于是，国务院发布了《关于试行国有资本经营预算的意见》，财政部和国资委据以制定了《中央企业国有资本收益收取管理暂行办法》，规定从 2008 年起，国有企业要向国家上交利润。主事者将此看做是国有企业改革的进步，而笔者却认为，这在理论上是一种混淆，在实践上是一种倒退。其原因就在于《暂行办法》混淆了利润和租金，不仅没有进一步理清和规范国家与国有企业的关系，而且搞乱了已经规范了的国家与国有企业的利益关系。其理论依据有三：一、租金是资源要素价格，不是投资资本的收益，无论是国有企业还是非国有企业，只要使用资源要素，都必须向资源所有者交纳租金；二、租金，比如地租，有绝对地租和级差地租的区别，即使是非国有的土地，国家虽然不能参与绝对地租的分配，但可以参与级差地租的分享，这是由级差地租的来源决定的，国家参与土地增值收益分配的依据就在这里；三、国家收取租金的方式只能通过税收手段，不能采取上交利润的方式。弄清了这几个要点，现行办法不是前进而是倒退就昭然若揭了。我们花了30年的时间，好不容易把利润和税收两个范畴从理论和实践上分清了，《暂行办法》又把它们煮成了一锅粥。

也许，《暂行办法》的制定者会辩解说，他们考虑了实际情况，把上交比率分为三档：资源型国企上交的比率为10%，一般竞争性国企上交5%，军工、转制科研院所国企暂缓三年上交或者免交。其实，这种说法是荒谬的。作为国有企业投资者或所有者的国家与作为资源要素所有者和管理者的国家虽然是同一的，但在经济关系上却是不同的利益主体。作为国有资产所有者，国资委可以要国有企业上交利润，但无权收取国家的资源租金，因为国资委没有得到这样的授权。投资取利是资本所有者的行为，国有资本和私人资本没有任何不同，而收取资源租金是资源所有者的行为。在中国，既然资源主要是国家的，收租就是国家行为，不能混同于资本所有者的投资取利行为。

退一步讲，即使这里上交的全部是利润，不包含租金，也有个先后次序问题。从微观上来看，由于租金和税收构成企业的成本，不管有没有盈利，是在分配时应当先行扣除的部分，而且分配的比例是前定的。与此相反，利润是最后分配的部分，而且分配的比例一般是后定的，是股东和经营者讨价还价的结果。

更为重要的是，在中国国有企业的利润中，绝大部分是国有垄断部门的利润，大约占2/3。国有垄断部门的利润之所以那么多，一部分是现代产业经济学能够解释的，而另外一些则是现代产业经济学的理论解释不了的。

按照现代产业经济学的理论，垄断部门之所以能够取得超额利润，是由于它可以利用市场的垄断地位，把价格定在均衡价格之上。这样做一方面使产量减少，造成社会福利损失；另一方面把消费者剩余转为生产者剩余，变成垄断者的利润（图1）。这个问题在中国大量存在。电信部门的高收费和各种套餐就是明证。然而，仅靠这一点还不能完全解释中国的垄断问题。事实上，垄断部门也据此与政府讨价还价。两大石油公司向政府索要价格补贴，就是因为政府控制了成品油价格，政府也觉得自己理亏。于是，2005 年补贴 100 亿元，2006 年补贴 50 亿元，2007 年又补贴 100 多亿元。

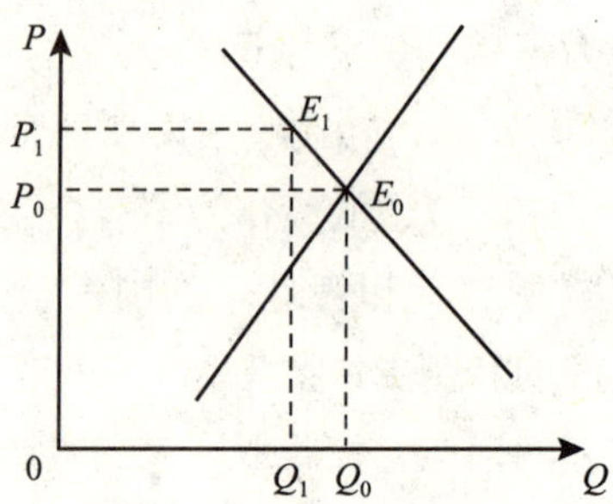

图1　经济性垄断的效应

在中国，国有垄断企业高额利润的第二个来源是资源要素低价。国家把具有巨大经济价值的资源无偿或者低偿授予垄断国有企业，只是象征性地收取很少的资源税和资源使用费。例如，我国农垦系统有国有农场 2 000 多个，占地 5.88 亿亩，全国大中型国有矿山企业占地 0.113 亿亩，均未上交地租。再如，我国的矿产资源属于国家，但《矿产资源法》没有有关资源租金的规定，虽然矿产资源使用费从原来的 8 —24 元/吨上调为 24 —30 元/吨，仍然只是九牛一毛。至于广播、电视、通信的频道资源和水力资源等，更是无偿使用。这就大大低估了垄断者的成本，实际上是国家对垄断国企的利益输送，可以称之为垄断租金（图 2）。因此，国有垄断企业的高额利润由两个部分构成：超额利润和垄断租金。据学者 [1] 估算，我国国有农场和大中型国有企业占有的土地租金加上煤炭、石油的资源租金约 3 796 亿元，如果再加上城市土地、其他矿产、电信频道、人文景观等资源，全部租金每年可达上万亿元。在少数垄断国企的利润占据国有企业利润绝大部分份额的情况下，有意无意地将利润和租金混在一起，用交利代替收租，其目的和作用只能是掩盖行政性垄断的实质。

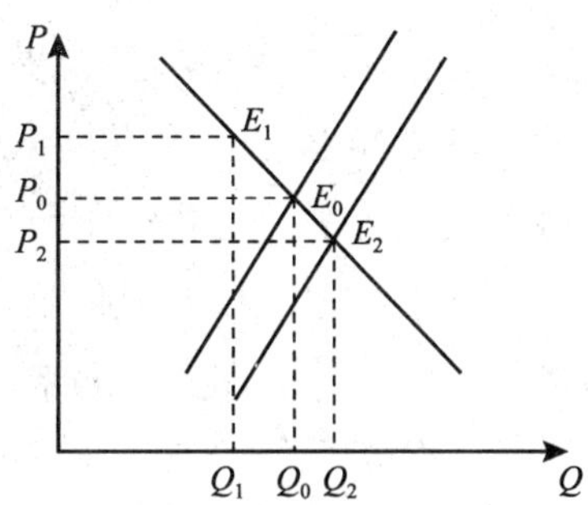

图 2　行政性垄断的效应

（二）国有企业的产权改革

从市场化的角度来看国有企业的产权改革，真正的突破体现在以下两个方面。

一是“抓大放小”和民营化。在改革开放的第一个阶段，随着非国有企业的发展，对国有企业形成竞争态势，国有企业由于机制

---

[1] 参见盛洪（2008）在北京天则经济研究所和《南风窗》杂志社联合召开的“自然资源产权的行使与保护”高峰论坛上的发言。

僵化，在市场竞争中败北，利润下降，亏损增加，国有资产出现了绝对贬值和相对贬值（赵晓，2003）。不仅如此，相对于大型国有企业，中小国有企业的竞争力更差，日子更难过，而绝大部分中小国有企业是地方企业，企业亏损增加了地方的财政负担。在“分灶吃饭”和分税制的财政体制下，地方从自身利益着想，积极寻求突破。1994 年各地开始“抓大放小”的改革，其中“放小”以山东诸城最为典型。1995 年“抓大放小”正式成为中央政策，并作为国有经济重组的战略方针，于是形成了一个国有企业民营化的高潮。“抓大放小”和民营化的结果是，一方面缩小了国有经济的范围，很多国有企业退出了竞争性领域；另一方面把一大批中小国有企业变成非国有企业，扩大了市场经济的基础，大大推进了市场化改革的进程。

二是股份制改造。在中国改革中，理论上提出实行股份制的思想比较早[1]，股票发行也是20 世纪 80 年代初出现的事情，股份制企业最先出现在农村乡镇企业中，民营企业和合资企业的股份化形式也不少见，但国有企业的股份化改造则是 90 年代中期以后的事情。改造是在出卖小型国企的后期发展起来的，而《公司法》和《证券法》的通过实施使其有了正式的法律依据，并从一般制造业企业发展到服务业企业，再到金融保险等特殊企业。四大国有商业银行改制上市就是国有企业产权改革中最突出的事件。应当肯定，不是国有资本的互相参股，而是让一部分外资和民间资本参股国有企业，将国有独资企业逐步改造成一种公众公司，是大型国有企业改革的重要途径。

国有企业的产权改革既取得了很大的成绩，也存在着不少问

[1] 1980 年，中共中央书记处研究室和国家劳动总局召开劳动就业座谈会，会上厉以宁教授第一次提出了股份制的思想，后来在《我国所有制改革的设想》（1986）一文中指出，所有制改革是中国经济体制改革的关键，股份制是国有企业改革的目标和方向。参见：厉以宁，马国川，“股份制是过去三十年最成功的改革之一”，《读书》，2008 年第 5、6 期。

题，同时也存在着很大的争论，其中最大的争论之一就是，是否存在国有资产流失的问题。这一争论不仅见诸各种报刊，而且几乎发生于每一次改革举措和每一笔国有资产交易之中，甚至也成为目前国有资产立法中争论的重要内容。肯定者认为，无论是“抓大放小”和民营化，还是股份制改造，很多是暗箱操作和内部人控制，再加上官员的寻租和腐败，成为某些人士反对国有企业改革的重要依据。[1] 因此，在目前的制度条件下，“贱卖论”有着很大的基础和市场。反对者认为，在市场已经发展了的条件下，按照企业的市场价值进行并购、重组和股权交易，不存在国有资产流失的问题。有的国有企业老总还公开声明，他们企业的股份制改造和产权交易不仅没有发生资产流失，反而还大赚了一笔。[2] 应当指出，在目前的制度条件下，国有资产交易中的寻租和腐败现象严重存在，且合法和非法的行为交织在一起，但这一问题超出本文论题的范围。笔者只想指出，争论双方虽然针锋相对，但价值判断多于实证说理，因为双方均未涉及影响企业市场价值的因素问题，也没有提出一个判断的标准和参照。

应当明确，企业的市场价值取决于企业未来的预期盈利能力和现金流，除了企业的行业特征、市场定位等技术交易结构以外，税收和租金也是影响企业价值的重要因素。这两者都直接决定着企业利润的大小，高税率和高租金都会降低企业的市场价值，而低税率和低租金都会扩大企业的市场价值。从我国目前的情况来看，虽然统一内外资企业所得税税率的法律已经通过，但仍处在过渡期，低估内资企业市场价值的问题依然存在。而资源要素价格的市场化问题尚未完成，租金问题也没有明确提出和解决，我们就无法有一个正确评估企业价值的基础和和前提，一方面人为地高估了

[1] 参见：郎咸平，“在‘国退民进’盛筵中狂欢的格林柯尔”，http：//finance.sina.com.cn/t/20040816/1202951523.shtml，2004 年 8 月 16 日。

[2] 参见：郭树清，“驳国有银行改革‘三论’”，http：//www.licaihome.com/html/yinxing/yinxingzixun/20070518/33822.html，2007 年 5 月 18 日。

企业的市场价值，另一方面也增加了合资后外（私）方的利润分享。

（三）经营者激励和企业家定价问题

除了国家与国有企业的利益分配关系和产权问题以外，国有企业改革中还有一个与此密切相关的问题，即经营者激励和企业家定价问题。由于这一问题不像前两个问题那样尽人皆知，特别是行权后的收入分配是高度机密，有必要介绍一点基本情况。

就激励机制而论，国有企业的问题不仅是激励严重不足，而且是激励机制存在很大的扭曲，而激励不足也与激励机制扭曲高度相关。问题主要表现为轻重不分，本末倒置，激励与贡献和绩效不相关，特别是重一般职工激励，而轻经营者激励；重短期激励，而轻长期激励。这主要是由于我们在理论认识和政策指导上，仍然把经营者看做是政府官员，不是依靠制度的力量，而是依靠政治觉悟和道德说教进行管理。

股票期权是经营者激励和企业家定价的重要方式（张剑文，2001）。随着国有企业产权改革的推进，特别是大型国有企业的股份制改造和股票上市，经营者激励和股票期权制度也提上了日程。其最重要的政策突破是，1999 年中共十五届四中全会《关于国有企业改革和发展若干重大问题的决定》指出，国有企业要“实行经营管理者收入与企业经营业绩挂钩，少数企业试行经理（厂长）年薪制，持有股权等分配方式，可以继续探索，及时总结经验”。于是一些知名央企据以设计了股权激励方案。开始时，除了从国外招聘的经营者，这些股票期权不过是画饼充饥，被称为“名义期权”，即先签订一个期权协议，再签订一个补充协议，承诺“不主动行使”。不过政策也没有规定不能行使，于是行权不行权就成为各个公司自己的选择。初期，以中石油董事长马富才、中石化董事长李毅中、中海油董事长卫留成、中银香港董事长刘明康为首的上市国企管理层，均未行使相关的股权激励，甚至明确表示放弃行权。因为，当时这类收入不多，而且在他们看来，这些收入不属于个人而属于国家，或者放弃这些收入是他们获得更高职位的机会成本。有的曾将此称作“小公账”，有的设立了“中央基金账户”，中银香港前总裁刘金宝曾因私分三亿元的“小公账”而获罪。

2000年《关于深化国有企业内部人事、劳动、分配制度改革的意见》提出，对有贡献的企业专业技术人员，可以实行“关键技术折价入股和股份奖励、股份（股票）期权等分配办法和激励形式”。财政部选择中关村高新技术企业作为持股和期权制的试点，2001年前后，又批准中国联通等几家海外上市公司作为“期权试点”，并同意相关人员行权。到2004年以后，国际资本市场对于中国概念股给出令人咂舌的“溢价”，对期权享有者来说，收入也相当可观。于是，各公司高管也开始认真对待股权激励。经过经营者的巧妙安排和制度创新，股票期权不仅“画饼成真”，而且形成一股汹涌的行权浪潮，有的甚至顶风行权。于是，除了令人瞠目的在职消费以外，国企高管的薪酬也如脱缰野马。资料显示，2002年中央国企主要负责人的实际平均薪酬与职工平均工资的差距是12倍，2003年扩大到13.5倍。广东省情调查研究中心发布的《2006年省情调查报告》指出，有的企业经营者自定薪酬，有的企业实行股权激励，高管年薪超过数千万元。中移动1997年推出股权激励计划，激励范围从最初总公司董事、高管扩大到分公司高管和其他雇员，2005年开始大规模地行权，当年动用32.455 6亿港元行权，相关收益约为38.614 4亿港元；2006年分六批行权，行权资金约39.936 8亿港元，相关收益达26.806 4亿港元；2007年仍然分六次行权，累计行权涉及资金16.591 4亿港元，由于股价飙涨，相关收益创纪录地达到42.342 7亿港元。[1] 历年来，这家公司经理人员共动用100.671 4亿港元认购期权3.539 5亿股，以行权时的市价计算，相关收益高达111.219 6亿港元。

[1] 参见：温秀，明叔亮，“国企行权潮”，《财经》，2008年第13期，总第214期。

面对这种情况，监管部门试图加以限制，2006 年 3 月 1 日和 9 月 30 日，国资委分配局先后发布和实施《国有控股上市公司（境外）股权激励试行办法》和《国有控股上市公司（境内）股权激励试行办法》，据此期权（或股票增值权，下同）授予不得超过公司股本总额的 10%；期权每两年授予一次，授予后两年内不得行权；授予对象为公司高管人员和核心技术骨干，预期股权激励收益水平原则上应控制在其薪酬总水平的 40% 以内，等等。然而，事与愿违，管制与反管制的斗争愈演愈烈。2007 年 10 月，国资委再度下发《关于严格规范国有控股上市公司（境外）实施股权激励有关事项的通知》，2008 年 7 月又发布了《关于规范国有上市公司实施股权激励有关问题的补充通知》（征求意见稿），为此设定上限封顶，规定激励对象的收益占本期股票期权授予时薪酬总水平，境内上市公司和境外 H 股公司不得超过 40%，境外红筹公司不得超过 50%，超过上述规定尚未行权的股票期权不再行使。与此同时，中纪委也发布《国有企业领导人员违反廉洁自律“七项要求”适用于〈中国共产党纪律处分条例〉若干问题解释》，对国企老总违规自定薪酬要进行党纪处分。其实，限制行权和期权封顶也与奖金封顶一样是管不住的，党纪处分也不能解决这样的问题。

在这里，我们遇到了与国有企业并购重组和股权交易中相同的问题。当资源要素低价以及租金和利润还混在一起的时候，成本低估，利润虚增，经营者把资源租金变成了企业利润，变成了自己的经营业绩，因而股票期权制度缺乏必要的基础和依据。这不仅加剧了社会不公，而且破坏了股票期权制度的声誉。然而，有关部门不从根本上考虑问题，在放开资源要素价格以及推进租金和利润分离的基础上，先把租金收回来，再解决利润的分配问题，而是迷信于行政权力，将一个重大的制度改革问题变成一个简单的操作技术问题，以为设定行权期限、比例和上限之类的东西就能解决问题。这样的股票期权制度必然走样。不仅如此，在国有企业治理结构不完善的情况下，由内部董事制定的股权激励计划也不可能是合理的。

四、公共信托基金和重建“全民所有制”

资本主义既是当代最有效的社会经济体制，也是贫富分化、社会不公、生态破坏等各种社会经济问题的根源。因此，如何能够一方面保持资本主义的效率，另一方面又能减少和消除资本主义的弊端，就成为当代人类思想和实践面临的最大难题。事实上，人类在这方面进行的理论探索和社会实践都取得了一定的成果。

资本主义效率来自于利润最大化的制度基因和制度设计，而资本主义的弊端也是其本质使然，因此，解决的办法不是打倒它，摧毁它，而是改造它，完善它。美国学者彼得·巴恩斯的新著《资本主义3.0——讨回公共权益的指南》，对此提供了一套理论解释和行动方案，值得人们高度关注。其基本思想是，用公共资源建立公共权益信托基金，以全人类及其后代和其他物种为信托受益方，形成企业、政府和公共信托机构三足鼎立和相互制衡的社会结构，就可以达到升级资本主义的目的。无独有偶，比利时鲁汶大学教授菲利普·范·派瑞斯（Philippe Van Parijs）发表了《基本收入——21世纪的一个伟大而朴素的思想》的论文，进一步论述了“基本收入计划”，指出“基本收入”[1]是指一个政治共同体向其所有成员支付的一项收入，该收入以个人为基础，没有经济状况审查和工作要求。这一主张正在成为“整个欧盟中史无前例并迅速扩展的公共议题”。与此遥相呼应，在国内，崔之元（2008）首先提出了建立“中国人民永久信托基金”的设想，主张把166家中央国有企业利润的50%作为本金。这些都具有重大的理论和现实意义。

此外，三位学者都提到了美国阿拉斯加州的试验和经验。1968

[1] 又称“区域分红”、“国家红利”、“人头基金”、“公民工资”、“全民利益”等。

年，阿拉斯加普拉德霍湾在政府拥有的土地上发现了大油田，次年政府租赁油田所得收入达9亿美元，相当于建州十年的财政总收入。1980年州议会通过州长哈蒙德的提议，建立永久基金，将每年及前四年平均下来的永久基金投资净收入的50%发给在该州居住满6个月以上的居民。1982年秋冬两季40万居民每人得到一张价值1 000美元的分红，此后每年分红，多少不等。2000年市场看好，每人分红1 963.86美元，基金市值284亿美元。

建立公共信托基金和信托机构的主张肯定会得到绝大多数人的拥护和支持，成为一个世界性的潮流，对此笔者深信不疑，应该只是时间早晚的问题。但问题的关键在于，这样的信托机构如何建立，信托基金本金或者资产从何而来？

公共信托基金是全体人民的资产，人人都有共同且排他的所有权，其实质和要害是人人都能够周期性地平等地按时分享资产收益。这是一种真正意义上的全民所有制。它与人人都是名义上的所有者、但人人都无法享有资产收益的传统社会主义全民所有制有着根本的区别。从这个意义上来说，建立公共信托基金和信托机构，实际上就是重建“全民所有制”。根据现有的经验，这种全民所有制既可以有全国性的，也可以有地区性和社区性的；既可以有综合性的，也可以有专业性的。也许社区性和专业性的实践可能会先于全国性和综合性的。它的建立既离不开理性的设计和建构，也是一个自发演进的过程和结果。

关于信托基金本金或者资产的来源，前述三位学者均有论述，但都有可讨论之处。从理论上来说，崔之元先生的主张可改进之处在于，企业利润是资本投资的收益，虽然央企的投资来自于全体人民，但实际的投资主体不是每一个人。不仅如此，更为重要的是，企业利润是一个不确定的量，经营好时有利润，经营差时就会亏损；经济扩张时利润会多，经济收缩时利润就可能减少。改革初期国企普遍亏损而目前国企又大量盈利就是证明。菲利普·范·派瑞斯教授主要讨论了基本收入如何按人头分配，而基本收入全部来自税收。这里的问题是税收来源仍然与利润连在一起，利润多税收就多，利润少收入就少。由于征税要由政府实施和操作，独立基金机构的发展就会受到限制，政府仍然会在“援助之手”和“剥夺之手”之间来回晃荡，政府和企业两极对峙或者合谋仍然是一种不稳定的社会结构。彼得·巴恩斯的理论解释和行动方案更有价值，问题是可能宽泛了一些，不同的制度背景和社会实践也许会有不同的特征和问题。

根据本文的思想，公共信托基金本金或者资产的来源也许以租金的收取为好。前文已指出，租金是自然的贡赋和资源要素的价格，但却是垄断的产物。在中国，宪法规定，自然资源属国家所有，其实就是全体人民所有，资源要素租金是全民的资产，理所当然地构成公共信托基金的来源，其收益由全体人民平等地分享，即人人有份，定期发放，就是顺理成章的事情。由于资源要素价格进入成本，与企业是否盈利无关，不仅收入比较稳定，而且可以先行分配和支取。不仅如此，由于租金是垄断的产物，所以凡是可以垄断的东西，都可以构成公共信托基金的资产和本金，比如，排污权就可以归信托基金机构所有，向企业拍卖，所得收入就成为基金收入。这样一来，租金的概念范围也许就有了新的内容，公共信托基金的资产或者本金也就有了源源不断的来源。随着公共信托基金机构的发展，现代社会将会出现第三个重要的经济主体，与企业和政府一起形成三足鼎立之势，市场社会结构失衡的问题也许可以得到解决。也许，这正是中国特色的社会主义和市场经济之路。

参考文献

1.Mises，1949，*Humam Action*，New Haven：Yale University Press.

2.Van Parijs，Philippe，2004，“Basic Income：A Simple and Powerful Idea for the Twenty-first Century”，*Politics & Society*， vol.32, no.1, March: 7 - 39.

3.彼得·巴恩斯,《资本主义3.0——讨回公共权益的指南》,海口:海南出版公司,2007。

4.崔之元,“设立‘中国人民永久信托基金’给全国人民以财产性收入”,《上海证券报》,2008年3月3日。

5.大卫·李嘉图,《政治经济学和赋税原理》,北京:商务印书馆,1972。

6.卡尔·马克思,《资本论》,《马克思恩格斯全集》第23卷,北京:人民出版社,1972。

7.厉以宁,“我国所有制改革的设想”,《人民日报》,1986年9月。

8.盛洪,“国有自然资源产权的行使和保护”,“自然资源产权的行使与保护”高峰论坛发言PPT打印稿,2008。

9.亚当·斯密,《国民财富的性质和原因研究》,北京:商务印书馆,1972。

10.张剑文,《公司治理与股权激励》,广州:广东经济出版社,2001。

11.张曙光,“先收租,后交利,收租与减税并行”,《中国经济观察》,2008年总第13期。

12.张五常,《佃农理论》,香港:花千树出版社,2000。

13.赵晓,“竞争、公共选择与制度变迁——从‘抓大放小’看体制转轨中政策效率改善的原因”,《中国社会科学评论》(香港),2003年第二卷第一期。

经济增长与经济波动

——奥地利学派视角下的中国宏观经济

刘宪法*

一、引言

按照主流宏观经济学传统，经济增长属于长期问题，经济周期属于短期问题，长期问题与短期问题的分析观察视角不同，所采用的分析工具也不同。分析长期问题，所关注的是决定和影响经济增长的生产要素投入及其利用效率，即所谓的技术进步的变化；而分析短期问题，所关注的是决定和影响经济周期及经济波动的需求总量、价格总水平、货币等因素的变化。近二十年来，国际主流经济学的发展趋势是试图打破这种二分法的分析范式，力图将短期问题与长期问题放置在一个统一的框架下进行研究。真实经济周期学派的迅速崛起就代表了这一发展趋势。然而，在分析现实宏观经济运行的场合，从总供给方面研究经济增长问题，而将一些短期变量如价格总水平、货币等视为中性；从总需求方面研究经济波动问题，而将长期供给曲线视为外生给定的变量。以这种二分法研究宏观经济分析，仍然是当前主流的分析范式。

* 综合开发研究院（中国 · 深圳）宏观经济研究中心主任。

纯理论的探讨这里先姑且不论。从实践应用的角度看，应用这种二分法的宏观经济学范式去分析现实宏观经济运行问题，并将其作为政策设计的依据，其中最大的弊病或者说危害是，保持长期经济可持续增长与熨平短期经济波动很难协调。短期内，政府干预市场的行为确实可以减少经济波动的振幅，但是这种短期的政府干预是以牺牲市场运行效率为代价的。减少短期经济波动的振幅所换取的是更大的经济周期性波动，因此，这种经济增长是不可持续的。当前的中国经济就面临着这样的问题。

本文首先介绍美国现代著名的奥地利学派宏观经济学家 Roger Garrison 以资本为基础的宏观经济学（capital-based macroeconomics)，然后运用其提出的分析框架，对当前中国经济的增长与波动问题进行探讨。

二、以资本为基础的宏观经济学

（一）生产过程与资本结构理论

奥地利学派的创始人卡尔·门格尔给现代奥地利宏观经济学留下的最重要遗产是，其所提出的并由其学生庞巴维克进一步发展的资本结构或生产过程理论。按照卡尔·门格尔的理论，现代市场经济或者说资本主义经济的典型特征是使用资本的市场经济（capital-using market economics)。奥地利宏观经济理论与现代宏观经济理论的本质区别之一是：现代宏观经济理论将市场经济的生产看成一个投入产出过程，在这个过程中所发生所有的事情，都用一个抽象的黑箱子式的生产函数来刻画；而奥地利经济学将生产视为在时间上继起的一系列的投入产出活动，中间产品以最初产品为投入要素，最终产出以中间产品为投入要素。总之，最终产品是一系列的生产活动的结果。生产过程在时间上的继起性，就决定了产品不单纯是一个总量的概念，产品是分级的，每种产品都有不同等次的级，即产品的等级（orders of goods）。消费品是第一等级的产品，作为消费品生产资料的产品是第二等级产品，作为生产消费品生产资料的产品是第三等级的产品，依此类推，产品等级按次序升高。在生产阶段上，离最终消费品越远的产品级别就越高，按门格尔的语言叫“高级财货”。除了消费品即第一等级的产品外，其他所有的产品实际上都是资本品。由于各资本品所处的生产过程的阶段不同，其产品等级就不同，不同等级的资本的组合就构成了资本的结构。

对于门格尔来说，资本品不仅是分等级的，而且是资本品之间是互补的。资本品的有用性与资本品的互补性有很大的关系。这是说某一资本品往往是不能单独发挥作用的，必须与其他资本品联合一起，相互补充。而且，现代工业社会的生产方法是多样化的，某一资本品作为生产要素不可能是唯一的，必定存在着若干的替代资本品。如果我们只拥有生产面包的面粉、其他材料和生产面包的工具设备，但我们没有燃料、水，那么生产面包的资本品就“丧失了其财货的性质”（门格尔，2001：9）。

门格尔的资本理论可以用门格尔两大定律来概括：门格尔第一定律——资本品的价值受消费品的价值所制约，高级资本品的价值受低级资本品的价值所制约；门格尔第二定律——资本品的价值受是否能够支配与其相互补的资本品的制约。

门格尔的资本理论是门格尔价值理论的一个有机组成部分，之后哈耶克将门格尔的资本理论引入宏观经济层面，加以发展，并将其一般化，从而成为现代奥地利宏观经济理论的重要基础。哈耶克用图形来表示门格尔的资本理论，这就是著名的“哈耶克三角形”（Hayekian Triangle，图1）。

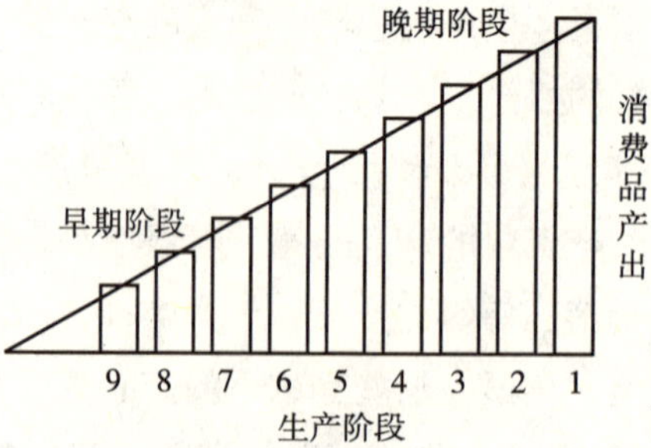

图1 哈耶克三角形

按照“哈耶克三角形”的表述，假设消费品产出要分为时间上继起的9个阶段，第1阶段是消费品的生产阶段，第2—9阶段属于资本品生产阶段，阶段的数字越大，表示资本品生产的等级就越高。这里所说的资本品的等级是指与消费品生产阶段的时间距离，而不是指资本的技术上的高级程度。例如，在《我，铅笔》的故事中，生产铅笔的原材料，砍伐雪松就是最高级的资本品生产。应该指出，对资本品按照其生产阶段划分等级，这只是在研究和叙述上的方便，在现实经济生活中，各生产阶段实际上是相互交错的，甚至是循环的。例如，砍伐雪松所需要的锯、斧子、卡车，是比砍伐雪松更高级的资本品，而设计锯、斧子、卡车图纸所用的铅笔，又是比锯、斧子、卡车更高一级的资本品。这种资本品等级循环的性质，曾遭到一些主流经济学家如奈特的诟病。但“哈耶克三角形”与其他经济学理论模型一样，只是对经济活动现实的一个抽象的概括。一般而言，可以这样认为，原材料的生产阶段最早，设备工具类的生产次之，消费品的生产最晚。

由于“哈耶克三角形”对资本的描述是按生产阶段继起的时间划分的，所以也就赋予了资本的时间结构。生产过程越长，资本的时间结构就越复杂。

另外，“哈耶克三角形”也清晰地描述了价值增值过程。特别要强调的是，这个价值增值过程决不是生产成本在不同生产阶段上的叠加或加总，生产过程也不是一种纯粹技术上的投入产出关系。在奥地利学派看来，纯粹技术上的投入产出关系对经济学来说是没有意义的，生产过程实质上也是一个市场过程，这个市场过程可以是外部的市场，也可以是企业内部的市场。同时，奥地利学派是彻底的主观价值论者，产品价值是由人们的主观判断、最终是由消费者偏好和购买意愿所决定，产品价值与产品的投入成本无关。因此，“哈耶克三角形”所描述的价值增值过程，实际上反映了企业家对产品的市场价值的预期。具体地说，当处在第N阶段如第3阶段的企业家预期其生产的产品是有利可图的，如图1中第3阶段柱状图描述了预期第3阶段产品的未来市场价值所达到的高度，处在第N阶段的企业家就会向第$N+1$阶段的企业家购买所需要的产品，作为其投入要素。他对第$N+1$阶段产品的主观评价一定要低于对第N阶段产品市场价值的预期，否则他就无利可图了。处在第$N+1$阶段的企业家同样要做出对其产品的市场价值的预期，如果处在第$N+1$阶段的企业家所预期的市场价值正好与处在第N阶段的企业家的主观评价相吻合，那么他们之间的交易就可以顺利达成了，否则交易就会受阻。

生产过程与资本结构理论的宏观经济含义是：

第一，经济增长是由生产过程的长度所决定的。典型的资本主义生产是间接生产，生产更多地采用“迂回生产”（roundabout production）的方式，而不是直接生产过程。随着生产过程的不断延长，越来越多的技术引入到生产过程中，各种物理的、化学的、生物的力量或动能为人们所利用，同时，分工也越来越细化，产品也越来越多样化，这时经济增长也就发生了。用“哈耶克三角形”表示经济增长过程，那就是三角形的底边越长，三角形面积就越大。如图2所示，低增长的生产阶段分为7个阶段，高增长的生产阶段则延长至9个阶段。另一方面，生产过程的延长实际上就是不断投资、资本积累的过程，是经济的资本密集化过程。

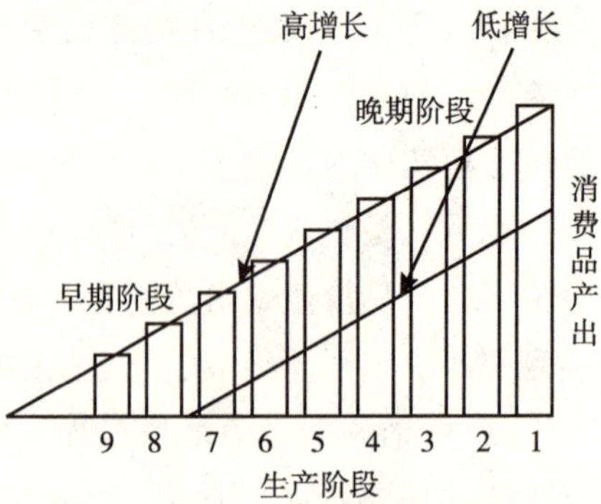

图 2　反映经济增长的哈耶克三角形

生产过程延长推动经济增长，与主流经济学所说的投资推动经济增长，实质上是一回事。但是，主流经济学着眼于投资总量或资本形成总量对经济增长的拉动作用，而奥地利学派关心的不仅是投资总量，即“哈耶克三角形”的面积，而且更关注资本品在各个不同生产时间段上的分配，或者说是资本品的时间结构。

同时，生产过程的不断延长过程也是技术进步水平的不断增进过程。在宏观经济层面，技术进步表现为投入要素的配置效率和利用效率的提高，即投入产出比提高。用“哈耶克三角形”表示，同等数量的最终消费品产出的条件下，投资总额减少，也就是三角形面积缩小（图 3）。

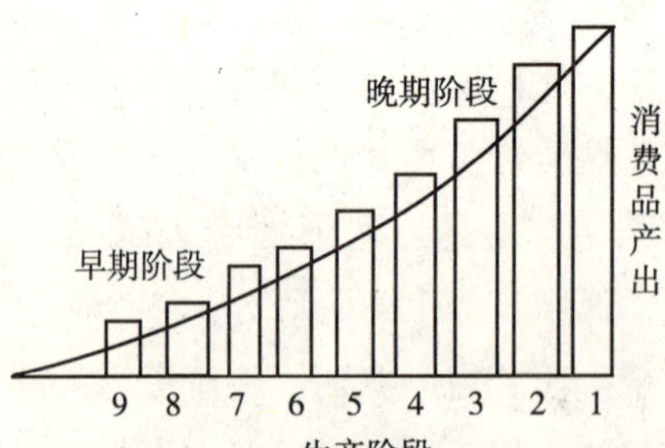

图 3　反映技术进步的哈耶克三角形

第二，最终消费需求决定投资需求，生产过程决定投资需求结构。按照奥地利宏观经济学范式，总需求由最终消费需求和投资需求构成，其中投资需求属于引致需求（derived demand）。根据门格尔第一定律，对处在不同生产阶段上的资本品的需求均是由最终消费需求所拉动的。最终消费需求是由消费者的主观偏好和预算线所决定，在这一点，奥地利学派与主流的微观经济学中的消费者行为理论并无二致。但是，对于资本品来说，其需求是由处在下一生产阶段的产品或者说更低一级的产品需求所决定，即由其所引致的需求。由于各资本品处在不同的时间段上，从资本品的投产到最终消费的市场价值的实现，要经过一段的时间过程，所以这种引致需求实际上是企业家预期的市场需求，而不是现实的市场需求。

第三，资本结构的复杂化或生产过程的延长化，决定了经济波动是不可避免的。如上所说，引致需求是企业家对未来市场预期的需求。在现代市场经济，企业家对未来市场的判断依据是市场价格信号。然而，价格信号所能反映的只是即期市场需求，即使假定我们面对的市场具有充分效率，无信号失真，无价格扭曲，市场也不能对未来的需求作出准确无误的反映。在这种情况下，企业家发现市场的作用就可以充分显现出来了（Kirzner，1997）。

然而，再精明的企业家也是人，既然是人，必然具有不可救药的无知的一面。生产过程越长，对引致需求的预测就越困难，也就是说，跨期协调越困难，从而导致跨期不均衡。同时，根据门格尔第二定律，资本品不仅存在着时间结构问题，而且存在着互补品的结构问题，资本品一旦出现互补结构的失调，其价值也不能在市场上充分实现。当市场普遍出现结构性失调时，经济波动就不可避免地要发生。

对于资本的时间结构决定了经济波动是不可避免的这一命题，奥地利学派主要代表人物如米塞斯、哈耶克、罗斯巴德、柯兹纳等一直强调得不够。在奥地利学派那里，市场加企业家可以自动解决市场失调问题，因此，市场失调只是局部现象，不可能是普遍现象（罗斯巴德，2003）。即使存在经济波动，在市场机制的自动调节下，经济波动将被限制在较窄的通道（corridor）之内（Garrison，2005）。但是，资本主义经济发展史清楚地告诉我们，自从人类社会进入资本主义以来，经济波动一直与资本主义经济相伴相生。自由竞争的马克思时代是这样，混合经济的凯恩斯时代也是如此。这也是马克思主义和凯恩斯主义能够分别成为东西方主流意识形态的重要原因，也正因为如此使奥地利学派不能得到主流经济学界的普遍认同。

当然，也有部分奥地利学派学者如拉赫曼及其追随者 Lewin 看到了，资本的时间结构和企业家对未来预期的不确定性决定了经济波动是内在于资本主义经济之中。由于资本结构的异质性产生市场的非均衡，并由此所引起的经济波动是资本主义常态特征（Lewin，1999）。

虽然说经济波动是不可避免的，但是一般的经济波动演变成为大的经济波动即经济周期——米塞斯—哈耶克模型将其称为商业周期（business cycle），则完全由另外的因素造成，那就是人为的货币信用扩张。

（二）货币与信用理论

可以这样说，奥地利学派的资本结构理论是以微观经济为基础的产品理论，所刻画的是产品市场的总量及其结构。但是在资本主义经济中，产品在市场的交换离不开货币，资本品在不同继起的时间段上的分配更离不开货币市场对时间价值的计算。货币本身就是一个总量的概念，货币与信用理论是奥地利宏观经济学的另一个理论支柱。

奥地利学派的货币与信用理论由米塞斯创立，之后 Horwitz（2007）将米塞斯的货币与信用理论与威克塞尔的自然利息理论结合在一起，综合成为货币不均衡的宏观经济学（macroeconomics of monetary disequilibrium）分析框架。

如前所述，在资本结构形成过程及资本品市场中，资本品的等级不同，其所处的生产过程的时间段就不同，而且各阶段的资本品的投资周期也不同。这就存在一个跨期协调问题，存在着资源如何在当期消费与未来消费即储蓄之间的分配以实现跨期均衡（intertemporal equilibrium）的问题。在现代市场经济中，跨期协调是通过货币市场包括资本市场来实现的，跨期均衡则反映为货币市场的均衡。

与主流宏观经济学相类似，货币总收入由两部分构成：消费资金和储蓄。在现代市场经济中，储蓄可以很顺利地通过货币市场转化为可信贷资金，因此，严格地说，货币市场应该称为可信贷资金市场。在可信贷资金市场上，储蓄是可信贷资金市场上的供给方，投资是可信贷资金市场上的需求方。可信贷资金市场的供需状况通过利率机制来调节。对于储蓄方来说，利率反映的是时间偏好或者说是时间折现率。时间偏好程度越高，人们认为当前消费与未来消费的差异越大，其利率就越高，反之则相反。这种由时间偏好程度所决定的利率被称为"自然利率"(natural rate)。自然利率决定了消费与储蓄的比例，决定着可信贷资金的供给。当市场利率高于自然利率时，储蓄增加，反之则相反。对于投资方来说，利率取决于投资者的预期边际利润率，在投资者的预期边际利润率一定的情况下，市场利率越低，其支付的成本就越低，投资者对资金需求量就越大。图4反映了可信贷资金市场的供需均衡状况。

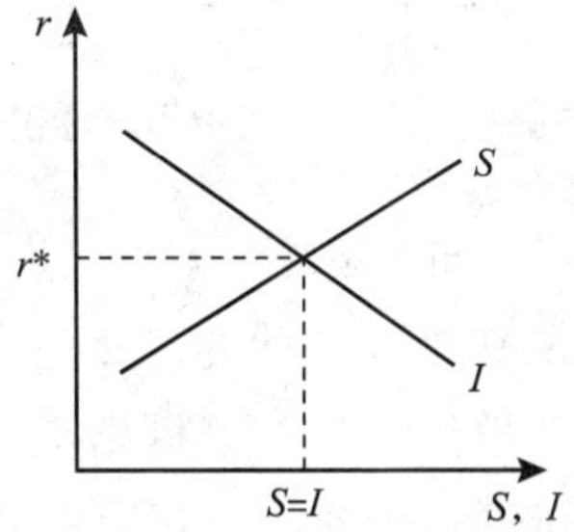

图4　货币市场供需均衡

如果资本的价格即利率完全是由市场自动决定的，那么市场利率等于自然利率r^*，这时货币市场处于均衡状态，可信贷资金等于所需求的资金，储蓄S 等于投资I（Horwitz，2000）。由于自然利率能够充分反映货币市场上资金的稀缺程度，为投资者计算投资的机会成本提供了可靠的依据，所以可以减少投资者计算预期投资风险和收益的失误。

然而在以中央银行为主导的现代货币信用体系下，就有可能出现市场利率与均衡利率不一致的情况，导致货币市场失衡。在这个体系下，中央银行控制着基础货币的供应量，并通过商业银行的信贷活动，利用货币乘数效应放大货币供应量 ΔM 。如果中央银行采取扩张的货币政策，社会信用总量就会扩大，增加了可信贷资金，市场利率r 将降低到自然利率r^* 的水平之下；如果中央银行采取紧缩的货币政策，社会信用总量就会缩小，减少了可信贷资金，市场利率r 将提高到自然利率r^* 的水平之上（图5）。

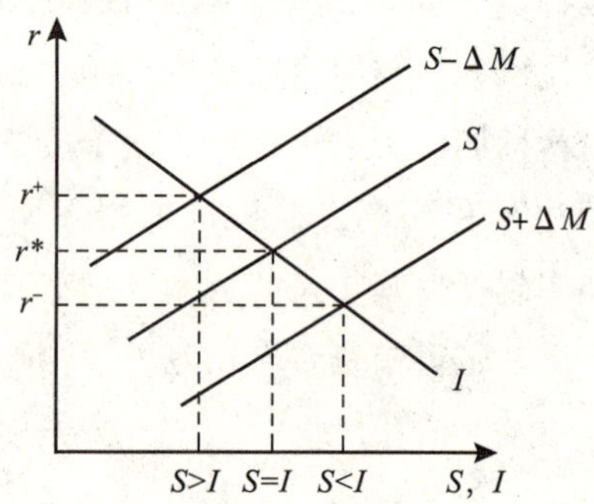

图5　中央银行干预下的货币市场供需均衡

与货币主义的观点不同，奥地利学派认为货币市场上的失衡，无论在短期还是在长期都是非中性的，货币市场失衡必定会引起经济失衡。现代奥地利学派经济学家提出了Garrison综合模型，将货币市场与实体经济联系起来，以解释货币市场失衡如何引起经济失衡，证明政府干预下的经济增长是不可持续的。

（三）Garrison 综合模型

与奥地利学派的其他理论如市场过程理论、企业家理论和自发秩序理论等相比，有关宏观经济的理论在奥地利学派经济学中是最为特立独行，也是最不为主流经济学说所接受的。究其原因，除了理解宏观经济现实世界的基本理念和认识论有所不同之外，也与奥地利学派的宏观经济理论比较繁杂，缺乏一个简单明了、易于教学的表述范本和分析模型有关。20 世纪 90 年代以来，奥地利学派经济学家 Roger Garrison 一直致力于建立一个统一的宏观经济分析框架，并于 2001 年出版了《时间与货币——资本结构的宏观经济学》（*Time and Money: The Macroeconomics of Capital Structure*），完成了现代奥地利宏观经济学理论模型的构建。《时间与货币》一书的出版，也标志着奥地利宏观经济学由一个纯粹思辨性或论辩性的理论，发展成为能够对经济现实进行描述的工具。Garrison 在《时间与货币》一书中，将资本结构理论与货币和信用理论综合进一个统一的框架，将长期经济增长与短期经济波动结合成一个简单明了的模型（Cochran，2001a）。Garrison 综合模型可用图 6 表示。

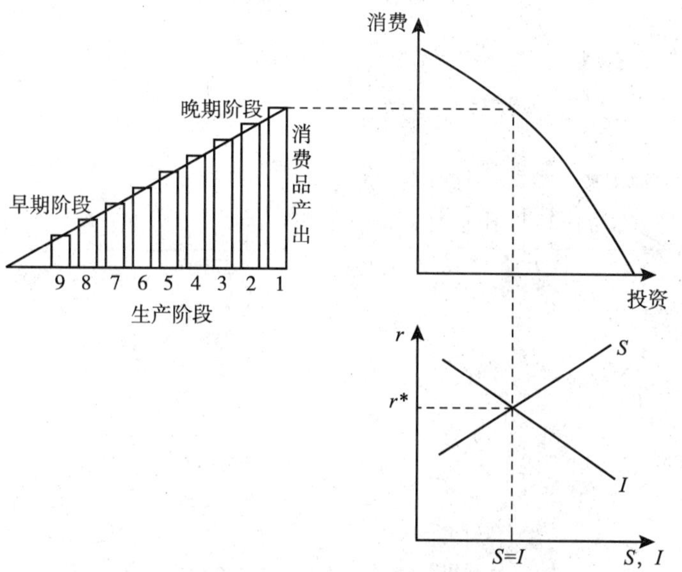

图 6 Garrison 综合模型

在Garrison综合模型中，反映生产过程的“哈耶克三角形”与反映货币市场的可信贷资金市场模型用生产可能性边界结合起来。生产可能性边界的位置由技术及资源禀赋所决定，其向右上方移动表示经济增长。Garrison所提出的模型可以同时处理短期均衡与长期增长问题，形成了完整的奥地利学派的宏观经济分析框架。

运用Garrison综合模型可以分析以下两种情况：

第一种情况：可持续的经济增长。当发生技术进步或者资源禀赋出现了有利于经济增长的情况，生产可能性边界的位置将向右上方移动（图7），投资与消费同时增加（假定时间偏好不变）。需求增长推动生产过程的延长，促使资本结构复杂化和高级化，进一步带动经济的增长。同时，在可信贷资金市场上，由于企业家的预期边际利润率提高，需求曲线同时向右上方移动。如果货币供给量仍不变，在货币市场将出现货币需求大于货币供给，按照货币数量模型 $MV=PQ$，价格总水平将会下降。为了保持自然利率不变，

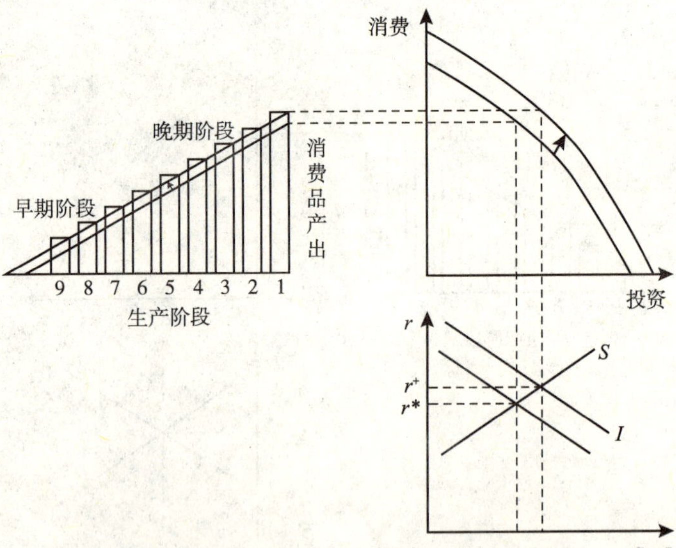

图7　反映可持续性增长的Garrison综合模型

市场均衡利率将上升。这种由于经济增长而导致的价格总水平的下降，被称为“增长型通货紧缩”(growth deflation)(Salerno，2002)。在奥地利学派看来，这种通货紧缩是一种“好事情”(benignity)。在这种情况下，货币市场实现了均衡，这种经济增长是可持续的。

第二种情况：不可持续的经济增长。根据可信贷资金市场模型，如果中央银行人为地干预市场，增加货币供给，增加可信贷资金，从而增加投资。另一方面，假定人们的时间偏好不变，自然利率不变，中央银行增加货币供给，降低市场利率，又会改变储蓄与消费的比例，增加消费。投资与消费同时增加，实现了经济扩张。这与凯恩斯的宏观经济模型所描述的特征化事实是一致的。然而，奥地利宏观经济学与凯恩斯的宏观经济学的根本分歧在于：凯恩斯的宏观经济学认为资本主义的经济经常运行在生产可能性边界内点的位置上，存在着生产能力过剩、就业不足，这时中央银行可以通过扩张性的货币政策，将经济拉到生产可能性边界上，以实现充分就业、保持经济运行稳定；奥地利宏观经济学则认为，扩张性的货币政策短期内可以抑制经济波动，实现经济增长，但是这种经济增长是不可持续的。

经济增长不可持续性主要体现在宏观政策对微观层面的负面效应上。根据奥地利学派的经济分析逻辑，随着生产过程的延长，资本结构的复杂化程度不断提高，在时间维度上的不确定性将增加，跨期不均衡所导致的经济波动是不避免的，也就是说，经济运行是有可能运行在生产可能性边界的内点上。如果不存在人为的对市场的不适度的干预，市场经济系统本身具有自动调节、自动恢复到生产可能性边界上的机制。对此，可以用柯兹纳的市场过程理论作出微观经济层面的解释。根据柯兹纳的市场过程理论，非均衡是现代市场经济常态特征，在企业家发现市场的能动性与市场机制调节人的行为的共同作用下，市场经济存在着趋向均衡的内在动力。

然而，一旦政府采取不适当的宏观经济政策刺激经济，其最大的负面效应是会破坏市场经济运行基础。首先，在政府扩张性货币政策的作用下，可信贷资金被误认为增加，其结果是投资规模扩大。与此同时，由于这时的市场利率低于自然利率，货币市场的价格信号被扭曲，使得投资周期长的生产活动变得有利可图，资金就会流向早期生产阶段，生产过程被人为地延长，造成资本结构的扭曲，导致跨期不均衡。特别是一些效率低的企业也获得了生存发展的机会，使市场经济的核心作用——优胜劣汰的机制失效。这里可以用以下的具体例子来说明。

假定在某个经济体内，有三个投资项目可供企业家投资，更准确地说，该经济体内的企业家发现了三个投资项目：第一个项目为投资少、见效快的“短平快”项目；第二个项目为投资大、投资周期也比较长的项目；第三个项目与第一个项目相类似，所不同是第三个项目投资收益比较低。企业家们对这三个项目的投资—收益流事前计算结果用图 8 表示。

第一个投资项目：

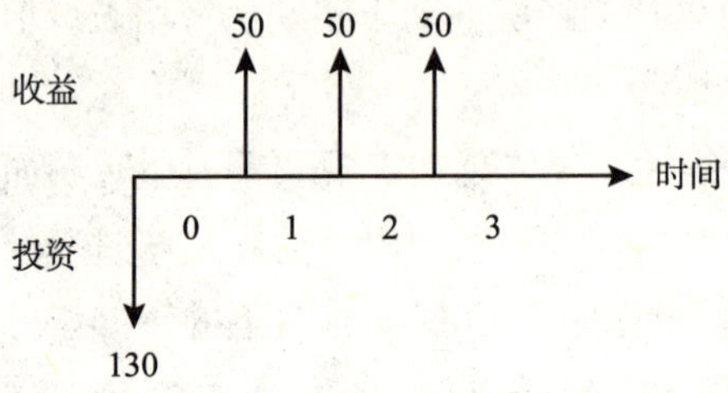

第二个投资项目：

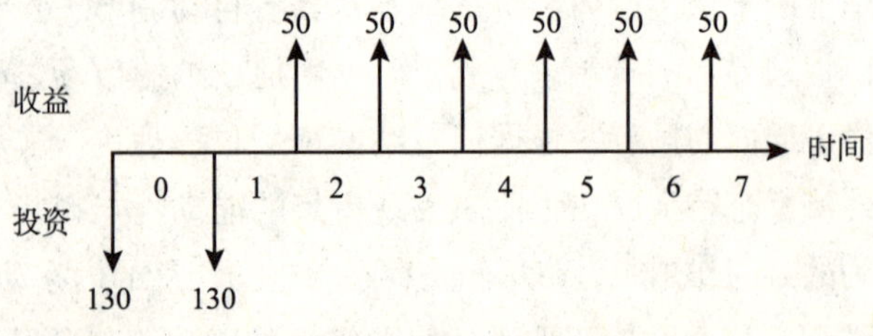

第三个投资项目：

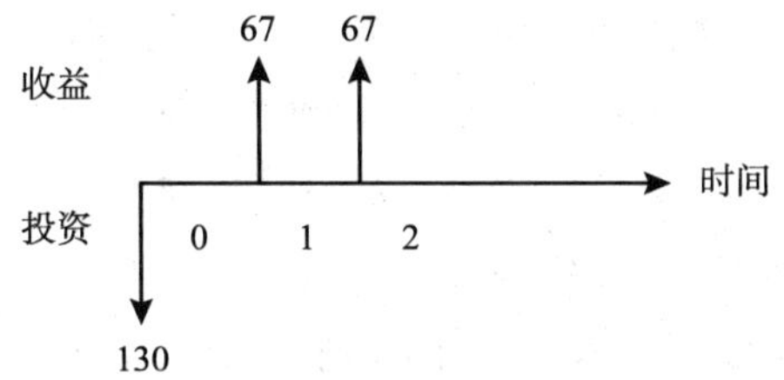

图 8　三个假定项目的投资收益计算

以下列方程计算项目的内部收益率（IRR）：

$$\sum_{t=0}^{N}\frac{R_t-I_t}{(1+r)^t}=0$$

其中：R 为投资，I 为收益，r 为内部收益率

上述三个项目的内部收益率（IRR）计算结果如下：

$$r_1=8\%$$

$$r_2=4\%$$

$$r_3=2\%$$

如果以内部收益率作为企业家选择和确定投资项目的唯一标准，当某投资项目内部收益率大于市场利率时，该项目是经济可行的，因为投资该项目所取得的收益大于投资该项目的机会成本。假定自然利率为 6%，在市场利率等于自然利率的条件下，只有第一个投资项目对企业来说是经济可行的。假如中央银行采取扩张的货币政策，使市场利率降到了低于自然利率的水平，比如说 3%，这时第二个项目对企业来说就是经济可行的。假如中央银行继续采取扩张的货币政策，使市场利率降到了 2% 以下，那么第三个项目对企业来说也是经济可行的。

这个简单的例子表明，中央银行人为地扩张货币，使货币市场的资金供求关系信号失真，将导致三个方面的后果。第一，导致投资与储蓄的不平衡。在市场利率等于自然利率的条件下，储蓄等于投资，投资总量为 130。如果市场利率低于自然利率，储蓄将减

少，投资将增加。市场利率低于4%，投资总量为390，市场利率低于2%，投资总量为520。第二，导致投资流向高等级的资本品。通常情况下，资本品生产的投资建设期（leading time）比消费品要长，资本品等级越高，其投资建设期就越长。在中央银行人为地扩张货币的情况下，高等级资本品的投资将变得可行，越来越多的资金将流向高等级资本品，如本例中的第二个投资项目。第三，一些在货币均衡条件下被判定是无效率的投资项目，现在变成经济可行的了，如本例中的第三个投资项目。由此可见，中央银行人为地扩张货币，不仅造成了“过度投资”（overinvestments），更重要的是造成了“不当投资”（malinvestments），即资本结构失衡。

货币市场的失衡不仅导致储蓄与投资失衡和资本结构失衡，而且会导致整个价格信号系统的扭曲。投资的高速增长刺激了资本品的需求，资本品价格将上涨，同时大批新项目的启动又刺激了企业对劳动力的需求，劳动力的工资将随之上扬，工资水平的提高又会产生对消费品需求的增长。但是由于大量资金流向高等级资本品项目，短期内不能“迂回”到消费品的生产上，于是会出现消费品的供给不足，导致消费品价格随之上涨，最终将引发价格总水平的不断上涨，导致通货膨胀。货币是商品的交换媒介，是商品价值的计量器，中央银行人为地扩张货币使商品价值的计量单位出现了混乱，最终导致整个价格信号系统的扭曲。在这个“扭曲”的价格信号系统下，企业家的一切精明算计均无济于事，剩下的只有盲目的扩张和非理性的投资冲动，社会资源的配置将出现严重的失衡，作为发现过程的市场机制被损坏，整个经济系统将陷入衰退。

三、奥地利学派视角下的中国宏观经济

自1978年改革开放以来，中国进入了高速经济增长的时期。

1978—2004年，年平均经济增长速度达到了9.8%。中国经济增长持续时间之长，增长速度之快，在世界经济发展史上都是极为罕见的。1978—2004年中国经济的累计增长率和实际经济增长率见图9。

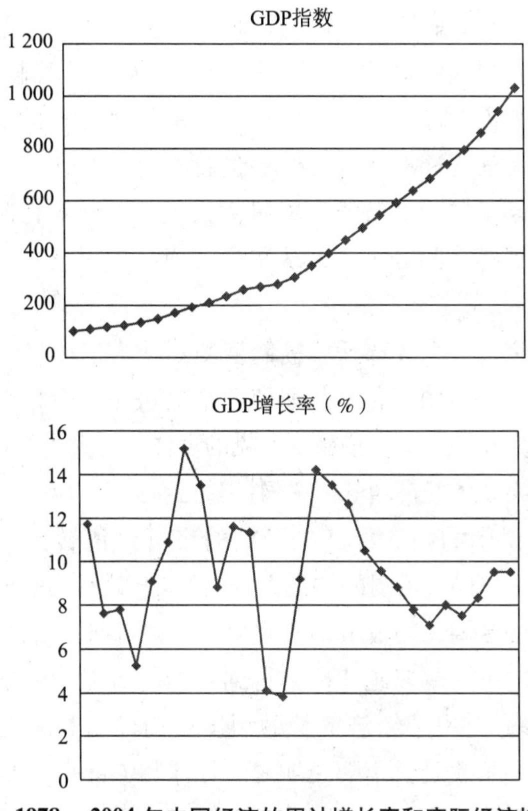

图9　1978—2004年中国经济的累计增长率和实际经济增长率

资料来源：《中国统计摘要·2005》

下面要回答的问题是：第一，如何用Garrison综合模型解释中国的高速经济增长；第二，中国经济能够避免繁荣—萧条的商业周期吗？

（一）支持中国经济高速增长的长期因素

支持中国经济高速增长的首要因素是制度性因素。制度的变化无疑会对经济增长产生深刻的变化。在历史长河中，制度的变化或者说制度变迁是比较缓慢的，通常以一个世纪甚至数个世纪为分析的时间单元。制度变量是超长的变量。然而，在最近30年的发展过程中，中国发生了巨大的制度变化，而且变化速率之快，几乎是浓缩了西方世界几个世纪中所经历的制度变迁的历史。在这种情况下，制度变量不仅不是超长的变量，而且几乎成了短变量。这种现象引起了中国经济学家的极大兴趣，并试图将制度变量引入对现实宏观经济的分析中，从制度层面寻求对某些关键宏观经济变量的解释。

概括地说，中国改革开放的制度变迁使人们的经济行为的协调机制发生了根本的变化，从而使各个经济主体合作与协调的范围大大地扩大和深化了。按照哈耶克的说法，在人类合作秩序的不断扩展中了实现了经济增长。中国目前正在经历的市场化改革，使中国经济由封闭的指令经济向开放的市场经济转变，由小范围的“熟人社会”向大范围的“生人社会”（开放社会）转变，这正是推动中国经济增长的最根本的动力。正如哈耶克所说：“一个国家未加利用的机会越多越广，它得到发展的可能性就越大。”（哈耶克，2007a）对中国经济增长的制度层面的解释不是本文的主题，这里就不再赘述。需要说明是，如果用 Garrison 综合模型来表示制度性变革对经济增长的作用，那就表现为生产可能性边界向右上方移动。

能够解释中国经济高速增长的第二个因素是高储蓄，以及高储蓄带来的高投资。可能由于文化传统的原因，高储蓄倾向是中国人以及东亚人的一个民族特质，在经济起步和发展阶段这一点尤为突出。

自1978年中国改革开放以来，国民储蓄率持续上升（表1）。国民储蓄率从1980年的34.6%，上升到2004年的46.4%，居民的人均储蓄比率更是由1980年的16.2%，上升到2004年的162.9%。居民的人均储蓄比率大幅度地提高表明，中国人的边际储蓄率非常高，所增加收入中的绝大部分用于储蓄。

表1　1980—2004年中国的国民储蓄率和人均居民储蓄比率

年　份	国民储蓄率（%）	人均居民储蓄比率（%）
1980	34.6	16.2
1985	34.3	32.0
1990	38.0	68.9
1995	42.5	103.6
2000	38.9	136.7
2004	46.4	162.9

资料来源：历年《中国统计摘要》

注：国民储蓄率=(100－最终消费率)/名义GDP

人均居民储蓄比率=人均居民储蓄存款总额/人均居民收入

然而，高储蓄不一定能够转化为可信贷资金，关键看是否存在一个健全的金融市场，否则，储蓄只能作为“窑藏货币”(hoarding money)。通常可信贷资金总量可以用M2来表示。可信贷资金市场的发育程度或者说金融深化程度可以用M2与名义GDP的比值来表示（表2)。

表2　1980—2004年M2与名义GDP的比值

年　份	名义GDP（亿元）	M2（亿元）	M2/名义GDP（%）
1980	4 517	184	4.1
1985	8 964	488	5.4
1990	18 548	15 293	82.5
1995	58 479	60 750	103.9
2000	89 468	134 610	150.5
2004	136 876	254 108	185.7

资料来源：历年《中国人民银行统计季报》

从表2中可以看出，20世纪90年代以前，中国可信贷资金市场的发育极不成熟，M2 与名义 GDP 的比值很低；进入 90 年代以来，中国的可信贷资金市场得到迅速发展，M2 与名义 GDP 的比值上升很快，由 1990 年的 82.5% 上升到 2004 年的 185.7%。由此可以判断，目前中国的金融深化程度已经很高了，储蓄转化为可信贷资金的制度性机制已经发育成熟。

既然目前储蓄转化为可信贷资金不存在制度性障碍，那么下一个问题就是储蓄否可以通过可信贷资金市场转化为投资（表 3）。

表 3　1981—2004 年固定资产投资率和消费率

年　份	固定资产投资率（%）	消费率（%）
1981	19.8	48.3
1985	28.4	48.0
1990	24.4	44.8
1995	34.2	35.2
2000	36.8	38.2
2004	51.2	39.4

资料来源：历年《中国统计摘要》

注：固定资产投资率 = 社会固定资产投资总额/名义 GDP

消费率 = 社会商品销售总额/名义 GDP

将表 3 的固定资产投资率与表 2 的国民储蓄率相对照分析可以看出，自 20 世纪 90 年代以来，随着中国国民储蓄率的上升，固定资产投资率也出现了大上升局面。固定资产投资率由 1990 年的 24.4% 上升到 2004 年的 51.2%，上升了近 27 个百分点。近十几年来所出现的高储蓄充分地转化为高投资。表 3 的数据也显示出，自 20 世纪 80 年代以来，消费率呈现下降的趋势，这也证明了“哈耶克三角形”模型所描述的，在经济增长的条件下，投资增长要快于消费增长。

按照 Garrison 综合模型的分析，投资高增长对总体经济规模增长的推动，是通过生产过程的延长和资本结构的复杂化及高级化来实现。在分析现实经济的场合，生产过程的延长和资本结构的复杂化及高级化程度可以用两个重要指标来反映。一是人力资本投资活动的强度。按照门格尔对资本品等级的分类，人力资本投资活动与最终消费品（包括服务）的生产活动的“距离最远”，从投资到收取回报的时间最长，资本的专用性最强，对经济增长的贡献作用也最大。人力资本投资强度越高，资本结构就越复杂，资本结构的高级化程度就越高，解决跨期协调问题也就越困难，越容易出现结构性的就业不足。二是经济重型化程度。经济重型化程度越高表明经济的资本密集化程度越高，生产过程越延长，也就越容易出现资本结构的失衡。本文采取后一种指标。

20 世纪 90 年代中期以来，中国经济出现了明显的国民经济重型化趋势。重工业产值占工业总产值的比重不断提高，从 1995 年的 52.7% 上升到 2004 年的 66.5%，上升了近 14 个百分点（表 4）。

表 4　1995—2004 年轻、重工业占工业总产值的比重

年　份	轻工业产值比重（%）	重工业产值比重（%）
1995	47.3	52.7
1998	43.0	57.0
1999	42.0	58.0
2000	40.0	60.0
2001	39.4	60.1
2002	39.1	60.9
2003	35.5	64.5
2004	33.5	66.5

资料来源：历年《中国统计摘要》

以上所分析的支持中国经济高速增长的因素及其相互关系，用 Garrison 综合模型来刻画是这样的：中国人的时间偏好较低、储蓄倾向较高是支持中国经济高速增长的内在条件；在市场化推动了金融深化的条件下，高储蓄可以转化为充裕的可信贷资金，充裕的可信贷资金为高投资提供了支持，高投资导致生产过程延长、资本结构复杂化和高级化，“哈耶克三角形”面积增大，并由此加速了经济增长。可见，Garrison 综合模型可以很好地解释中国宏观经济的现实，准确地分析其内在的经济学逻辑。

（二）中国经济能够避免繁荣—萧条的商业周期吗?

在 Garrison 之前，老一代的奥地利学派经济学家如米塞斯、哈耶克、罗斯巴德等对宏观经济的主要研究论题是商业周期问题。奥地利学派的商业周期理论认为，在以货币创造为特征的现代信用制度的条件下，当一个经济体经历了一段高速增长的繁荣阶段之后，随之而来的经济萧条是不可避免的。如果以 1992 年为时间起点，至今中国经济处于高速增长阶段已经过去了 16 年，现在需要回答的问题是，中国经济能够避免繁荣—萧条的商业周期吗?

应该承认，奥地利学派对商业周期的看法是相当宿命的。奥地利学派认为，要想从根本上摆脱繁荣—萧条、萧条—繁荣的轮回，只有以自由银行制度替代中央银行制度，以竞争性的私人发钞银行替代垄断性的国家发钞银行，主张“货币非国家化”(Hayek，1976)。然而，在看得见的未来，中央银行制度无法被其他制度所取代，而且在当前全球金融市场出现一体化趋势并存在强势货币的背景下，私人发钞银行不可能有自主发行货币的能力，中国香港的港币发行就是一个明显的例子。因此，根据奥地利学派的分析逻辑，在现代货币信用制度的条件下，任何一个经历了长期经济增长的经济体都不可避免地要陷入繁荣—萧条的商业循环，中国也不可能例外。

然而，在 Garrison 综合模型中也暗含着一种可能。假定中央银行可以将货币供给增长幅度与经济增长幅度保持一致，这样在可信贷资金市场上，投资需求曲线向右移动的幅度与货币增加的幅度相一致，这时候价格总水平将保持不变，自然利率也不变，经济得以维持在可持续增长的水平上。这正是货币主义提出的政策主张（图 10)。

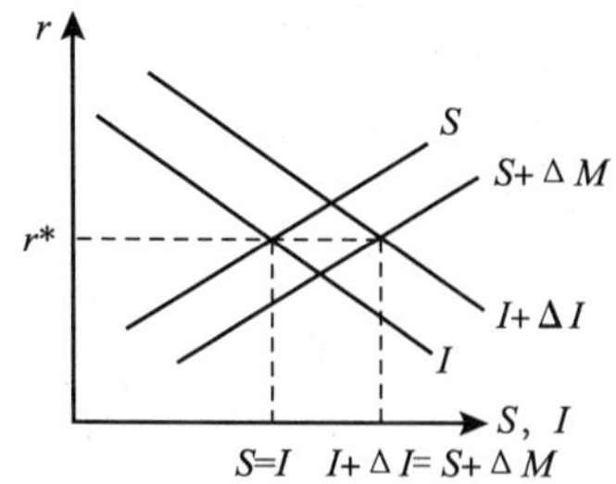

图 10　货币供给增长幅度与经济增长幅度保持一致条件下的货币市场均衡

奥地利学派对此提出的质疑是：在市场经济条件下，知识分散于无数的市场经济的参与者头脑中，任何一个单独的头脑都不可能将这些分散的知识集中起来，“科学地”加以利用（哈耶克，2007b），中央银行就不可能精确地计算出生产可能性边界移动的方向和位置，因而也就不可能知道应该增加多少货币，才可以使市场利率保持在自然利率的水平上。同时，当代奥地利学派经济学家从另一个角度对此提出质疑：在当代金融市场十分发达的情况下，各种具有替代货币性质的金融产品层出不穷，使得中央银行很难严格地界定什么是货币；在此环境下，公众对货币的需求也是极不稳定的，就是说货币流通速度是不稳定的。中央银行控制货币供给增长与实际经济增长保持一致，在技术上也是不可行的（Garrison，2001）。

为了使问题简化，我们在本文暂不考虑奥地利学派经济学家所提出的上述种种质疑，仅以货币供给增长幅度是否与经济增长幅度保持一致作为标准，判别当前中国经济是否有出现繁荣—萧条的商业周期的可能。

首先分析自 20 世纪 90 年代中期以来实际货币供给情况。从表 5 可以看出，实际货币余额增长速度与实际经济增长速度并不同步。总的趋势是，实际货币余额增长速度快于实际经济增长速度，但两者之差在缩小，同时两者的关系十分不稳定。这就可以初步得出两个结论：第一，货币信用扩张现象十分明显，但货币信用扩张的速度在下降；第二，在中央银行调控货币信用政策的作用下，货币市场的运行不稳定，货币供给量时紧时松，大大地增加了市场的不确定性。

表5 1995—2004年实际货币余额增长率与实际GDP增长率之差

年 份	实际货币余额（M1）增长率与实际GDP增长率之差（%）	实际货币余额（M2）增长率与实际GDP增长率之差（%）
1995	14.3	27.8
1996	16.9	23.6
1997	22.5	19.7
1998	5.9	8.9
1999	13.7	10.7
2000	2.3	−1.2
2001	6.4	11.4
2002	11.9	10.4
2003	2.1	2.9
2004	2.8	3.5

资料来源：历年《中国人民银行统计季报》

注：实际货币余额增长率为扣除了价格因素之后的货币增长率

其次分析货币信用扩张对价格体系的影响。根据奥地利学派的观点，中央银行通过控制货币供给调控经济的结果之一是造成了价格体系的不稳定，这种价格体系的不稳定不仅反映在总的价格水平上，而且货币信用扩张对各类产品或服务的价格的影响并不均匀，价格比价关系人为地遭到破坏，导致整个价格信号系统的扭曲。

表6显示了1998—2004年各类价格指数的变化情况。从中可见，1998年以来，以GDP平减指数表示的价格总水平总的变动趋势是由降转升，1999年价格总水平最大下降幅度为4%，2000年以后开始攀升，到2004年升至6.9%，应该说价格总水平的变动幅度还是比较大的。从各类价格指数的变化情况看，反映消费品价格总水平的居民消费价格指数（CPI）和商品零售价格指数（RPI）

变动幅度较小，特别是商品零售价格指数直到2004年才止跌回升。然而，反映投资品及耐用品价格总水平的投资价格指数、房地产价格指数及商品房价格指数的变动幅度则大大高于消费品，特别是反映能源价格总水平的煤油电价格指数变动幅度更大。

表6 1998—2004年各类价格指数的变化情况

年份	GDP平减指数	居民消费价格指数	商品零售价格指数	投资价格指数	煤油电价格指数	房地产价格指数	商品房价格指数
1998	98.6	99.2	97.4	99.8	98.1	101.4	99.8
1999	96.0	98.6	97.0	99.6	100.6	99.9	100.3
2000	101.0	100.4	98.5	101.1	114.3	101.1	100.8
2001	100.0	100.7	99.2	100.4	91.3	102.2	101.8
2002	101.3	99.2	98.7	100.2	109.9	103.7	103.4
2003	105.2	101.2	99.9	102.2	106.7	104.8	105.0
2004	106.9	102.4	101.3	105.6	118.0	110.8	110.3

资料来源：历年《中国人民银行统计季报》，历年《中国经济景气月报》

用奥地利学派经济学的分析框架可以解释如下：

第一，货币信用扩张刺激了投资，使资源更多地流向了投资品和耐用品生产，导致投资品及耐用品（主要是房地产）价格上涨；投资品及耐用品价格与消费品比价上升，使投资品及耐用品的生产更加有利可图，进一步刺激了资源向投资品及耐用品生产领域倾斜。

第二，按照门格尔第一定理，投资品的需求增长是由对消费品的需求增长所引致的，消费品的需求增长拉动投资品的需求增长。然而在货币信用扩张的条件下，这种需求引致关系可能被人为地扭曲。目前中国宏观经济层面出现消费品价格增幅大大低于资本品价格增幅的情况，这表明在政府刺激经济政策的作用下，投资品与消费品的比价关系发生变化，将导致消费品生产与资本生产失调。

最后再分析中国政府所实施的宏观经济政策的取向。对宏观经济运行进行强力的调控和管理是中国政府一贯的政策，但是在不同时期其所依据的理论基础有所不同。20 世纪 90 年代以前，中国政府所推行的宏观经济调控政策的理论基础是计划经济理论，国民经济综合平衡和最优计划理论曾经大行其道。20 世纪 90 年代以后，中国政府对宏观经济的调控逐渐转向总需求管理，特别是 1998 年发生亚洲金融危机以后，凯恩斯的总需求管理理论已经成为中国政府进行宏观经济调控最主要的理论根据。扩大内需，刺激经济，防止通货紧缩是这一阶段中国政府所采取的宏观经济政策的主调（刘宪法，2003）。

现代奥地利学派经济学家普遍承认，当经济处于生产可能性边界内点，或者说处于丰裕经济（economics of abundance）状态时，凯恩斯的总需求管理是有效的（Garrison，2001）。但是，以凯恩斯的总需求管理替代市场的自动调节机制会破坏经济运行基础，抑制市场调整经济结构失衡机制的正常发挥。有关以奥地利学派的观点对当前宏观经济政策的评价另见拙文（刘宪法，2003），这里就不再赘述。

由以上的分析可知，当前中国经济存在明显的由货币信用扩张所引致的经济扩张的因素，由此将导致中国经济的不可持续增长。然而如前文所分析，中国经济也存在着由储蓄增长所引致的经济扩张的因素，这一因素将支持中国经济长期持续增长。这两个因素交织在一起，难以辨别，所以很难从实证的角度证明当前中国经济增长是否具有可持续性，中国是否将陷入繁荣—萧条的商业周期。因此，对当前中国经济增长可持续性的分析必须将短期经济波动问题与长期经济增长问题结合在一起讨论。

（三）对当前中国经济增长可持续性的进一步讨论

首先，要看到支持中国经济增长的三大长期因素正在发生变化：

第一，低成本的劳动力因素。由于国民经济的资本密集化程度提高，资本替代劳动的趋势十分明显，低成本劳动力的优势正在逐步弱化。另外，劳动力市场价格趋于上升，近两年在局部地区出现的“民工荒”就反映了这种情况。目前国家积极推行的社会福利政策（劳动保障制度），也会提升劳动力的实际价格。用 Garrison 综合模型表示，就是支持中国经济增长的资源禀赋正在发生变化，从而影响生产可能性边界的位置。

第二，制度变迁或体制转轨对经济增长的正效应在递减。经过30 年市场化取向的改革，中国的市场经济体制框架已经基本建立。当前中国面临的主要问题是要形成一个“好的”市场运行基础，这是一个自发成长、自我发育成熟的过程，是一个市场经济各个参与主体认知和学习的过程。“好的”市场秩序需要一段较长时间渐进形成。因此，今后可能很难再有由于体制性约束的放松而突然爆发出来的经济增长势能。

第三，如前所述，高储蓄是支持目前中国经济增长的重要因素，但是国际经验证明，储蓄倾向的代际变化十分明显。特别是随着人口老龄化进程的加速，未来 10 年中国的国民储蓄率很可能将从目前的高位急速掉下来。

其次，生产方式变化、生产过程延长必然造成经济波动。前面讲过，目前中国经济正在经历着资本密集化或者说是资本深化的过程。资本密集化的结果是使资本结构更加复杂，从最终投入到最终销售的生产过程更加延长，也就是说生产过程更加“迂回”、更加间接及更加跨期了。这将使得经济波动成为中国经济的一种常态特征，经济波动将不可避免。也就是说，经济波动与现代市场经济是与生俱来的现象，要想搞市场经济就要接受或者说要承受经济波动。

再次，中国经济患了“高增长病”，在高增长过程中，缺乏足够的调整。按照奥地利学派的商业周期理论，经济扩张的时间长度及深度与经济衰退的时间长度及深度往往是对称的，也就是说，经济扩张的时间越长，扩张的规模越大，所需要的调整时间就越长，调整的幅度就越深。但是，调整可以是一系列的短期波动（fluctuation），也可能是一个大的经济周期（cycle）（Cochran，2001b）。

中国自改革开放以来，经济持续高速增长。1978—2004 年的 27 年间，只有 3 年经济增长速度低于 7%，特别是自 1992 年以来，中国的经济增长率从没有低过 7%，基本保持在 7%—10% 之间。这意味着，中国经济缺乏足够的调整，结构性失衡问题不断累积，没有机会得到充分的释放。

那么中国经济能否经受中速增长，即经济增长率保持在 4%—7% 之间？如果中国经济不能经受中速增长，只要经济增长速度低于 8%，社会及经济生活中方方面面问题就会暴露出来，政府就不得不用尽各种办法来刺激经济，那样的话，中国经济实际上是患了“高增长病”。目前中国政府的政策取向就是力求熨平经济波动，使经济波动控制在一个较小的幅度内。为了实现这一宏观调控目标，有关部门频繁地出台各种政策，积极干预经济。这些政策除了一些总量性政策之外，还包括一些结构性政策，主要是针对某些关键行业如房地产、钢铁、水泥、电力、煤炭、石油等。这些宏观调控政策在短期内有效，但是抑制了经济波动自动消除机制的有效发挥，不仅使经济结构错置不能及时校正，同时还会不断累加，其结果很可能会使经济波动演化为经济周期。

四、需要进一步讨论的几个理论问题

Garrison 所发展的现代奥地利宏观经济分析框架对经济学的贡献在于：第一，打破二分法的分析范式，将短期问题与长期问题放置在一个统一的框架下进行研究；第二，以资本结构理论为基础，建立了宏观经济学的内核。这种分析框架为我们观察和解释现实中国经济提供了一个独特的视角，提出了新的解释，并得出了一些新的结论。但是，也要看到现代奥地利宏观经济分析框架也存在着一些需要进一步讨论的问题。这些问题如果不解决，将影响其对现实宏观经济现象的解释能力。

（一）政府在宏观经济中的作用问题

在奥地利学派经济学的理论逻辑上，并没有给政府干预宏观经济活动留有任何余地。但是在现实中，我们又不得不承认政府在稳定宏观经济、拉动经济增长方面的作用。就连哈耶克后来也承认了这一点，他在1975年发表的演讲（哈耶克，2007c）中说：

> 如果今天由我来负责一国的货币政策，我肯定会利用一切适当的手段，竭力阻止真实的通货紧缩的危险，因为这是收入的绝对减少，并且我会公开宣布我打算这样做。

哈耶克也承认，让自发的市场机制调节经济失衡在实践中是不可行的。因此，如何在理论上解释政府宏观经济中的作用问题，有待于进一步研究和思考。

（二）自由银行问题

奥地利学派经济学家为解决经济周期问题开的唯一药方是建立自由银行制度，主张取消中央银行发行货币的垄断权利，将货币发行权下放到商业银行，或者采取货币国际化的方式，取消对外国货币在本国流通的限制，也就是让各种货币充分竞争，制约银行滥发货币的冲动。然而，在当前的金融市场充满各种缺失并存在强势美元的情况下，实行自由银行制度的收益是否能够超过成本，在实践中有没有可行性也是一个问题。

（三）经济系统的内在波动问题

如前所述，资本的时间结构复杂性决定了经济波动是不可避免的。对于经济波动的解决机制，奥地利学派经济学家认为，即使存在经济不均衡，如果不存在人为的对市场的不适度的干预，市场经济系统本身具有自动调节、自动恢复到均衡状态的机制。但是，这需要满足几个理论上假定：

第一，市场的信息利用是无成本的。但在现实经济生活中，知识利用具有成本，有时还很高昂。斯蒂格勒的信息成本理论就证明了这一点。

第二，市场的信息不存在失真的问题。这显然也不是真实世界中发生的事情。斯蒂格利茨证明，在不完全市场信息的条件下，市场配置资源的效率必然受损。

第三，市场信息对买卖双方是对称的。阿克洛夫证明，市场信息不对称的现象大量存在，市场信息不对称也会导致市场机制失效。

对于这种市场结构的不完全，柯兹纳认为企业家在竞争过程中，利用市场知识，发现市场结构的不完全，发现获取利润的机会，最终使经济趋向均衡，趋向于稳定。

但是在现实经济生活中，跨期不均衡是永远存在的。谁也不能完全解决对未来消费与当期投资的跨期协调问题，谁也不能免除无可救药的无知。如果所有的市场参与者都是经济理性人，而且市场信息是完全的，就不可能出现市场机制的失败，经济波动就是收敛的。假定市场上出现凯恩斯所说的非理性的"羊群效应"，市场信号出现系统失真，经济波动就会发散。在现实经济生活中，股票市场、投资市场这种现象十分普遍。经济波动发散就表明，市场对经济不均衡的协调机制失效。

以上这些问题如何在奥地利学派经济学分析框架内解决，尚需进一步研究。

参考文献

1. Cochran, J., 2001a: "Capital-based Macroeconomics: Recent Development and Extensions of Austrian Business Cycle Theory", *The Quarterly Journal of Austrian Economics*, vol.4,

no.3.

2.——, 2001b, "Austrian Business Cycles, Plucking Models, and Real Business Cycles", working paper prepared for presentation at Austrian Scholars Conference 7, March 30 - 31.

3.Garrison, R., 2001, *Time and Money*, London and New York: Routledge, 2001.

4.——, 2005, "The Austrian School: Capital-based Macroeconomics", in Brian Snowdon and Howard Vane, *Modern Macroeconomics: Its Origins, Development and Current State*, Aldershot: Edward Elgar.

5.Hayek, F.A., 1976, *The Denationalization of Money*, London: Institute for Economics Affairs.（中译本：《货币的非国家化》，姚中秋译，北京：新星出版社，2007）

6.Horwitz, S., 2000, *Microfoundations and Macroeconomics*, London and New York: Routledge.

7.Kirzner, I., 1997, "Entrepreneurial Discovery and the Competitive Market Process: An Austrian Approach", *Journal Economic Literature*, vol.XXXV, pp.60 - 85.

8.Lewin, P., 1999, *Capital in Disequilibrium*, New York: Routledge.

9.Salerno, J., 2002, "An Austrian Taxonomy of Deflation", working paper presented at "Boom, Bust, and Future", January 19.

10.门格尔，《国民经济学原理》，刘絜敖译，上海：上海人民出版社，2001。

11.罗斯巴德，《美国大萧条》，谢育华译，上海：上海人民出版社，2003。

12.哈耶克，"作为一种发现过程的竞争"，《哈耶克文选》，冯克利译，南京：江苏人民出版社，2007a。

13.——，“知识的僭妄”，《哈耶克文选》，冯克利译，南京：江苏人民出版社，2007b。

14.——，“反凯恩斯主义通货膨胀运动”，《哈耶克文选》，冯克利译，南京：江苏人民出版社，2007c。

15.刘宪法，2003，“奥地利范式及其对中国宏观经济现实的解释”，CDI 内部稿，http://www.cdi.com.cn/publication/cdi_express_pdf/cdiex_16.pdf。

第三部分　法律与社会制度变迁

30 年法制变革之何种“中国经验”

高全喜*

提　要：本文从宏观的视角对 30 年中国法制变革的大趋势作了一个基本的回顾、梳理与总结，认为 30 年中国的法制进程确实存在着一种经验，显现出一种改良主义的法治中国的道路，尽管这个法治之道目前面临困境，需要政制的回归。本文分为三部分，第一部分考察了与中国法制变革有关的几种社会理论，对中国特殊论提出了质疑，主张在参与现代法治文明的主流框架之下构建中国的主体性。第二部分考察了 30 年中国法制变革的演变过程，指出了其从党与国家一元化体制到法律自治的变革路径以及目前的困境，认为只有深化政治体制改革才能推进中国的法制变革，实现个人自由、国家强大与社会繁荣的法制目标。第三部分对于何种“中国经验”作了辨析，认为固执于中国特殊论的“中国经验”无益于中国面向现代社会的转型。所谓“中国经验”是与改革开放、变法图强、权利保障的现代主题联系在一起的，其理论基础是邓小平提出的现实主义的实践理性原则，或中国传统自有的实事求是原则，用学术语言说，就是法制的渐进改良主义，即现代化法制模式的中国修正主义。

关键词：法制；改革；中国经验；实践理性

---

* 北京航空航天大学法学院教授。

古人有30年为“一世”之说[1]，中国现代社会的新一轮变革从20世纪80年代开始，至今恰好30年，似乎到了一论短长的时候，时下经济、政治、法律、文化等各个领域都出现了众说纷纭的总结之声。反思总结是必要的，但盲目乐观却是有害的，因为当今中国并没有走出“三千年未有之变局”这一历史的三峡，甚至是尚在急流险滩之中途。因此在我看来，我们还根本没有资格以成功者的姿态奢谈政法事务的“中国经验”，恰恰相反，我们更应该提撕自己为什么尚不能走出这个急流险滩，中国的法制之道究竟在哪里。所以基于上述个人立场，本文对于所谓“中国经验”的解读更多的是苏格拉底式的诘难，我要追问的是中国30年法制变革所造就的是何种经验，对此我愿在一个宏观的语境下作一番审慎的考察。

一、关于“中国经验”的几种社会理论预设

中国是一个大国，这里的“大”不仅是指地大物博、人口众多等，而且还包括历史悠久、制度繁复。在本文的语境中，所谓“大国”之“大”尤其是指其政制与法制的厚重结构与历史累积。[2]谈论中国法制理论以及制度实践的30年变革，首先需要确立这样一个宏观视角：我们既不是古典意义上的王朝政制，也不是一些小型国家，而是一个大国在当今世界格局中的现代法制之变。在具体讨论30年来中国法律与发展的“中国经验”之前，本文先论述一下当前有关“中国经验”的几种主要的理论预设。尽管这些理论并不属于法学理论，或者与中国法学并没有直接的关系，但是在我看来，它们却是我们讨论当今中国法律问题的理论基

[1] 以30年为一个世代，在中国的历史典籍中由来已久，司马迁曾言：“夫天运，三十岁一小变，百年中变，五百载大变。”（《史记·天官书》）

[2] 关于这个方面的问题，参见高全喜（2007c）以及本人主编的学术丛刊《大国》（第1—4期，北京：北京大学出版社）。

础。中国法学应该具备历史的宏大视野，并且与其他社会科学建立互补的关系。

(一)“现代化模式”问题

关于社会理论中的现代化理论[1]，今天似乎已经是一个陈旧的话题，在当今的社会学、经济学、政治学、历史学乃至法学诸学科，所谓的“现代化模式”遭到了普遍的诟病。论者多以现代化模式的一元线性的进步逻辑为弊端，由此质疑后发国家在走向现代社会之际所选择的这个路径，在他们看来，西方的现代化已经面临诸多问题，甚至演变为西方社会的隐患，因此非西方国家在选择自身发展道路时完全没有必要借鉴西方三百多年来的现代化经验，而是应该走他们自己独特的道路。虽然质疑现代化模式的理论主张在当今世界是多种多样的，甚至有些主张在理论前提和实证调研的方式方法上相互对立，但就攻讦现代化模式这一点来看，却是相当一致，他们的理据概括起来可以归结为两个破产论：后发国家追随现代化道路的破产和西方现代化过程的自我破产。[2]

如何看待上述对于现代化模式的质疑和否定呢？本文认为大致有如下三个问题需要简单作些梳理：第一，西方国家的现代化道路是否走到了尽头？第二，后发国家在自我发展中是否要刻意寻求一种不同于西方现代化模式的独特道路？第三，后发国家的多元主义发展道路是否依赖于一种现代化的基础制度？上述任何一个问题都是宏大的问题，本文无力也无法系统地加以论述或解决，但作为下文关于 30 年中国法制变革的一种理论前设，初步勾勒一

[1] 参见：罗荣渠（1993，1997），罗荣渠、牛大勇（1992），布莱克等（1984），布莱克（1988），罗兹曼（2003），亨廷顿（1988），费正清（1987），费正清、赖肖尔、克雷格（1992），许纪霖、陈达凯（1995）。

[2] 参见：Baran（1957），Frank（1967），弗兰克（1999，2000），吉登斯（1999），兹纳涅茨基、托马斯（1999），威尔伯（1984），伊曼纽尔·沃勒斯坦（1998，1998，2000），许宝强、渠敬东（2000）。

个思想观点的主旨还是十分必要的。

关于第一个问题，西方现代社会向何处去？这个问题早在19世纪末就作为一种强劲的理论思潮出现了，概括起来大致有四波：第一波是以20世纪初尼采、斯宾格勒等人为代表的西方没落论；第二波是第二次世界大战前后出现的西方文明终结论；第三波是伴随着冷战结束以及后发国家在走向现代化过程中的挫折而产生的对于西方现代化道路的质疑；这第四波是当前以现代西方为主导的全球化霸权对于人类社会诸多资源、环境的破坏，以及不合理的世界秩序所导致的对于现代化模式的反思和否定。这四波理论思潮无论是源自西方社会自身还是源自非西方社会，它们对于以西方为代表的现代化道路的指责和批判都是具有深刻价值的，也是具有相当合理性的。但问题在于，现代社会并没有因为上述四波理论思潮的猛烈批判而停止它的进程，反而以前所未有的方式在继续，所以，对于这些批判理论就值得加以反思，即我们需要怎样的批判理论。对于源自西方社会自身的批判，我们要有一个清醒的认识，即这类批判属于西方现代社会的自我纠正意识，是西方社会的牛虻，它们是在分享着西方现代社会的法权、福祉之前提下的批判，这类批判无论内容多么尖锐，甚至具有革命性和颠覆性，对于西方社会都是必要的，他们所倡言的西方现代文明终结论对于西方自身来说从来都是利大于弊的，一个社会需要自己的病理医生，西方社会确实早已到了现代化模式改弦易辙的时候了。

然而，对于那些尚未步入现代社会的后发国家的理论家们，他们对于西方现代化模式的批判，就需要给予多方面的评估和检讨，即他们是基于何种立场进行批判，这就引出第二个问题，即现代化模式是否仅仅是西方的发展模式，后发国家的发展是否存在着一种独特的非现代化模式的发展道路。如果把现代化模式仅仅理解为一种从前现代到现代的机械性的历史进步逻辑，显然，这个模式对于后发国家是不适用的。由于历史传统、地缘政治、经济状况和文化背景等差异，后发国家不可能克隆或照搬西方的发展路径，后发国家无论怎样学习西方或不学习西方，走的都必定是自己的道路。这一点，其实大可不必追随各种反现代化模式的理论，各国历史的经验和教训都是如此，它们属于基本的常识理性。问题在于，当这些国家有意识地主动拒斥西方现代化模式，尤其是拒斥所谓的现代化模式所带来的灾难后果时，他们的独特道路事实上是失败的，是无法与“现代化”这个所谓的魔鬼相抗衡的。就当今世界来说，时至今日，还没有出现一个成熟的非现代化的现代社会，一个非“西化”的现代化社会，因此，当理论家们言之凿凿地追随西方语境的反现代化模式理论时，他们是否清楚这些理论究竟会将我们引向何方？我们可以拒斥“西方”，拒斥“线性进步逻辑”，拒斥现代化病疫，但是我们是否可以完全抛弃现代化模式而构造出一个崭新社会呢？

这其实就涉及一个有关社会演变路径的普遍性与特殊性的关系问题，也就是第三个问题，即后发国家的多元主义发展道路与现代化模式的基础问题。多元主义、非线性逻辑、反西方中心论、后发优势、本土经验、地方知识、独特道路等，这些是现代社会理论中非常时髦而且在西方学院派和后发国家的社会理论中占据主流的观点和主张，尽管这些观点的具体内容相互之间差之千里，但反现代化模式把它们联系在一起。[1] 抽象地看，这些理论观点都非常有道理，没有什么不对，甚至是相当精辟的，任何一个有现实意识的人似乎都没有理由反驳这些观点，尤其对于后发国家的理论家们来说，这些说辞还占据了道德的制高点。但问题在于，明明是一个处身于现代社会的社会体，由于尚没有享受到现代社会的福祉，并且会面临现代社会的风险，就因此要逃避现代社会吗？在我看来，多元主义是必要的，但这种多元主义应该是建立在现代化模式基础之上的多元主义，是通过多元主义的修补而完善的现代主义。对于

[1] 在中国近现代社会史的研究中，反对现代化模式的各种理论思潮也是蔚为壮观，参见：柯文（1989），彭慕兰（2003），杜赞奇（2003），黄宗智（1986），玻金斯（1984）。

中国这样一个大国，我们不可能走一条拒斥现代化模式的独特道路，我们可以拒斥西化，拒斥现代化的一些病毒，但前提是我们必须同时步入现代化的进程，在现代化进程中修正“现代化模式”，反对西方霸权，构建超越东西方差异的具有普世性的共同道路。

总之，上述三个问题的具体展开是本文无法顾及的，但我的基本观点还是明确的：固然现代化模式存在诸多问题，现代化道路并非是完善的道路，西方的现代化带来了诸多灾难，但是中国作为一个后发国家，在探索我们的发展道路时，不能自绝于现代化进程，而是应该融入进去，在现代化模式的普世主义机制中造就自己的独特制度，在现代化模式的平台上开展多元主义，塑造自己的主体性。为什么这样说呢？一个基本的事实是，反现代化模式的所谓两个破产论，对于中国来说并不真切地存在。关于西方社会的终结或破产，那是西方人或批判者的自我警示，后发国家的理论家们大可不必当真，如果信以为真，只能说明其政治见识的幼稚。至于后发国家现代化的破产，对于中国来说还根本构不成一个结论，中国尚在现代化的途中，前景虽然并非光明灿烂，但也绝不是死路一条。从某种意义上说，在当今世界，看来只有现代中国似乎有可能走出一条现代化模式的修正主义道路，而不是反现代化的独特道路，但这有待于我们的政治成熟，有待于中国人的大智慧。

（二）“本土资源”问题

从学术路径上看，本土资源问题本来属于社会学问题，而且不属于规范性理论，只是属于实证社会学的范畴。但是，由于诸多论者把本土经验、地方知识、具体技艺、生活常识等问题上升到现代社会之新旧转型的背景中加以考察和分析，因此，本土资源问题就具有了社会理论的意义，并且纳入到反对现代化模式的理论谱系之中。[1] 作为社会学的一个分支，或者作为实证社会学的一种方

[1] 参见：梁治平（1994），吉尔兹（2000），苏力（1996），季卫东（1996）。

法论运用，本土资源问题并没有什么特别奇异的东西。从某种意义上说，现代社会学的鼻祖孔德所开启的实证主义就试图突破哲学形而上学的古典社会学路径，致力于人类社会的科学化研究，此后的现代社会学分化为诸多具体学科，如人类社会学、工程社会学、知识社会学、文化社会学等。依据一定的学科标准，对于特定社会对象加以取证、分析、调研，从而得出一些实证性的结论，这是社会科学的一个基本特性，所谓“本土资源”不过是某个分殊的社会学研究的议题。

但是，社会理论就不同了，马克思开辟的社会理论所诉求的乃是对于一个社会的整全性结构分析，并试图通过对于全部社会的历史、政治、经济与文化等方面的解剖而赋予其一种意识形态的意义。[1] 马克思以降的托克维尔、马克斯·韦伯、杜克海姆（涂尔干）、卢曼、哈耶克、葛兰西、哈贝马斯等近现代的诸多理论家基本上都属于这类社会理论家，这一路径的社会理论与狭义的社会学有着重大的区别，虽然他们之间有意识形态的区别，但构建一种整全性的理论却是其共同的基本特征。在上述这个谱系的视野下，有关本土资源的理论内涵与外延就发生了重大的变异，它们指陈的不再是一些具体的研究对象，而是呈现出典型性的结构意义，包括对于各种本土资源的取舍、衡量、解读和论断等等。尤其是对于中国这样一个处在历史转型时期的宏观社会结构来说，有关本土资源问题的考量与辨析，就不期而然地具有了意识形态的意义。

我们必须明确的是，本土资源的研究对象和方法究竟是属于分殊的社会学议题还是社会理论议题。尽管两者之间并没有严格的界限，但区别还是十分明显的。诸如社会学、经济学、政治学、法学、文艺学等，都有一个基于本土意识和本土资源的分殊性的学

---

[1] 参见马克思的《德意志意识形态》、《共产党宣言》等，它们都是意识形态的思想斗争的批判性杰作。

科研究类型，关于这一类研究不属于本文的议题，也构不成宏大的社会理论叙事。然而，对于很多属于这一形态的分殊社会学议题，其论者并没有搞清楚自己学科的边界，甚至有些论者有意混淆学科差别，试图用分殊化的社会学研究取代社会理论，以此构建一种基于具体学科之上的宏观社会政治—经济—法律—文化理论。由于本土资源构成了宏大的社会理论之支撑，因此，所谓的“本土资源”就会面临严峻的质疑。在我看来，这种质疑主要来自以下三个方面的挑战。

第一，本土资源之“本土”是否预设了一个对立的“他者”，或者说，在社会理论的研究对象之间，这类本土理论是否从其基础的理论出发点上，就设定了一个有关“本土”与“异域”的天然鸿沟。本来作为分殊性的社会学研究，本土资源只是特定的研究对象，与异域资源的关系或者是没有多少实质关联，或者其差别是有限度的，并不存在绝对的整全性裂痕。任何一种对象的局部之间都存在着这样那样的区别，如此之本土研究就有着学科与层级的边界。但是，作为整全性的社会理论，或整全性的社会政治—法律理论，本土与异域的关系从某种意义上就构成了对立性的张力关系，强调本土就意味着排斥异域，本土由于上升为普遍性的东西，那么他者就是特殊性或伪普遍性的东西，由本土资源所构建的社会理论就意味着他者的非正当性。在中国或后发国家的发展这一语境中，本土资源的社会理论显然属于非（或反）现代化模式的理论，现代化模式所构建的是一个他者，一个敌对的异域，而本土资源所开辟的则是另外一条迥异于他者的独特道路。问题在于，这种拒斥现代化模式的本土资源，究竟如何能够作为主体（而不被视为点缀和花瓶）步入当今世界格局，并且强有力地参与世界秩序的规则制定，展开多元主义的竞争？

第二，何为本土？何为本土的普遍性？本土资源是否意味着地方性的、特定时期的特殊性知识或制度的正当性？从理论上说，任何一种其来有自的文明都难免是本土性的，都源于各自的传统，并且自主性地发展演变，成长为一个活的生命体。所以，从来就没有抽象的本土资源或抽象的绝对他者，任何一个壮大、健康、富有生机的社会体，都是在与其他社会生命体的交流和竞争中成长起来的，故步自封的本土必然要走向衰落和死亡。如果本土能够成为一种活的资源，就必然是在交流融汇中成长的本土，是突破了自我束缚的本土。同样，所谓的他者，所谓的异域世界，它们之所以对于本土资源构成挑战，也就在于它们是富有生机的，是可以为本土所共享的。[1] 关键的问题不在于他者的强硬和权势，而在于本土的守旧和拒斥。真正从活的本土所开辟出来的正当性资源一定是能够向他者敞开的资源，一定是会通他者并“化敌为友”的本土资源。[2] 中国可以标榜的本土符号可谓无尽数，但并非这些东西都有资格成为活的资源，在一个转型和开放的大社会中，只有那些与时俱进的本土经验、地方知识、特殊技艺、具体制度等，才在主动吸纳他者的过程中演变为活的资源。

第三，有关本土资源的社会理论，除了前述的开放性议题之外，还有一个大传统与小传统问题，即究竟是从民族国家的层面还是从地方主义的层面来看待本土资源。其实作为分殊性的社会学议题，关于本土资源的研究原本并不存在上述大小之辨的问题，某个研究对象构成了一个独立的事实，对此的局部研究其结论是有学科边界的，例如，美国加州学派关于近代中国长江流域的经济研究，中外法史学者对于大清律的研究，社会学家对于清代地方治理的研究，等等。[3] 但是，如果把本土资源上升到宏观社会理论的

[1] 关于这个问题的争论，早在 18 世纪的苏格兰启蒙思想家们那里就出现过，参见高全喜（2007a）。

[2] 参见：哈耶克（1991，2000b，2000c）。例如，哈耶克将他的观点溯源至古希腊思想，指出希腊语中的动词 katallatein 不仅有“交换”之义，而且还有“被共同体所接纳”和“化敌为友”的含义。依照哈耶克的研究，以斯密等人为代表的英国古典经济学所描述的市场经济活动实质上就是作为一种交换学的市场经济活动，在一个开放的大社会中并不存在共同的具体目的，“大社会只是一种手段相关的而非目的相关的社会”。

[3] 参见：黄宗智（1992，2001，2003），布迪、莫里斯（2003）。

高度，并形成一种社会政治的方法论和价值论，那么关于本土尤其是中国五千年文明的所谓本土资源，就面临如何应对国家传统和地方传统的二元格局问题。特别值得注意的是，当今有关本土资源的研究语境是关涉一个民族从传统社会向现代社会的大转型，上述问题就格外显得严峻和沉重。究竟是哪一种本土资源表征我们这个社会生命体，是地方性的习俗惯例还是王朝制度的洪范大典？是抽样例举的个案还是连篇累牍的统计？是文艺话本的勾勒还是三皇五帝的本纪？也许堂堂正史不足以表达中国五千年之本土资源的本相，但乡村野语肯定也难以尽显本土资源的本性。因此，从方法论上看，本土资源的社会理论就其自身来说，似乎无力承载如此重大的议题。当然，论者可以由此否认任何形式的宏大叙事，拒斥任何社会理论的大词，但这样做并不等于没有这些大词和重大议题，这只不过是把有关本土资源的研究还原到分殊性的狭义社会学领域而已。[1]

（三）“后现代社会”问题

当今的西方社会理论可谓弥漫着一种后现代的幽灵，这股当前强劲的思想潮流自然有其政治、经济、文化的背景，它在西方社会的出现和盛行是有道理的。尽管这股思潮中的各种思想理论路径不一而足，社会意识千差万别，愿望诉求千奇百怪，但就其对于西方主导的现代政治、经济、文化模式的指控和批判来说，却是十分一致的。应该指出，这股思潮确实揭示了西方主导的全球范围内的现代化模式所存在的诸多弊端，例如，世界政治、经济格局的不平等，西方中心主义与后发国家依附性之间的不公正，以美国为代表的政治、经济与科技的霸权和世界秩序的失衡，环境污染的加剧，极端个人主义的膨胀，金融危机的频仍不断，高科技的风险，核武器的恐惧，等等。这一切似乎都与西方

---

[1] 参见：苏力（1996），黄宗智（2007）。

现代化模式的扩展同步并生，都可以归结为现代性之病。[1] 因此，基于一种反现代立场，对于现代文明予以反思甚至批判，在思想理论方面就变得理所应当了。值得注意的是，西方各种反现代化理论以现代性问题的论争出现，尽管它们也调用各种前现代的资源，乃至异域资源，但最终得出的却是一种后现代社会的话语，即它们是在分享现代化成果的基础之上拒斥现代社会，并勾勒出一个后现代社会的图景。显然，这是西方诸多现代性论争的一个吊诡，也是诸多后现代社会理论的一个死穴，一方面它们喋喋不休地指陈现代性之病如何病入膏肓，另一方面它们本身就属于现代性的弃儿，没有现代性，也就没有所谓的后现代之议题。

本文的主旨不是讨论后现代社会，在我看来，后现代问题是一个攸关西方文明的问题，虽然这个问题与我们不无关系，但中国百年来的攸关问题却不是后现代问题，这一点乃是社会理论的一个常识。当然，中国这样一个庞大的社会文明体，在经历了近一百五十年的社会大转型之后，不能说我们一点也没有所谓的后现代问题，诸如环境污染、高科技风险、核武器灾难、家庭与社会秩序的失范、个人主义的颓废等，这些后工业、后消费时代的乱象在中国也是触目惊心。但是，就整体的社会本性来说，中国还处于一个成长中的现代社会，或者说，还是一个从前现代社会向现代社会转型的社会，而强有力的现代社会的骨骼，即法治文明秩序还没有成熟地建立起来。用一个比喻来说，现代中国就如同一个行走的巨人，他的前足已经步入后现代社会，他的后足则还跋涉在前现代社会，他的庞大躯体和大脑则尚在现代社会。因此，对于中国来说，如何

[1] 关于后现代问题的资料汗牛充栋，参见中央编译出版社和中国社会科学文献出版社近些年编辑、翻译、出版的一系列著作。例如：斯蒂文·贝斯特与道格拉斯·凯尔纳的《后现代理论》、布罗代尔的《资本主义论丛》、里斯本小组的《竞争的极限——经济全球化与人类的未来》、舒曼与彼得·马丁的《全球化陷阱》、乌·贝克的《全球化与政治》等。

诊治疾病，使得自己真正强有力地担当起构建现代社会的重任，这才是攸关民族存亡的大问题。[1]

令人疑惑的是，一些鼓吹者极尽所能地追随西方的各种后现代理论，把西方社会诸多后现代问题平行推移到中国，以为中国已然处在了与西方同步同构的社会结构之中，甚至认为中国有过之而无不及，已然成为世界后现代的前哨。他们宣称，中国之罪恶乃是现代性之罪恶，现代性不分东方西方，乃是当今世界的各种社会病毒之渊薮，因此，中国的问题是如何抵御与西方世界的同流合污，拒斥现代性毒素，否定现代化模式，加入西方的各种后现代理论的大合唱，一起反对中外勾结的共同敌人。[2] 在这些中国的后现代理论家们看来，西方的各种后现代理论已经为他们提供了一个有关后现代社会的样板，他们需要增加的新东西就是挖掘那些中国特有的前现代的本土资源并继承下来，绕过现代化的泥潭，从而构建一个去现代性的新主体，一个与西方后现代社会比肩而立的美丽新社会。

上述言辞无疑属于一种社会浪漫派，或者政治浪漫派、经济浪漫派。对此，如果单纯从批判性的角度看，他们的观点是有助益的，他们真切地指出了现代化模式的一些弊端，质疑现代性的灾难后果，这些对于现代化潮流的盲目乐观者无疑敲响了警钟，尤其是对于中国这样一个正在步入现代化大潮的后来者来说，清醒地认识到现代化的风险，意识到现代性的潜在病因，无疑是有启发意义的。但是问题在于，后现代社会理论并不甘心只作为一个牛虻，而是要全面颠覆现代化道路，彻底拒斥现代性，尤其是中国的上述论者，他们旨在解构现代化模式，重新建构一套新共识，例如，建构一个与“华盛顿共识”相对立的“北京共识”，企图绕过现代化道路，在中国的前现代和西方的后现代之间构建一个中国特殊论的社会道路。[3] 他们既误读了西方后现代理论的前提条件，也低估

[1] 参见：高全喜（2007j），高鸿钧（1996），许章润（2004）。
[2] 参见：汪晖（2007）；汪晖，“去政治化的政治与20世纪的终结”。
[3] 参见：黄平、崔之元（2005）。

了中国现代化理论的历史经验，西方的后现代社会是在一个高度发达的现代化背景下产生的，中国的现代化道路从来就不是照搬西方的模式。作为一种常识理性，中国现代化理论所主张的乃是在融入现代化的进程中克服现代性问题，在建立现代法治国家的制度建设中消除现代化制度的弊端；现代中国的主体性不是躲避在现代社会的怀乡病或梦想曲中建立起来的，而是在与世界主流国家的竞争与合作中，在积极参与国际秩序的规则构建的博弈中建立起来的；只有发展成为现代社会的主体，才有资格和能力扩展我们的后现代社会，发扬我们绵延不断的传统。[1]

关于全球化问题，中国的后现代理论就处于尴尬的境地，如果把全球化视为一种后现代社会的蓝图，他们似乎应该拥抱，但是吊诡的是，他们拥抱的只是全球化的某些“理想成分”，对于当下可见的全球化，他们是断然拒斥的，因为这不是他们理想的全球化。他们理想的全球化是去资本主义的全球化，是远离现代文明的全球化，或者说是享受现代社会的经济、科技乃至文化成果而又祛除其政治制度、法律制度和经济制度的全球化。这个全球化在哪里？不是在整体性革命的迷梦中，就是在前现代社会的幻想中。对于主张中国积极参与现代社会建设的理论来说，全球化虽然是一个挑战，面临诸多的严峻考验，可是立场却不是吊诡的，即应该建立或完善我们参与全球化的资格和能力，在政治、法律、经济等核心制度上，构建与世界尤其是与先行的西方社会并轨的构架，在享受全球化成果的同时，忍受其必要的代价，把副作用降到最低点。如果说全球化是未来世界走向后现代社会的必由之路，我们不可能通过批判而获得解放，只能通过建设、参与和改造，才能分享其应得的成果。

当然，现代化、全球化不是阉割自我，舍弃中国的主体性。所

[1] 参见：罗荣渠（1993，1997），林毅夫、蔡昉、李周（1994），杨小凯（2006），高全喜（2008a），韦森（1994，2005），张晋藩（1997）；杨小凯，“百年中国经济学史笔记”（未刊稿）。

谓主体性只能是一种竞争中的主体性，主体性存在于关系之中，存在于主（体）客（体）博弈之中，反现代化、去全球化、沉湎于本土资源就能成就中国的主体性了吗？离开一种现实的世界关系，所谓的建构主体性只能是一句空话。中国的主体性不是逃避出来的，而是成就出来的，即便现代性是一个深渊[1]，我们也必须跳进去。其实，世界并不是西方的，更不是美国的。从人类历史的大尺度来看，人类文明经历了多次轴心时代的变迁，在一个历史性的发展演变过程中，各个民族都曾经致力于伟大的奋斗，一轮轮的普世性的规则是存在的，关键在于参与构建，并占据要津。在最新一轮的现代化进程中，西方诸民族在某种意义上走在了前面，中国应该迎头赶上。西方诸民族，如英国、法国、德国、美国，乃至亚洲的日本，他们并没有因为积极参与这一轮进程而失去了主体性，反而建构了各自的现代社会的民族精神，我们中国为什么就一定会因此而失去自我，丧失主体性呢？[2] 难道我们要自绝于世界潮流，在自我隔绝的后现代话语中，在本土资源的怀乡病中去构建我们的主体性吗？

二、30 年中国法制的变革之道

前面本文初步论述了有关中国发展与法律变革的一些宏大叙事，在我看来，它们对于我们具体探讨 30 年法制变革之中国经验是必要的。中国法制的 30 年变革，从总的方面来说，是中国近代以来社会大转型的一部分。如果说鸦片战争以来的中国经历了三次大的社会巨变，即晚清变法、辛亥革命和 1949 年新中国成立，那么，最近 30 年的法制之变是其中离我们最近的一次变革的一个新的转机，而且这个转机并没有完成，甚至还只是刚刚开始。中华

[1] 关于现代性问题，我是有不同看法的，在西方大致有三种路径的论述，而对于英美法政思想家们来说，现代性或许不是一个真问题，参见高全喜（2007j）。

[2] 参见：高全喜（2007i），邓正来（2006）。

人民共和国建立至今，我们已经走完近六十年的历程，而 1978 年肇始的改革开放是中国在 20 世纪末重新走向现代世界的一个重要里程碑。随着中国社会 30 年来的整体发展，中国已经开始影响世界，因此，中国与世界的关系就成为一个焦点问题。这个问题涉及政治、经济、文化、社会等诸多方面，其中，法制占据重要的地位。回首中国近现代历史，第一轮的中国之变，其枢纽便落实在法制上，“变法图强”是晚清之际一代中国人的心声，无奈内外交迫，国运多舛，一百多年的政治激进主义打破了法制中国的改良进程，致使中国在 20 世纪几乎遭遇了灭顶之灾，内外战争频仍不绝，国民经济几近崩溃。1978 年邓小平等人开启的改革开放，使中国的历史又回到近代的起点，“变法图强”再一次成为中国现代社会转型的正道。我认为，只有从上述的宏观大背景来审视中国 30 年的法制变革，才能看清它的真相，这个法制之变不仅是中国共产党领导下的政制与法制改革，而且是接续晚清以来的变法图强，它打破的不仅是“文化大革命”的革命狂潮，而且是对中国百年政治激进主义的矫正。[1]

从学术思想的层面来看这一轮法制变革，前述所谓中国独特论的几种理论观点，就显得抓小失大，不着要领，看似新潮高妙，实则空疏不当。我认为，从政治逻辑来看，我们近现代所亟待解决的问题，对应的是西方 17—19 世纪各民族国家曾经面临的现代化问题，而我们现在所必须应对的国际秩序却是 20 世纪和 21 世纪的世界新秩序，因此，在时间上是不对应的，这就使我们的任务面临

---

[1] 邓小平说：“要特别注意我们‘左’的错误。‘左’的错误带来的损失，历史已经作出结论。我们都是搞革命的，搞革命的人最容易犯急性病。我们的用心是好的，想早一点进入共产主义。这往往使我们不能冷静地分析主客观方面的情况，从而违背客观世界发展的规律。中国过去就是犯了性急的错误。”（《邓小平文选》，第 3 卷，第 139—140页，北京：人民出版社，1993）恩格斯指出：“在任何一次革命中，就像其他任何时候一样，难免会做出许多愚蠢事；当人们最后平静下来，以致能够重新进行批评的时候，他们必然会得出这样的结论：我们做了许多最好不做的事，而没有做许多应该做的事，因此事情搞糟了。”（《马克思恩格斯选集》，第 2 卷，第 594 页，北京：人民出版社，1972）参见：邹谠（1994），余英时（1991），林毓生（1988）。

着两难困境。一方面我们要建设一个全面现代化的民族国家，而且是一个自由民主宪政的政治国家，这是西方各现代国家用了三百多年的时间才完成的；但是另一方面，西方现代社会的政治状况却逐渐出现了去国家化的趋势，自由民主宪政的现代国家的弊端以及国际秩序的不合理、不公正的弊端日渐显示出来，也就是说，我们的国家建设以及现代化道路遭遇后现代政治的阻击，建设自由民主宪政的国家的正当性和开放的现代社会的合理诉求，面临后现代社会和全球化的挑战。此外，我们又是一个文明古国，五千年来的政治文化传统使得我们在建设现代国家时必须解决好与传统体制的关系问题。因此，面对这诸多复杂纠结的问题，需要我们审慎地处理中国特色与世界格局、现代模式与多元主义、历史传统与普世价值、本土资源与异域制度等多方面的关系。[1] 从某种意义上说，中国法制 30 年的变革，从一开始就面临上述问题的挑战。如何处理这些问题，是过去 30 年远没有解决的，而且这些问题在我们逐步解决了全能主义（totalism）法制的社会控制之后，将变得更加尖锐和紧迫，前述诸种反现代的社会理论会从背后夹击中国法制的进程，甚至颠覆 30 年来尚不丰厚的成果。因此，在新的理论视野下回顾中国 30 年来的法制变革，探讨我们是否成就了一种“中国经验”，无疑是十分必要的。

（一）从党与国家的一元化到政制与法制的二元分化

现代社会的分殊（differentiation）大致呈现政制、法制、经济与文化等几个方面，中国 30 年来的变革，从总体上看也经历了这个过程。改革之初的思想解放运动，十一届三中全会的决议，20 世纪 90 年代的经济改革大潮，一系列法律规则的修订、制定与颁布，等等，这些看似不同领域的变化，实际上都属于现代社会的转型之标志，它们具有内在的关联。其实这些纷纷扬扬的人事物象，

[1] 参见：高全喜（2007b，2008a）。

在欧洲文艺复兴以来的诸国世道变迁中也都似曾相识地出现过，晚清民国以来的中国也曾经出现过，并没有什么特别新奇之处。但如果把主题限定在政法事务上，具体地就 30 年中国法制之变革来看的话，中国的这一轮变革也有自己的独特本性，而且是迄今为止的现代社会转型从未出现过的景观，它既不同于英国的光荣革命之变法，也不同于法国大革命之法制创新，还不同于新旧俄国两轮之法律变革。我的初步看法是，这 30 年法制之变革，集中体现了一个从党与国家一元化到政制与法制的二元分化的变革路径。

首先，中国法制变革的起点是从中国旧体制的改革开始的，这个旧体制不同于西方主流的现代政治制度，也不同于传统的王朝政治，而是一种党与国家合一的政治制度。这个党与国家合一的体制属于现代政治激进主义的革命成果，在苏联造就为苏维埃社会主义国家，在中国则表现为两种形态，一个是 1949 年之前的中华民国，一个 1949 年建立的新中国，后者的宪法表述为：中国共产党领导中国各族人民……建立了中华人民共和国；中国各族人民将继续在中国共产党的领导下……把我国建设成为富强、民主、文明的社会主义国家。这是一种新型的现代政治体制，本文称之为中国政制，即共产党领导人民建设现代的国家与社会（社会主义）的政治制度，或曰国体。但因为这个国体的党的核心领导地位，所以本文更愿意称之为政制，即政治体制，它不同于西方的政体，或政府论意义上的政体，因为党的本质是对国家的领导，而不只是对政府的领导。[1]

在这个政制之下，法律制度是否存在呢？它处于何种地位呢？显然，法制是存在的，因为任何一种社会组织体，尤其是政治体，不可能没有规则与秩序，中国政制也是如此。其实，中国几千年以来的王朝政治，也都有自己运行有效的法制。共产党领导的现代政制，也有法制的位置，但从本质上说，这个法制是从属性的、工具

[1] 用西方政治学或宪法学一般理论难以准确概括中国的“党政一体”制度，参见：李林（2005，第八题）。

性的，服务于党与国家政制的一元化领导。用党的意识形态语言说，就是法制要讲政治。用政法理论来说，我们有着把两种理论统一起来加以论证的修辞：一种是从苏联引进的“国家与法的理论”[1]，这种理论是党与国家一元化的政制统辖法制的理论；一种是“无产阶级专政下继续革命”理论[2]，这个理论是以激进革命的方式破除“资产阶级法权”[3]。两种理论恰好从正反两个方面把法制置于政制的边缘一隅。

中国30年法制变革的撬板是从摆脱政制的强制约束开始的，党政分开，权力下放，民主法制，20世纪80年代邓小平多次提出的这些主张，大多写进了党的各届全会决议和相关文件之中，成为那个时期的纲领性文献。[4] 具体地考察，中国30年的法制变革，

---

[1] 参见：胡水君的“中国法理学三十年”（未刊稿）。据胡水君的考察，当时的译著主要有：苏联科学院法学研究所科学研究员集体编著，《马克思列宁主义关于国家和法权理论教程》，北京：中国人民大学出版社，1950；杰尼索夫，《国家与法的理论》，北京：中华书局，1951；维辛斯基，《国家和法的理论问题》，北京：法律出版社，1955（此书对建国初期法学理论影响最大）；罗马什金、斯特罗果维奇、图曼诺夫主编，《国家和法的理论》，北京：法律出版社，1963。

[2] 1967年11月6日，在由陈伯达、姚文元主持起草，经毛泽东批示同意，以“两报一刊”编辑部名义发表的纪念十月革命50周年的文章《沿着十月社会主义革命开辟的道路前进》中，第一次对“无产阶级文化大革命”作了理论形态概括。其内容要点有：（1）必须用马列主义对立统一的观点观察社会主义社会；（2）在社会主义社会历史中，还存在阶级、阶级矛盾、阶级斗争，存在着社会主义同资本主义两条道路的斗争，存在着资本主义复辟的危险性，必须把政治和思想战线上的社会主义革命进行到底；（3）无产阶级专政下的阶级斗争“依然是政权问题”，“无产阶级必须在上层建筑其中包括各个文化领域中对资产阶级实行全面的专政”；（4）要把那些被“党内一小撮走资本主义道路的当权派”篡夺了的权力坚决夺回到无产阶级手中；（5）无产阶级专政下继续进行的革命，最重要的是开展“无产阶级文化大革命”；（6）“无产阶级文化大革命”在思想领域中的根本纲领是“斗私批修”。文章还把这一理论称为是在“马克思主义发展史上树立了第三个伟大的里程碑”，它的基本观点还被写进了九大通过的党章总纲中。

[3] 关于对于资产阶级法权的批判，参见：张春桥，“破除资产阶级的法权思想”，1958；葛兰西（2006），汪晖（2007）。

[4] 邓小平多次指出：“我们提出改革时，就包括政治体制改革。现在经济体制改革每前进一步，就深深感到政治体制改革的必要性。”（《邓小平文选》，第3卷，第176页）“为了适应社会主义现代化建设的需要，为了适应党和国家政治生活民主化的需要，为了兴利除弊，党和国家的领导制度以及其他制度，需要改革的很多。”（《邓小平文选》，第2卷，第322页）“政治体制包括民主和法制。”（《邓小平文选》，第3卷，第244页）

在法律制度的构建上是成果丰硕的，在公法领域，我们修改了《刑法》，颁布了《行政许可法》、《行政诉讼法》、《立法法》，2004 年修改《宪法》，人权入宪，等等；在私法领域，我们制定了一系列法律规则，如《民法通则》、《公司法》、《合同法》、《担保法》，尤其是加入 WTO 后，近年又制定了《物权法》，等等。[1] 上述法律规则的制定和完善，使得一个与中国 30 年改革开放、市场经济和政治文明相匹配的现代化的法律体系初步建立起来。应该指出，这个法律体系和法制制度，构成了中国走向现代社会的一个重大的具有根本性意义的支柱。

随着中国 30 年改革开放进程的深入，一个较为成熟的现代社会的二元结构——国家与社会——初步建立起来了。从制度层面来看，支撑上述二元结构的核心支柱有两个，一个是政制，一个是法制。前者构成了一个主权化的民族国家的政治体制，后者构成了一个市场经济的市民社会的规则体系。[2] 对于中国而言，我们过去 30 年大致走过了一个与西方历史类似的从政制分离出法制的过程，也是在转型中形成了政制与法制的二元分化，只不过在西方是从绝对君主专制主义分离出来的[3]，而在中国则是从党与国家的一元化政制统辖中分离出来的。改革前的中国是一个党政军一元化的政治国家，党管经济，党管人事，党管行政，党管司法，党管军事，党管外交，党管社会，等等。在中国的几乎一切领域，党都具有绝对的领导性，它的统治的正当性来自人民主权，来自它领导中国人民的革命胜利和国家构建。30 年改革的进程是一个把革命党转化为执政党、把政治统治转化法制治理的过程[4]，尤其是要建设一个新型的社会主义市场经济和民主政治，或从政治国家中逐渐分离出一个市民社会、一个市场经济秩序、一个公民公共空

[1] 参见：信春鹰（1999），信春鹰等（2004）。
[2] 关于政制与法制的关系，参见：刘海波（2007）。
[3] 参见：高全喜（2008f）。
[4] 参见：夏勇（2004），俞可平（1998，2000），林尚立（2000）。

间。因此，法制制度和法律体系作为现代社会之生活和生产、经济贸易和公共领域的规则体系，不但变得十分重要，而且越来越具有独立于政制的主体性，法律自治成为法制的本体特征。[1]

从理论上看，上述法制与政制的分离，也表现为一种新的具有改革开放特征的法学理论或法理学。这个法理学首先矫正“无产阶级专政下继续革命”的特殊政治状态，恢复法制的日常状态，继而破除传统的“国家与法的理论”，从党与国家一统的法制理论转变为法学理论，即独立的具有自主性意义的法理。这个法理学恢复了法律自治的本体意义，探讨法的权利与义务关系、正义与平等关系、权力与权利关系、利益与道德关系、应然与实然关系等，并随着30年法理学的深入推进，强化了权利理论、法治理论、正义理论、宪政理论、人权理论等现代法理学的核心理论。[2] 考察30年法制变革进程中的中国法理学，我们会发现一个非常明显的特征，即尽管其间不时有政治化法制的国家与法的一元化传统观点，不时有强调本土资源、民族特性和民间习俗（法）的各种理论或后现代批判法学等[3]，但中国法学的主流始终是一种现代化的法律自治理论，表现为对于政制的疏离，对于政治权力的抵御，对于政府行政的约束，对于个人权利的维护，对于社会经济秩序的规范，对于个人从生命权、财产权、表达权到各种合法的社会权益的确认、保障和维护，等等。因此，法治理论、权利理论、人权理论、宪政理论成为中国现代法理学的基本理论。[4]

（二）从法制到法治的治道变迁以及内在吊诡

本来政制与法制是一种平行的关系，就其理想状态来说，应该

[1] 参见：吴敬琏（2007），江平（2007）。

[2] 参见：胡水君，“中国法理学三十年”（未刊稿）。

[3] 参见苏力（1996）以及此后一股强大的有关本土资源问题的法学、社会学、文化学思潮。

[4] 参见：李步云（2008），郭道晖、李步云、郝铁川（1998），高全喜（2007i）。

是相互补充相互助益。政制关涉政治国家、主权构成及其正当性问题，法制关涉社会秩序、权利保障以及行为规则问题，两者通过宪法制度而联系起来，政治的归政治，法律的归法律。[1] 但就人类历史的实际状况来看，上述关系只是一种应然，并非实然。就西方诸民族国家的现代化进程来说，这个政制与法制的二分经历了一个过程，其中有着一个法治的凸显问题，即法律的统治取代权力意志的统治。因而在理论上就有着一个法制与法治的本质之辨，即rule by law 与 rule of law 的辨析，用中国的词汇说，就是一个法制（刀制）与法治（水治）的不同。其实法律制度的两种形态原本并没有什么不同，但是由于与政治权力之关系的差异，甚至是实质性差异，刀制与水治对于一个现代社会的塑造有着迥然不同的作用，前者是权力支配下的法律制度，后者是限制权力恣意的法律制度。关于两者的本性特征及其在西方近现代政治与法律的演变和意义，西方思想理论家们的相关著作可谓汗牛充栋，本文在此不予讨论。应该指出的是，上述内容在中国 30 年法制变革中，也是作为一个核心问题出现的，它们不仅表现为中国法学理论上的一场重大争论，也深刻地影响了中国法律制度的实践。[2]

从过去的社会主义政法一元制中生长出一个社会主义市场经济和一个独立的法制秩序，而后者不断追求自己的自治本性，要求法治，即法律的统治。我把这个时期从法制向法治的转变称为治道变革。所谓治道，是与政道相对应的，如果说政道关涉政制及其合法性、正当性问题，即一个现代国家的本性问题，那么治道则关涉社会治理的规则秩序问题，即通过什么方式形塑社会的问题。[3] 中国的治道变革的核心内容不只是有关政府政策的行政管理问题，而

[1] 参见：陈端洪，“论宪法作为国家的根本法与高级法”（未刊稿）；高全喜（2008g），刘海波（2005）。

[2] 参见：李步云（1999），赵明（2005）。另外，参见“建国以来法学界重大事件研究”系列。

[3] 参见：牟宗三（2006），麦金尼斯（2006），强世功（2001）；毛寿龙，“宪政秩序与治道变革”（未刊稿）。

主要是法治问题。从法制到法治的演变集中体现了中国社会治理模式的变化，法治取代了党政一体化的政策管制，而通过法律塑造社会。

首先，法治的本意是制约政治权力，这就意味着为私人空间敞开了追求和实现个人权利与利益的大门。由于改革开放是从恢复市场经济开始的，因此，以民法、经济法、合同法、公司法等法律制度及法学研究为中心内容的法制改革占据了先导地位，私法自治成为基本的法制原则。民商法的自治原则，从某种意义上改变了传统的社会治理之道。过去是以政府行政权力和规章制度来统辖社会，中心在管制，而私法自治则把法制的主体转交给社会，具体地说转交给个人。私法的法权主体是个人或法人，定分止争，维护私人合法权益，这才是法律的本性。随着一系列民商法乃至国际私法的制定和完善，中国 30 年法制变革的初步成果才显现出来，我们有了一个通过私法调整和规范的正常社会或经济社会、市民社会，有了一个个人权利和利益得到合法保障的法律秩序，正是这个法律秩序的逐步建立，中国的社会经济和人民生活才得到飞速的发展，才逐步形成一个现代社会。[1]

其次，法治的推进必然要涉及政治权力的法治化限制，因为单纯的私法自治是远远不够的，人不单是一个经济动物，还是一个公共社会的成员。利益问题，尤其是权利问题，必然要与政治发生关系，要涉及到政府的管理体制。维护个人的权利和利益，就必然要规范政府的权力与职责。因此，30 年法制变革的另外一个重要方面就是公共政治层面的法治化推进，即在公法领域的法制之变。这个领域的变革体现为《宪法》的修改、各种行政法规的颁布、司法体制的改革，以及《行政许可法》、《行政诉讼法》、《立法法》的颁布，等等。法治在中国的语境中，其实质就是约束政府的恣意权力，在政府权力与市民社会之间由法律划出一条边界。所谓治道变

---

[1] 参见：龙卫球（2007）。

革意味着把公民视为现代社会的主体，依法执政，执政为民，建立一个法治政府。[1]

客观地看，中国30年来的社会发展与法律制度的变革，在上述两个层面上确实是在一步步推进这个现代社会转型的法治化进程。一方面是以私人为主体的经济社会的发展以及保障个人权利与利益的法律制度的建立和完善，另一方面则是约束政府权力恣意妄为的一系列公法制度的建立和完善，两者结合在一起，构成了中国30年法制变革一条清晰有力的轴线，否认这个基本事实是不对的。从理论上看，这个现实的现代社会的发展轨道，从某种意义上印证了哈耶克有关法治的学说，即内部规则与外部规则的法治化理论。[2] 但是，对于这样一种演变和改革，我们又不能给予过高的估价，或者从根本上说，中国30年法制之变还远没有完成，还远没有达到法治中国的目的。因为中国的法制之变绝非是从刀制到水治的一个词汇的转变，而是两种法律制度的转变。问题在于，中国法制的水治之道属于一种外来的制度文明，我们的传统中并没有类似英国传统的“古老宪法”[3]，因此，水治之道在中国法制的总体格局中就难免陷入窘境。如果说政制到法制的二元分化得以存在的基础是法治实质性地介入中国政制，但是由于这种介入在中国并没有真正到位，就使得政制与法制的二元分化变成了貌离神合。也就是说，中国的政制和法治之间形成了内在的张力，或者说内在吊诡，这也正是中国30年法制进程存在的根本问题。这个问题虽然在理论上解决了，但在现实中并没有解决。

本文在此使用了中国法制变革的“吊诡”一词，指的是这样一种分裂状况，即中国的水治之道在相当情况下是一种法律修辞，在

---

[1] 中国共产党最新的有关体制改革、依法执政、法治政府的文件，见中共中央十七届二中全会通过的《关于深化行政管理体制改革的意见》。另参见：高全喜（2008i），李强（2008）。

[2] 参见：哈耶克（2000a）。

[3] 参见：裴亚琴（2008），姚中秋（2007）。

我们的普法宣传中，在我们的法学理论中，乃至在一系列的法律条款中，水治成为一种知识上的共识，然而在实际的运作中，水治却被刀制化约，依然扮演着刀制功能。从这个意义上来说，上述政制与法制的二元分化就有很多虚假的成分。我国现今所颁布的一系列法律，从《宪法》到《行政法》、《立法法》，到《物权法》、《劳动合同法》，都还拖着一个刀制的大尾巴，或者说法制之上还有个金箍，成为政治修辞学上的一种点缀。有人据此认为，中国法制30年基本上是在原地打转，没有进展。但是，我认为中国法制的吊诡与前述的党与国家的一元化辖制相比，毕竟洞开了一线生机，水治之道在中国法制的背后已然缓慢地在演进，我们通过那些政治意识形态的话语，可以清楚地感受到水治的力量在扩展，一步步争取自己的领地。所以，这个吊诡开启了水治之道的扩展空间，水治逐渐剥离法制乃至政制的传统枷锁而成为中国现代社会之制度转型的内在契机。

（三）中国法制单向度的发展、演变以及终结

中国法制的吊诡从一个方面凸显了中国法学理论30年来关于法治认识的片面性、单一性，或缺乏中国语境下的“创造性转换”[1]，用我的话来说，中国的法治理论还处于启蒙时代的意识，还需要一种“政治成熟”[2]。也正是因为如此，在中国法学理论中，一系列“去”法治或“反”法治的法学理论甚嚣尘上，这股来自不同理论资源的对抗法治中国的法学思潮，虽然自身的正当性有待考察和辨析，但确实击中了中国启蒙法治理论或教条主义的法治理论的短板。[3]

---

[1] 参见林毓生的洞见，他指出：“我们知道，自由、理性、法治与民主不能经由打倒传统而获得，只能在传统经由创造的转化而逐渐建立起一个新的、有生机的传统的时候才能逐渐获得。”（林毓生，1988：5）

[2] 参见：高全喜（2007b）。

[3] 例如，10年前苏力提出的“什么是你的贡献”问题，让一代中国的法学家们为之折腰。

我们看到，中国法治理论在强调个人权利、限制政府权力等法治的基本特性时，并没有有效地把法治的一般性原理具体转化为中国法制语境下的法治之道。在中国的法理学论文和著作中，大量充斥着有关西方法治、权利理论的转述和论证，尤其是西方当代的诸多法学理论，它们关于人权、权利、自由、规则、废除死刑、司法审查、法院独立等方面的论述，被直接地运用到中国现实社会的法律分析当中，成为一种主流的理论框架。考察中国 30 年来的法制变革，人们会发现一个非常奇怪的现象，即理论与现实的重大反差。也就是说，旧法制在理论层面上虽然丧失了主导性的话语权，但在制度的运作中依然是强有力的。理论上的法治主义在中国 30 年的法制变革中一路走红，占据着话语的主导地位，但在实际的制度运作上却是相对薄弱的，它们对于现实制度改进的影响还非常弱小，不是被扭曲就是被消解。为什么会出现这种情况呢？在我看来，这是由于中国法治理论的幼稚病，或者说，中国法治改革的单向度的片面扩展，而没有能够把法治问题进一步引申到政制与社会的更深层面上去。在理论上，法治不同于法制，建立法治的自主性，从政制领域中逐渐夺回自己的地盘并维护个人的基本权利，这些都是中国法治主义的基本内容，但是这些诉求单纯在法律范围内是不可能自我完成的。也就是说，中国法制的变革一方面需要法治主体性的自我建构，另一方面更需要走出自己的狭隘范围，与更广阔的中国现代社会的其他变革要素结合。只有推进了中国社会全面的变革，尤其是中国政制的变革，中国法制自身的主体性才能全面建立起来。

粗略考察一下中国法制 30 年的变革进程，其理论形态大体说来经历了如下三个阶段：第一阶段是中国法律理论的启蒙时期，即从旧政制的权力话语中逐渐建立起法学的独立领域，与此相关联的政治法律等问题的大讨论使得法学在继哲学、经济学之后成为一门显学，在改革中占据了前沿的地位。第二阶段是部门法的大发展时期，这一时期的法律理论在推进市场经济以及促进中国经济与世界经济接轨的法律构建方面起到了巨大的作用。第三阶段是关于民本主义的法律构建，这个方面的工作主要是从近几年开始强化的，如《消费者权益法》、《环境保护法》、《劳动合同法》等，这些法律旨在落实新时期中国共产党提出的“以人为本”与“和谐社会”的目标，构建一个新型的社会主义福利社会，使改革开放30年的经济成果为每一个国民所实际享有。[1]

上述三个不同阶段的法制建设和法学研究无疑说明了30年中国法制的法律自主性及法治主义的模式确实得到了很大的扩展，但应该指出的是，这些扩展和推进都基本上是在中国现有的政治体制框架下逐渐进行的。这样一来，我们就会发现中国法治主义的进程面临着前面提及的吊诡问题，即政治的开放程度为中国的法制进程提供了一个不可逾越的边界，而法治主义的真正核心恰恰在于对这个边界的扩展以及自身主体性的建构上。由于受制于政制的严重约束，因此，法治主义的内在动力就受到很大的制约甚至改变了正常的路径，成为扭曲的法治主义或修辞学的法治主义。这一点与中国的经济改革和经济学困境几乎是一样的。大家都知道中国的市场经济在某种意义上是扭曲的，中国主流经济学家的某些市场经济理论是片面的，因为西方的现代经济学有一个基本的理论预设，那就是它们有一个成熟的正常的宪政法治秩序，但在中国却远不是那么回事，我们根本没有这样的政制前提。30年来的中国法制也面临着同样的困境，一个国家的法制昌明需要一个优良的政体制度，而中国的法制改革缺乏政治法学和宪政主义的指导，致使法条主义盛行，形式主义泛滥，政法修辞学大行其道。从这样一个角度来看，中国法制变革如果不触及深层政治改革的话，

---

[1] 李林教授认为，1978年以来中国立法大致经历了四个发展阶段：1978—1982年，立法的全面恢复和发展；1983—1992年，有计划的商品经济背景下的立法；1993—2002年，建立社会主义市场经济体制背景下的立法；2003年至今，全面贯彻落实科学发展观背景下的立法。参见：李林，“改革开放30年中国立法的主要经验”（未刊稿）。

也就走到了尽头。

从中国现代社会的转型来看，中国法治主义的构建以及面临的政制与法制二元分化的吊诡，都属于现代化模式的议题，即便其中出现了自身无力解决的问题，也是这个进程中所催生的问题，而且它们的真正解决有待于政制的回归，通过政制改革来破除修辞学的迷雾，促进其现实的落实。但是针对上述法治主义的诸多弊端，却引发了另外一种法学思潮，即彻底质疑和抛弃中国法治之道的所谓本土资源、后现代主义、批判法学、世界体系等法律理论。这些理论无疑看到了中国法制 30 年变革的盲点，但它们并不是诉求法治的深化，而是质疑和反对法治主义本身，进而质疑和反对中国的现代化模式。在它们看来，不是中国的政制有问题，而是法治有问题，法治主义不过是西方的东西，中国法制改革的进程由于选择了西方法治主义的道路，因此才问题多多，上下失矩；中国完全可以在保持现有政制的情况下，走出一条独特的法制之路，在拒斥现代化模式的情况下，发展出中国的现代社会，而且这个法制和社会的图景，早就存在在人们习以为常的传统法制之中。

看到中国现代法治之道的问题，揭示其教条主义的幼稚和武断，这没有什么错。挖掘本土资源，从传统中发掘出中国法制的一些新思路，这当然值得喝彩。批判现代化模式的诸多弊端，指出中国不能重复西方现代化的老路，等等，这也本文赞同的。但是，本文不能赞同的是，上述所言真的能够成为我们抵御甚至拒绝中国现代社会转型的法治主义之充分理据吗？在中国 30 年法制变革面临难以持续的关头，在政制的铁盖头仍无法掀开的时刻，在中国面对全球化的社会、经济、文化全面冲击的情况下，在作为崛起的大国尚骨骼缺钙但又必须参与构建世界格局的形势下，我们难道仅仅以拒斥现代化模式就能成就一个新型的国家与社会吗？如果说本土资源是源远流长的，那么自鸦片战争以来，这个本土资源并没能使我们抵御西方列强的冲击，而在当今新的世界格局下，这个嘉宝又如何能使我们不重蹈覆辙？所以，我认为对于中国社会来说，关键的问题是政制与法制的重新构建问题，通过法治主义真正实现政制与法制的二元分化，达成政治国家与市民社会的二分，从而建设一个强大、自由、法治的国家与社会，这才是中国当今问题之问题。

在上述国家与法治的现代化变革的前提下，我从来就不反对继承传统，而是对传统抱有极大的尊崇和温情。本土资源当然是我们弥足珍贵的嘉宝，后现代的社会图景也使我们心旷神怡，它们伴随着中国法治主义的真正落实，将成为矫正教条式的自由主义的法宝。但是，令人遗憾的是，中国上述理论的主张者并不这样认为，他们希望以此颠覆中国的现代化模式，扭转法治主义的方向，所以他们眼中的中国法制变革的终结与我前述的终结具有完全不同的蕴涵。

（四）政制的回归：宪法政治与具体法治

本文前面提出了三个主要问题，第一是30年中国法制变革的政制与法制的二元分化，第二是由于法治不昌而导致的中国法制的内在吊诡，第三是法治理论的教条主义致使中国法学进退维谷。这三个问题其实都可归结到一个问题上来，那就是重新指向了中国的政制。从某种意义上说，30年一个轮回，我们又回到了原初的起点上。就中国法制30年的变革之道，乃至中国全方位的社会政治经济的变革路径来看，我们已经到了必须揭开中国政制的铁盖头的时候。如果中国的政治改革不能实现进一步实质性推进的话，中国的法制和经济改革就走到了死胡同。中国的法制变革之道是政制的回归。

当然，我不认为中国这30年的法制变革是一种原封不动的折腾，没有任何收获；我更不认为中国的这一轮变革只不过证明了现代化模式和自由主义法学在中国的水土不服，因此中国要走一条反西方现代化模式的本土主义法制道路。在我看来，中国法制30

年的变革冲破了旧体制的束缚，从党与国家一元化的辖制中走出来，这本身就是一个巨大的百年未有的成就，只不过这个改革的过程远没有完成。固然法治主义、现代化模式等具有普世性的价值，但毕竟它们的成功形态是与西方诸民族国家的发展联系在一起的，并且塑造了当今的世界格局。[1] 因此，中国的现代化进程以及法治主义就不能照搬西方的版本，我们要融汇中国元素，借用黑格尔的话来说，要通过中国的特殊性来加以显现，即把普遍性与特殊性融汇为一种中国的个体性，构建我们的主体性。[2]

从上述主体中国的原则来看，中国法制 30 年的变革之道，所面临的政制回归就具有了全新的意义。就近来说，经过 30 年的历史变革，中国社会发生了翻天覆地的变化，中国政制已非 30 年前改革之初的情形，30 年的中国经济与法制变革已经从根基上触动了原先的政治体制。[3] 社会变革是与政制变革同步的，我们不能说中国是经济发展、法制变革，而政制还是原封不动，只不过前者是以显白的方式甚至是以修辞的面目在明处展开，而后者则是在

---

[1] 参见：韦森（2007）。

[2] 参见：黑格尔（1980），高全喜（2004）。

[3] 值得注意的是，张恒山在《中国共产党依法执政探索》（未刊稿）一文中提出了一种富有见识的观点。他认为：“建国以来，中国共产党逐步地形成了这样一种执政方式，以中共中央制订政策、会议决议，以总览各行政层级权力的各级党委常委会为中心指挥国家各机构依据中共中央的政策、会议处理国家社会各方面事务。”“文革”结束后，十一届三中全会决议表明，中共正式放弃阶级斗争路线，把工作重心转移到经济建设上去；1978 年，邓小平率先提出加强民主与法制的思想；1997 年，十七大报告首次确定，依法治国是党领导人民治理国家的基本方略。此后，在历次党代会中，共产党都逐步推进了民主法制建设工作。首先表现在立法上，这些法律包括《中华人民共和国宪法》（1982）、《全国人民代表大会议事规则》（1989）、《中华人民共和国民族区域自治法》、《中华人民共和国人民法院组织法》等一系列重大的法律制度建设；其次，表现在中共努力完善司法体制，致力于推进司法体制改革，试图建立公正、高效、权威的司法机构；此外，将政府行为纳入司法审理范围，1989 年制定《中华人民共和国行政诉讼法》，1994 年制定《中华人民共和国国家赔偿法》。另外，特别值得提出的是，应该把中共组织的内部变革纳入依法治国的高度来看待，视为中国法制变革的一个中心内容。首先，中共废除了高级领导干部的终身制，1982 年《宪法》规定，各种国家最高职务的每届任期为 5 年，连续任职不得超过两届；其次，通过党章规定，中国共产党必须在宪法和法律范围内进行活动；此外，中共逐步退出对司法案件的直接干预，对干部推荐选拔工作逐步规范化，从制度上加强对党员干部的反腐败监督，等等。

背后悄悄地进行。

既然如此，为什么本文还要提出“政制的回归”，为什么还要三番五次地说政制依然是束缚中国经济与法律发展的阻力，政治体制与经济、法律的二元分化仍然存在着某种吊诡呢？这就促使我们重新审视什么是政治与法律的关系，什么是中国法制诉求的良性政制。固然中国政制30年来发生了很大的变化，但总的来看，这种变化或改革还依然保持着旧体制的刚性结构，并没有从根本上改变党与国家控制社会的权力模式，法治主义在政制那里还没有真正得以落实。因此，本文所谓“政制的回归”不是回到30年前的政制，也不是用现行的政制吸纳法治[1]，而是诉求一种内在的政制变革，通过法治主义规范政治，真正实现宪法政治和具体法治，为现代社会建立一个良性的公共政体。本文认为，只有这样才能为中国法制的现代化、中国社会的现代转型，以及构建中国的主体性提供一个政制的基础。

本文认为这种政制的回归又可以分为两个大的层面：宪法政治与具体法治。[2]之所以这样划分，是基于这样一个基本的政治学原理，即人类的政治事务区分为两种，一种是日常政治，一种是非常政治。就一个成熟的社会形态来说，日常政治属于生活的常态政制，人们在这样一种状态下，各自从事自己的目的性活动，只要遵循法律，便具有自由的活动空间，具体法治是常态政制的基本形态。但是，一个社会并不总是处于日常政制，在历史的诸多时期，人类政

[1] 金耀基根据英国人管理香港的经验，曾经提出了一个行政吸纳政治的“非政治”观点，参见：金耀基（1999）。不过，对于中国内地来说，这种吸纳是有限度的，政制的强势力量或许只有通过法治才能驯化。英美的自由左派思想家尚塔尔·墨菲也曾提出一种“政治的回归”，不过，他提出这个观点的欧美语境与我们的中国语境不同，他是在后现代的视野下，针对自由民主政治的颓败提出一种反本质主义的多元政治，而我所提出的政治回归，则是基于中国社会的本质主义政治回归，诉求的是邓小平政治体制改革的继续。参见：墨菲（2005），高全喜（2008e）。

[2] 参见：高全喜（2007f，2008e），贺卫方（2002）。贺卫方精辟地指出：“宏大价值的实现，主要依赖于具体政制、法律和程序。只有通过具体法治，才能使法治达到名归实至的境界。”

制还有一种非常态的特殊政制，此时政制的意义凸显，个人生活关涉其中，需要政制的决断，因此，又称之为宪法政制或立宪政制。[1]

就中国的语境，尤其是中国 30 年法制变革的语境来看，我认为我们需要从综合上述两种政制的角度来看待政制的回归。首先，中国政制自鸦片战争以来，就一直处于非常政制的历史时期，我们并没有建立起一个良好的宪法政制，立宪时代的政制主题直到今天也没有完成。因此，考察 30 年来的中国法制变革，重新提出政制的回归，其要义仍然是重提宪法政制的核心问题，即真正以宪法作为政治行为准则，按照宪法构建一个现代的政治秩序。应该指出，30 年前的法制变革，并不是宪法政制的产物，当时政制与法制二元分化的动力机制也不是宪法问题，而是党与国家的政制问题，只是因为宪政不昌，所以才出现了法制变革难以为继的状况，才出现了法治主义的修辞学，才出现了政制之道的潜规则。因此，今天我们提出政制的回归，首先是正视非常时期的政制内蕴，开启宪法政制，以宪立国，依宪治党。[2]

从某种意义上说，所谓政制的回归，不仅是回归 30 年来重新凸显的中华人民共和国的宪法政制问题，而且是回归晚清立宪的宪法政制问题。中国有一个王朝政制的传统，也还有宪法政制的传统，关键是如何构建我们的活的宪法，这里就必然关涉制宪权问题、政制正义性问题、革命与改良问题、革命党向执政党转型的宪法政制问题[3]，等等。

在宪法政制的大背景下，政制的回归在今天还有另外一个路径，那就是具体法治，也就是说，使得社会的每一个法律规则都能

---

[1] 关于这两种政制状态的定义以及对它们的阐释，又有两种不同的理论模式，一种是德国公法学家卡尔·施米特的把非常政治绝对化的理论；一种是美国宪法学家阿克曼的两种政治以及从非常政治向日常政治转化的理论。参见：卡尔·施米特（2003），Ackerman（1991），蔡宗珍（2003）。

[2] 萨托利有关“保障性的宪法、名义上的宪法和装饰性的宪法”的三种宪法的区分，参见：萨托利（1995），林来梵（2005）。

[3] 参见：夏勇（2004），俞可平（1998，2000），林尚立（2000），李林（2005）。

够不受制于政治权力。在具体的社会生活中，在每一个国民的权利保障方面，让法治的阳光照耀到每一个细节，使法的统治落到实处，落实到具体环节，落实到每一个司法的诉讼和案件之中。法治不是空泛的，而是具体的，不总是宏大叙事，而常是润物无声。中国的法治主义固然要回归宪法政制，致力于宪法构建，但这样一种特殊时期的伟业，其自身不是目的，宪法的伟大要落实到具体的细节，立宪政制的非常时期要有转化为日常政制的机制和轨道。从某种意义上说，中国政制的现代转型很类似德国和法国，我们频繁跋涉于政制的革命性巨变之中，立宪政制不但没有完成，而且日常政制也没有建立起来，法治离百姓的日常生活甚远。因此，政制的回归还需要建立起一种常态的政制，即具体法治，在常规情况下划分出你的与我的，尤其是政治权力与个人领域的边界。就此而言，英美的政制值得我们借鉴。按照阿克曼的论述，美国历史中也曾经出现过政制危机，并催生出宪法政制，但这个国家的政治成熟在于，它们总能寻找到一条从宪法政制转化为日常政制的途径，从而达到非常政制与日常政制的统一。[1]

对于今天的中国来说，经过30年的改革开放，各项事业都已取得前所未有的发展，但诸多问题也都纠结在一起，呈现出重大的危机。如何开启中国社会的新的转型，这就需要我们回归政制。中国问题的艰难性在于，这个政制的回归是两个方面的回归，即既是回到非常政治，又是回到日常政制。如何处理这种复杂多元的关系，促进中国出现宪法政治的转型，并从中催生出一个法治主义的常态政制，是摆在中国政治家和法学家面前的共同问题，也是“我们中国人民”[2] 的共同问题。

---

[1] 参见：贺卫方（2002），阿克曼（2003）。

[2] 参照阿克曼“我们人民”的宪法学概念，我在此尝试提出“我们中国人民”的宪法学概念。关于这个问题，我国的宪法有“中国人民”、“中国人民在中国共产党的领导下”、“中国各族人民”等表述，如何梳理它们之间的宪法关系是一个重大的理论问题。参见：陈端洪（2007），高全喜（2008b）；陈端洪，“论宪法作为国家的根本法与高级法”（未刊稿）。

三、政法领域的“中国经验”之辨析

本文的主题是关于中国法制30年变革之道的考察，这里当然涉及到一个近来为国内外研究中国问题的法学、政治学和经济学等学科的理论家们所关注的问题，即中国经验。谈到“经验”，这里又涉及两个层面的问题，一个是作为过程的事实内容，一个是作为范式的形式提升。[1]

中国作为一个具有悠久历史传统的大国，在现代社会的转型中面临着内政外交等一系列的转变，包括在国内政制、经济、社会的巨大变革中保持自己的主体性，并积极稳健地对外开放，与世界接轨，参与到当前正在发生深刻变化的国际新秩序的构建，在内部秩序和外部秩序两个领域塑造出一个现代社会。这里确实有着一个正在发生、演变和扩展的过程，甚至有着一种中国特色的成功形式，这些可以称为“中国经验”。因此，中国可以说在后发国家的现代化演变中，具有了中国经验。但是，如果把上述的中国经验上升到一种范式的高度，认为中国的社会发展，尤其是政制与法制的制度发展，已经取得了成功的经验，具有了典范性的范式意义，则是过于乐观了。正像前文所一再指出的，30年来中国的社会、政制、经济、文化等各个方面的发展，在国内、国外两个领域中的转型和构建，尽管取得了相当的成就，但毕竟没有彻底完成，中国转型时期的危机并没有解决，不但社会内部积累加剧的问题如芒在刺，而且外部世界的新挑战也是日益严峻，甚至我们连一个现代社会不可缺少的基本的政制与法制的制度框架或优良政体，都没有建设出来。[2] 因此，我们的经验如何能够成为一种具有普遍性意义的范式或典范呢？

---

[1] 参见：托马斯·库恩（2003），奇尔克特（1998）。
[2] 参见：季卫东（2004），张千帆（2004），秋风（2004），高全喜（2008a）。

所以，我认为探讨中国发展与法制的中国经验问题，不能不涉及对中国经验的理解和界定，或者说我们具有的究竟是何种“中国经验”。其实，在这个问题上，汉语思想界一直存在着思想与理论上的严重分歧。一派思想理论认为，尽管中国改革30年来的经验尚不足以达到范式的高度，但这条改革开放、法治、民主、宪政的道路是正确的，我们现在的问题是如何进一步深化改革，尤其是政治制度的改革，以此促进中国经济、法制与社会文化的发展进步，真正融入现代社会的潮流，在内外两个方面实现中国的主体性。另外一派思想理论则与之相反，它们批判中国发展的现代化模式，拒斥所谓西方自由、民主、法治、宪政，并以此全面否定中国这个30年来主导的朝向现代化的经验和道路。在它们眼中，如果有所谓中国经验的话，那就是中国抗拒现代化普遍模式，抗拒西化经济、政制和法律制度的反现代性的特殊经验。所以，关于何种中国经验，在当前中国的语境下，就存在着迥然不同的论述。

（一）中国主体性：文化的还是制度的？

在近些年的中国法政思想理论中，关于构建中国主体性的问题开始凸显，我认为这是一件好事，它表明中国经过30年的改革开放，在经济、政治和社会诸多领域取得了实质性的进步，在当今国际秩序中的地位有所加强，一个繁荣的经济社会和一个大国的政治社会的双层面貌初步勾勒出来。时代呼唤理论，因此，关于中国主体性的理论诉求由此而生。但是，如果仔细梳理一下有关中国主体性的话语言说，我却产生一种深深的隐忧，即构建中国主体性的核心基础是什么，我们构建主体性的资格和能力是什么——是制度还是文化？是诉诸前现代或后现代的反（西方）政制与法制的社会批判理论，还是诉诸自由主义与民族主义相结合的改良主义的社会建设理论？

我认为，中国主体性的构建问题，并不单纯是有关中国独特性的文明特质论问题，而是涉及中国近现代以来融入世界格局的普遍性与特殊性的会通问题。因此，那些顽固拒斥所谓西方模式的中国主体性，不仅在理论上极其片面，而且在中国近现代的历史实践中已经被现实的中国现代化进程所抛弃。当然，我们有充分的理据和道义来指陈西方列强主导的现代世界体系之罪恶多端，揭露西方的现代化模式只是它们的特殊模式，而非世界其他国家理所应当追随膜拜的范式。但是，古老中国要进行自己的现代社会转型，就必须面对西方问题，并且把它视为普遍性的问题。这不是愿意不愿意的事情，而是被迫的转型，只有在中国特殊性与西方特殊性的碰触中，预设一种可以为双方共享的普遍性，中国才有出路。[1] 作为后发国家，我们的主体性只有在分享共同的普遍性之建设中，并由此展现我们的特殊性，即基于中西共同普遍本性之下的中国特性，才是我们的主体性。

狭隘的中国特殊论者却不这样认为，他们固执于中国的特殊性，把西方的特殊性与普遍性捆绑在一起，试图在彻底反西方和反现代的语境中建立中国的主体性。在他们那里，没有共享的普遍性，只有敌我对立的特殊性，只有两种文明的绝对冲突。[2] 那么如何在本土特色中构建中国的主体性呢？我们发现，这类宣扬中国主体性的高调理论，尽管观点各异，资源杂糅，但有着一个共同的特点，就是用文化、知识、观念化约政制、法制、经济，尤其是遮蔽中国现代转型的政制、法律、经济制度的核心地位。在激进主义的批判狂潮的快感中，在对西方已经侵入中国肌体的法治主义和资本主义的怨恨中，在对一个过去的或未来的美好新世界的憧憬中，构建他们的中国主体性。显然，他们的理论属于文学叙事，属于诗化哲学，属于知识考古，属于语言游戏。

我认为，中国主体性应该建立在开放的、普遍性的、共享的基

[1] 参见：韦森（2008）。

[2] 这类理论并不是东方中国传统固有的，也是从西方调用的，如亨廷顿的文明冲突论、施米特的敌友政治论等。其实，这种敌我对立理论及其精神气质，与中国传统的中庸思想是不相容的，中华文明的精神气质是涵融、会通的。

础之上，在此，文化与制度两方面的因素都是非常重要的，而且抽象地说，两者并没有孰高孰低的差别，文化与制度并不彼此对立。所以，所谓“中国主体性：制度的还是文化的?”其实是一个假问题，中国的主体性既基于制度又基于文化，开放地分享现代社会之普遍性的制度与文化的结合，共同塑造着中国的主体性。但是，这个问题在当今中国思想界关于何种中国经验的论争中，又是有意义的，因为那些主张中国主体性的诸多言辞，他们共同遮蔽制度，尤其是自由、法治、民主、共和、宪政等制度对于中国主体性的重要意义，把它们视为西方、异质、敌对的东西，企图把想像中的中国主体性建立在文化、知识、观念的单一维度上面，并且以此抗拒、诋毁普世性的制度价值。在我看来，在当今中国的特殊历史时期，制度构建或回归政制的体制改革，推进法治主义，建立法治政府和自由共和政体，是远比发扬中国传统文化，构建知识谱系学，参与反对现代主义的文化大批判，组建后现代社会的思想统一战线等，更为重要和关键。[1]

当然，这样强调制度的重要性，并不是否定文化，否定传统，而是寻求自由主义政制、法制与中国民族主义的结合。在这个问题上，我既不同意保守的民族主义至上论，或激进主义的民族主义，也不赞同教条主义的自由主义，或西方中心主义的自由主义。在我看来，中国主体性的构建，只能建基于中国之自由的民族主义这个理论基础之上，寻求普遍性与特殊性、政体制度与文化意识的结合，因为任何一种优良的政体制度、法制秩序，都必定扎根于本土，与传统结合。近代以来为西方诸民族国家所分享的普世性制度文明要与中国交汇，成为我们的制度结构，促进我们的现代社会转型，也同样需要与中国的民族主义相结合，而不是相对抗。值得庆幸的是，我们的民族性开放、温润、和合，我们的传统典雅、中庸、淳厚，只是由于近代以来屡遭西方列强欺辱，才变得有些愤激

[1] 参见：高全喜（2007g，2007h，2007i，2008h），王焱（2007）。

而致决裂，但这不是中国文化的主流。因此，我们有能力也有自信，在现代社会的转型中，在政法之道的变革中，在国家与社会的发育成长中，塑造出新的民族性格和法政骨骼，达成自由主义与民族主义的良性结合。[1]

（二）法制变革中的“中国经验”

在某种意义上，30 年中国法制进程确实存在着一种经验，显现出一种改良主义的法治中国的道路，或者说，在过去 30 年中国法制经历着近现代历史以来少有的巨变，这个巨变无论从内部的制度结构、价值取向和技术操作等方面看，还是从与外部世界的交汇、碰撞、冲突、对抗与调适等方面来看，都是巨大的，甚至是较为成功的。从立法、司法和政府行政的权力结构之区分，从逐渐脱离传统的党政法一元化体制，从主流意识形态倡导的执政为民、司法监督、依法治国和政治文明的法治理念之宣传，从积极参与国际秩序、担当大国责任、倡导世界和平新秩序[2]等方面，我们都可以发现中国法制的现代性转型，看到一个理性的中国在处理内政、外交事务中的法制意识的开放、稳健以及建设性的成就。上述这些重大的内外两个方面的法制变革，是中国作为一个大国，在改革旧体制、朝向现代社会转型的过程中值得肯定的进步。如果说有中国经验的话，在我看来，这个经验是与改革进步、变法图强的主题联系在一起的，其理论基础仍然是邓小平提出的现实主义的实践理性原则[3]，或中

---

[1] 参见：高全喜（2007d，2008c），许章润（2003，2007a，2007b），耶尔·塔米尔（2005）。

[2] 参见：郑必坚（2005）。他认为中国的改革开放走的是一条以经济建设为中心，在同经济全球化相联系而不是相脱离的进程中独立自主地建设中国特色社会主义的道路。是经济全球化成全了中国的和平崛起，因此，中国共产党无意挑战现存国际秩序，更不主张用暴烈的手段去打破它、颠覆它。经济全球化提供了不必通过对外扩张和争夺殖民地去掠夺别国资源，而是通过全球化条件下生产要素的市场化流动，去获得中国现代化建设所必需的国际资源。自 20 世纪 70 年代末 80 年代初，中国走上和平崛起发展道路以来，中国共产党就始终坚持把发展社会主义市场经济同建设社会主义民主政治、法治国家以及先进文化与和谐社会结合起来。

[3] 参见：刘海波（2007a，2007b）。

国传统自有的实事求是原则。用大家耳熟能详的话说，就是“摸着石头过河”，就是“旧瓶装新酒”。用学术语言说，就是法制的渐进改良主义，就是对于现代化法制模式的中国修正主义。

关于这个法制的中国经验，大致有如下几点需要说明。首先，转型时期的实践理性，是中国法制之所以能够一步步走出来的指导原则。这个原则从改革之初的“实践是检验真理的唯一标准”理论大讨论中就显现出来，此后这个原则也一直贯穿于中国法制的变革进程之中。没有这个实践理性的包容性、开放性，甚至试错性，中国的法制不可能达到今天这个地步。例如，“良性违宪”、“判例制度”、依法维权等讨论所反映出来的问题，也从一个侧面说明了这个实践理性在一些具体的法制领域的调适作用。中国法制在转型期面临的问题是多方面的，谁也没有能力一开始就构建出一个全方位的规划。这种理性建构主义的独断论与政制专制主义的结合，曾经对中国法制造成了巨大的灾难。因此，改良主义的实践理性允许法制领域的具体实践和改革探索，甚至允许试错，先搞法制的试验田，成熟之后加以总结推广，最后上升到国家立法，予以制度化、法制化，这是中国法制一个突出的经验。

其次，确立现代法治观念，健全法律体系，构建一种现代模式的法制框架，这种融入世界主流法制体系而不是抗拒现代社会的法律观念，也是中国法制经验的一个突出特征。[1] 当然，融入世界并不等于克隆或复制西方的法制体系和制度模式，而是在保持中国特性的前提下，积极合作，锐意改革。应该看到，中国的道统、法

[1] 日本学者铃木贤教授在《法系的转变——回顾中国法治建设30年之旅程》（未刊稿）一文中，提出了一个很有新意的观点，他认为中国目前正在经历从社会主义法系到东亚式欧陆法系的转变。本文基本同意铃木教授的这一观点，但需要指出的是，这个观察乃至结论只是形式上的。也就是说，从法系的形式主义特征来看，确实中国的现代法制正在朝着东亚式的欧陆法系模式演变；但是就中国现代法制的实质内涵来看，英美法系的法治、权利、个人自由，乃至宪政主义等内容，对于中国现代法制的影响也是巨大的。这里涉及到如何看待现代欧陆法系以及东亚式法制模式的问题，涉及到现代的欧陆法系与英美法系乃至中华法系的融汇和内在的张力等深层问题。

统、学统自鸦片战争以来已经屡遭摧残，几经变异，各种“左”的和右的，尤其是“左”的激进主义的狂潮已经使中国的法制难以为继。因此，30 年来中国法制如果有经验的话，其中的一个议题就是如何在现代法制模式的变革中恢复我国的活的传统，而不是死的传统。在这个问题上，粗略地看，我们中国近代以来，大致有四种法制传统：一种是以沈家本为代表的晚清变法的保守主义传统，一种是康梁变法的激进主义传统，一种是国民党时期建立的以《六法全书》为标志的三民主义法制传统，一种是新中国建立的“国家与法”的无产阶级法制传统。在我看来，考察 30 年来中国法制变革的中国经验，应该进入一个更加宏大的中国近现代历史的变法传统中，看到它接续的不仅是新中国的法制传统，而且与近代以来的四次法制变革有着密切的联系，属于第五次变法图强的历史路径。

再次，接续传统，不是为了守旧，而是为了出新，中国法制 30 年的另一个经验，在我看来，就是敢于面对当今的世界格局，积极地融入进去，在迎接而不是抗拒中逐步调适我们的法制模式。应该指出，我们所处的时代是一个巨变的世界，全球化浪潮、新技术革命、世界经济一体化都对中国法制构成了巨大的挑战，但同时也构成了巨大的机遇。中国法制 30 年是在与外部世界广泛交往的过程中发展演变出来的，而不是自我封闭独自构建的。因此，我们看到，与世界经济、贸易、政制、文化、军事、技术等诸多方面的全方位联系，促使我们的法制必须实施现代体系，与国际接轨。条约法、国际法、WTO 规则、《海洋法公约》、国际人权公约等，都迫使我们的法制如同我们的社会一样全方位的开放，走向世界，参与国际事务的规则制定。既捍卫国家利益，又维护世界和平，这是一个成熟的大国法制的姿态。尽管我们的 30 年法制变革还不能说塑造出一个从容的大国政制，但它表现出来的面对世界的开放性，以及实现出来的促进中国走向世界的法制路径，不失为中国经验的一个表征。[1]

上述所言是本文从宏观视角梳理出来的几点所谓30年法制变革的中国经验，不过这些肯定会遭到反现代模式的各种批判理论的否认或拒斥。在他们看来，上述我所言的法制经验恰恰是中国法制的失败。他们一贯反对中国的实践理性，认为那是市侩的实用主义，他们也反对或避而不谈近现代以来的变法传统，尤其是保守的自由主义的政制、法制之法统、道统、学统，认为那是反革命的破烂货，只有“左”派激进主义才是他们浴火重生的原动力。当然，他们更反对世界法制秩序，反对中国加入这个现代主义的潮流，全球化、自由经济、世界贸易规则、华盛顿共识、资本主义民主宪政等，全都是些腐朽、反动、压迫无产阶级的枷锁，中国法制要加入这个体系，不过是证明了中国权贵资本主义与西方资本主义的“共谋”。他们不承认中国法制30年来的这种经验，不过他们也不拒斥中国经验，或者说他们也在寻求另外一种中国经验，即在中国法制事务中如何抵御西方法制侵入的经验，中国人民如何反对、抗拒不平等的（中国与西方资本家与当权派共谋形成的）法制的经验，如何在中国传统资源中挖掘出完全不同于西方法制的具有民族特殊性的民间法制的经验，诸如此类。如此看来，关于法制中国的何种经验问题，在中国的思想界实际上一直存在着激烈的争论。

30年中国法制变革如同中国社会的变革一样，可以说存在着一个“中国经验”，至于这个经验究竟是什么，尚存在巨大的纷争。不过，如果从经验的成熟形态，从这个中国经验是否成为范式来看，本文认为30年法制变革的中国经验还是不成功的，甚至可以说这个中国经验尚处于危机之中，还根本上升不到范式的高度。为什么这样说呢？正如前文一再指出的，我们的改革还没有开始过大关，法制中国的更为艰巨的任务还在后头，政制的回归以及重启新一轮政治改革的关头还没有真正到来。因此，所谓的中国经验

---

[1] 参见朱景文（2001，2006）以及法律出版社推出的“法律与发展”译丛。

之根基还是十分不牢固的，已经取得的一些成就随时都有倾覆的危险。从政治学的角度看，我们还处于非常政制的变革时期，一种良性的日常政制的常态机制并没有成熟而健全地巩固下来，在这样一种境况下奢谈法制的中国经验无疑具有一定的误导性。在我看来，虽然中国改革开放已有30年，但我们还远没有到总结经验的时候。或许在不远的将来，在中国法制真正摆脱政制的辖制，在普世性的现代化模式中开辟出一个真正中国主体性的法制之道，就像昔日的盎格鲁·撒克逊民族向世界贡献出“英国经验”一样，到那时我们未尝不能贡献给世界一个中华民族的法制的“中国经验”。

参考文献

1.Ackerman，Bruce，1991，*We The People：Foundations*，Cambridge，Mass.：Harvard University Press.

2.Baran，Paul，1957，*The Political Economy of Growth*，New York：Monthly Review Press.

3.Frank，Andre Gunder，1967，*Capitalism and Underdevelopment in Latin America*，New York：Monthly Review Press.

4.阿克曼，《我们人民：宪法变革的原动力》，北京：法律出版社，2003。

5.布迪，莫里斯，《中华帝国的法律》，南京：江苏人民出版社，2003。

6.珀金斯，《中国农业的发展，1368—1968》，上海：上海译文出版社，1984。

7.布莱克，《现代化的动力：一个比较史的研究》，成都：四川人民出版社，1988。

8.布莱克等，《日本和俄国的现代化》，北京：商务印书馆，1984。

9.蔡宗珍，“卡尔·施米特之宪法概念析论”，《政治与社会哲学评论》，台北：巨流图书公司，2003 年第 5 期。

10.陈端洪，“论中国宪法的根本原则及其格式化修辞”，收入《宪治与人权》，北京：法律出版社，2007。

11.邓正来，《中国法学向何处去——建构“中国法律理想图景”时代的论纲》，北京：商务印书馆，2006。

12.杜赞奇，《文化、权力与国家》，南京：江苏人民出版社，2003。

13.费正清，《美国与中国》，北京：商务印书馆，1987。

14.费正清、赖肖尔、克雷格，《东亚文明：传统与变革》，天津：天津人民出版社，1992。

15.弗兰克，《依附性积累与不发达》，南京：译林出版社，1999。

16.——，《白银资本》，北京：中央编译出版社，2000。

17.高鸿钧，《伊斯兰法：传统与现代化》，北京：中国社会科学文献出版社，1996。

18.高全喜，“有关‘历史主体性’的论述”，收入《论相互承认的法权——〈精神现象学〉研究两篇》，北京：北京大学出版社，2004。

19.——，“现代自由主义如何应对美德问题——以麦金泰尔所谓‘休谟的英国化颠覆’为例”，《思想》，第 7 期，台北：台湾联经出版公司，2007a。

20.——，《我的轭——在政治与法律之间》，北京：中国法制出版社，2007b。

21.——，“大国、法治国与国家责任”，收入《我的轭》，北京：中国法制出版社，2007c。

22.——，“大国之道：自由主义与民族主义”，收入《我的轭》，北京：中国法制出版社，2007d。

23.——，“大国之道与中国问题”，收入《我的轭》，北京：中国法制出版社，2007e。

24. ——，“立宪时代的法政哲学思考”，收入《我的轭》，北京：中国法制出版社，2007f。

25. ——，“中国语境下的自由主义法权理论”，收入《我的轭》，北京：中国法制出版社，2007g。

26. ——，“文化政治与现代性问题之真伪”，收入《我的轭》，北京：中国法制出版社，2007h。

27. ——，“中国现代法学之道：价值、对象与方法——关于邓正来《中国法学向何处去》的一种本质主义批判”，收入《我的轭》，北京：中国法制出版社，2007i。

28. ——，《何种政治？谁之现代性？——现代性政治叙事的左右版本及中国语境》，北京：新星出版社，2007j。

29. ——，“中国语境下的施米特问题”，收入《何种政治？谁之现代性?》，北京：新星出版社，2007k。

30. ——，《现代政制五论》，北京：法律出版社，2008a。

31. ——，“论共和政体——关于中华人民共和国的一种政体论思考”，收入《现代政制五论》，北京：法律出版社，2008b。

32. ——，“论民族主义——关于民族主义问题的一种自由主义考察”，收入《现代政制五论》，北京：法律出版社，2008c。

33. ——，“论国家利益——关于中国现代社会的一种国家哲学思考”，收入《现代政制五论》，北京：法律出版社，2008d。

34. ——，“论宪法政治——关于法治主义理论的另一个视角”，《北大法律评论》，2005 年第 6 卷第 2 辑，北京：北京大学出版社，收入《现代政制五论》，北京：法律出版社，2008e。

35. ——，“论政治社会——关于中国现代社会的一种政治经济学考察”，收入《现代政制五论》，北京：法律出版社，2008f。

36. ——，“社会主义法治国家：基于宪法学的视角”，《中共中央党校校报》，第 1 期，2008g。

37. ——，“哈耶克主义与中国语境”，《博览群书》，第 2 期，2008h。

38.——，“现代政府政体论意义上的行政体制改革”，《中共中央党校学报》，12卷第3期，2008i。

39.葛兰西，《狱中书简》，北京：人民出版社，2006。

40.郭道晖、李步云、郝铁川主编，《中国当代法学争鸣实录》，长沙：湖南人民出版社，1998。

41.哈耶克，《个人主义与经济秩序》，北京：北京经济学院出版社，1991。

42.——，《法律、立法与自由》，北京：大百科全书出版社，2000a。

43.——，《经济、科学与政治——哈耶克思想精粹》，南京：江苏人民出版社，2000b。

44.——，《致命的自负》，北京：中国社会科学出版社，2000c。

45.贺卫方，《具体法治》，北京：法律出版社，2002。

46.黑格尔，《小逻辑》，北京：商务印书馆，1980。

47.亨廷顿，《变革社会中的政治秩序》，北京：华夏出版社，1988。

48.黄平、崔之元主编，《中国与全球化：华盛顿共识还是北京共识》，北京：中国社会科学文献出版社，2005。

49.黄宗智，《华北的小农经济与社会变迁》，北京：中华书局，1986。

50.——，《长江三角洲的小农家庭与乡村发展》，北京：中华书局，1992。

51.——，《清代的法律、社会与文化：民法的表达与实践》，上海：上海书店出版社，2001。

52.——，《法律、习俗与司法实践：清代与民国的比较》，上海：上海书店出版社，2003。

53.——，“中国法律的现代性?”，《清华法学》，第10辑，北京：清华大学出版社，2007。

54. 吉登斯，《现代性的后果》，南京：译林出版社，1999。

55. 吉尔兹，《地方性知识——阐释人类学论文集》，北京：中央编译出版社，2000。

56. 季卫东，“面向二十一世纪的法与社会”，《中国社会科学》，1996 年第 3 期。

57. ——，《宪政新论》，北京：北京大学出版社，2004。

58. 江平，《我所能做的是呐喊》，北京：法律出版社，2007。

59. 杰尼索夫，《国家与法的理论》，北京：中华书局，1951。

60. 金耀基，《从传统到现代》，北京：中国人民大学出版社，1999。

61. 卡尔·施米特，《政治的概念》，上海：上海人民出版社，2003。

62. 柯文，《在中国发现历史——中国中心观在美国的兴起》，北京：中华书局，1989。

63. 李步云，“从法制到法治，二十年改一字”，《法学》，1999 年第 7 期。

64. ——，“转型时期的中国法治”，《中国政法大学校报》，2008 年第 2 期。

65. 李林：《法治与宪政的变迁》，北京：中国社会科学出版社，2005。

66. 李强，“从现代国家构建的视角看行政管理体制改革”，《中共中央党校学报》，2008 年第 3 期。

67. 梁治平编，《法律的文化解释》，北京：生活·读书·新知三联书店，1994。

68. 林来梵，“宪法不能没牙”，《法学》，2005 年第 6 期。

69. 林尚立，《当代中国政治形态研究》，天津：天津人民出版社，2000。

70. 林毅夫、蔡昉、李周，《中国的奇迹：发展战略与经济改革》，上海：上海三联书店，1994。

71.林毓生，《中国传统的创造性转化》，北京：生活·读书·新知三联书店，1988。

72.刘海波，《政体初论》，北京：北京大学出版社，2005。

73.——，“关于宪法解释的几个问题”，《太平洋学刊》，第12期，2007a。

74.——，“实事求是与例证推理”，《学海》，第4期，2007b。

75.——，《中央与地方关系的法治化研究》，博士后报告，中国社会科学院法学所，2007c。

76.龙卫球，“法治进程中的中国民法——纪念《民法通则》施行20周年”，《比较法研究》，2007年第1期。

77.罗马什金、斯特罗果维奇、图曼诺夫主编，《国家和法的理论》，北京：法律出版社，1963。

78.罗荣渠，《现代化新论——世界与中国的现代化进程》，北京：北京大学出版社，1993。

79.——，《现代化新论续篇——东亚与中国的现代化进程》，北京：北京大学出版社，1997。

80.罗荣渠、牛大勇编，《中国现代化历程的探索》，北京：北京大学出版社，1992。

81.罗兹曼，《中国的现代化》，南京：江苏人民出版社，2003。

82.麦金尼斯，《多中心治道与发展》，上海：上海三联书店，2006。

83.墨菲，《政治的回归》，南京：江苏人民出版社，2005。

84.牟宗三，《政道与治道》，西宁：广西师范大学出版社，2006。

85.裴亚琴，《论辉格传统及其宪政意义》，北京大学博士论文初稿，2008。

86.彭慕兰，《大分流——欧洲、中国及现代世界经济的发展》，南京：江苏人民出版社，2003。

87.奇尔克特，《比较政治学理论：新范式的探讨》，北京：社会科学文献出版社，1998。

88.强世功，《法制与治理——国家转型中的法律》，北京：中国法制出版社，2001。

89.秋风，《立宪的技艺》，北京：北京大学出版社，2004。

90.萨托利，“‘宪政’疏议”，收入王焱编，《市场逻辑与国家观念》，北京：生活·读书·新知三联书店，1995。

91.苏力，《法治及其本土资源》，北京：中国政法大学出版社，1996。

92.苏联科学院法学研究所科学研究员集体编著，《马克思列宁主义关于国家和法权理论教程》，北京：中国人民大学出版社，1950。

93.托马斯·库恩，《科学革命的结构》，北京：北京大学出版社，2003。

94.汪晖，“去政治化的政治、霸权的多重构成与六十年代的消逝”，《开放时代》，2007 年第 2 期。

95.王焱，“文化，还是制度?”，《21 世纪经济报道》，2007 年 8 月 4 日。

96.威尔伯主编，《发达与不发达问题的政治经济学》，北京：中国社会科学出版社，1984。

97.韦森，“华夏传统文化阴影下的中国现代化道路”，墨尔本《汉声》，1994 年 9 月。

98.——，“从习俗到法律的转化看中国社会的宪制化进程”，《制度经济学研究》，2005 年第 3 期。

99.——，“欧洲近现代历史上宪政民主政制的生成、建构与演进”，《法制与社会发展》，2007 年第 5 期。

100.——，“拉美经济停滞的制度、文化与历史原因”，《解放日报》，2008 年 4 月 24 日。

101.维辛斯基，《国家和法的理论问题》，北京：法律出版社，1955。

102.吴敬琏，《呼唤法治的市场经济》，北京：生活·读书·新知三联书店，2007。

103.夏勇，《宪政建设——政权与人民》，北京：社会科学文献出版社，2004。

104.信春鹰，《中国的法律制度及其改革》，北京：法律出版社，1999。

105.信春鹰等，《车之两轮　鸟之双翼——改革发展中的经济与法律》，北京：社会科学文献出版社，2004。

106.许宝强、渠敬东编，《反市场的资本主义》，北京：中央编译出版社，2000。

107.许纪霖、陈达凯主编，《中国现代化史》，上海：上海三联书店，1995。

108.许章润，“法律信仰与民族国家”，《法律信仰：中国语境及其意义》，桂林：广西师范大学出版社，2003。

109.——，《说法、活法、立法：关于法律之为一种人世生活方式及其意义》，北京：清华大学出版社，2004。

110.——，“论国家利益的合法性转向”，《中国政法大学校报》，第1期，2007a。

111.——，“论人的联合与双向承认法权”，《政法论坛》，第6期，2007b。

112.杨小凯，“后发劣势”，《中国商界评论》，2006年第1期。

113.姚中秋，“理性、法律与自然法：普通法宪政主义的框架”，收入海因里希·罗门，《自然法的观念史和哲学》，上海：上海三联书店，2007。

114.耶尔·塔米尔，《自由主义的民族主义》，上海：上海译文出版社，2005。

115.伊曼纽尔·沃勒斯坦，《现代世界体系》，第一、二、三卷，北京：高等教育出版社，1998，1998，2000。

116.余英时，《中国思想传统的现代诠释》，南京：江苏人民出版社，1991。

117. 俞可平，《当代中国政治体制》，兰州：兰州大学出版社，1998。

118. ——，《治理与善治》，北京：社会科学文献出版社，2000。

119. 张晋藩，《中国法律传统与近代转型》，北京：法律出版社，1997。

120. 张千帆，《宪政、法治与经济发展》，北京：北京大学出版社，2004。

121. 赵明，“从‘法制’到‘法治’的中国语境”，《思想战线》，2005 年第 31 卷第 2 期。

122. 郑必坚，“中国共产党在 21 世纪的走向”，《人民日报》海外版，2005 年 11 月 22 日。

123. 朱景文，《比较法社会学的框架和方法——法制化、本土化与全球化》，北京：中国人民大学出版社，2001。

124. ——，《全球化条件下的法治国家》，北京：中国人民大学出版社，2006。

125. 兹纳涅茨基，托马斯，《身处欧美的波兰农民》，南京：译林出版社，1999。

126. 邹谠，《二十世纪中国政治：从宏观历史与微观行动角度看》，香港：牛津大学出版社，1994。

政府改革的理论研究：回顾、评价与展望

毛寿龙　李文钊*

一、引言

政府改革逐渐成为一种世界性浪潮，无论是在发达国家，还是在发展中国家，政府都试图通过自身的变革来适应环境变化和回应公众需求，摆脱财政危机、公共危机和信任危机。这些改革，在不同国家和不同时代，通常有不同的称谓，如行政改革、行政体制改革、行政管理体制改革、公共部门改革、机构改革和再造政府等，但它们都是政府改革。

政府改革的实践会促使有关政府改革理论的形成，反过来，政府改革的理论会指导和评价有关政府改革的实践，两者是相互联系和相互促进的。本文的研究重点主要是对有关政府改革的基本理论进行回顾、评价和展望，通过对研究政府改革实践的方法论思考，将政府改革的理论研究区分为三个层次，即实证理论、规范理论和政策研究。在此基础之上，对国内外政府改革研究的文献进行

* 毛寿龙：中国人民大学公共政策研究院教授；李文钊：中国人民大学公共政策研究院教师、博士。

简要回顾，指出有关政府改革研究的主要理论成果和结论；并结合中国社会转型和中国政府改革的实践，论述中国政府改革研究的复杂性、机遇和挑战。在已有的研究成果和相关理论基础之上，试图建构一个研究中国政府改革的分析框架，这一分析框架能够对中国政府改革实践进行描述、解释、推测和引导。最后对中国政府改革研究的未来进行展望，指出如何跨越理论与实践之间的鸿沟。

二、政府改革的实践、理论与政策研究

自从法国哲学家孔德（Auguste Comte）于 1822 年创立“社会学”一词，主张“实证主义”研究取向，认为社会可以被逻辑地理性地研究，将科学的方法引入社会研究时，有关社会现象的研究方法的争论从来没有停止过。

科学的方法来源于自然科学，主张“价值无涉”，认为凡是现象必然有规律，主张通过逻辑和经验的结合来进行科学研究，认为理论是建立在假设和逻辑推理基础之上，通过演绎法和归纳法的相互结合进行研究，沃尔特 · 华莱士（Walter Wallace）曾经用“科学环”来形容这一过程[1]。

与此相反，规范研究强调价值的重要性，认为人类社会不可能摆脱价值判断进行客观中立的研究，对社会的研究必须涉及“什么样的社会状态是不好的”、“社会应该成为什么样”等问题。

这些研究方法的争论影响了整个社会科学的研究，如在经济学领域，就存在实证经济学和规范经济学的争论，实证经济学主张科学的范式和方法，强调经济研究主要是解释人类行为，以及由此引起的社会现象；规范经济学主张价值判断的范式和方法，强调经济研究主要是回答“应该是什么”，主张对各种行为进行

[1] Walter Wallace，1971，*The Logic of Science in Sociology*，New York：Aldine de Gruyter.

合意性判断。

对于政府改革的研究同样存在方法论的分歧，这些方法论的分歧导致了有关政府改革研究的不同理论。

政府改革研究的实证理论主张使用科学方法来研究政府改革，是行政科学的思想在政府改革研究领域的具体表现。一般而言，政府改革的实证研究强调观察和描述政府改革的现实，解释一些有关政府改革的现象，推测一些政府改革会产生的可能的结果。政府改革的实证研究侧重回答三个问题：是什么？为什么？怎么样？“是什么”是对政府改革现象的描述，“为什么”是对政府改革现象的解释，“怎么样”是对政府改革政策的推测。

例如，托尔博特和朱克（Tolbert and Zucker）曾经在《行政科学季刊》发表了《正式组织结构变革的制度根源：文官制度改革的扩散（1880—1935）》[1] 一文，提出了一个有关政府改革现象的问题，即为什么美国有些城市较早地实现人事制度改革和采纳文官制度，而另外一些城市却很晚实现人事制度改革和采纳文官制度？对于这一现象，他们提出了一个政府改革的制度化理论，即早期一些城市采取变革采纳文官制度是理性选择机制的结果，而后期一些城市采取变革采纳文官制度是合法化机制的结果，即迫于制度合法性的压力。

理查德·切可瑞尼（Richard Chackerian）曾经在《公共行政研究与理论杂志》发表了《州政府的重组：1900—1985》[2] 一文，提出了与州政府重组（reorganization）相关的学术问题，包括为什么重组会发生、为什么特定形式的重组会被采纳、它们对于效率或政策而言有什么同。他在《州政府的重组：1900—1985》

---

[1] Pamela Tolbert and Lynn Zucker, 1983, “Institutional Sources of Change in the Formal Structure of Organizations: The Diffusion of Civil Service Reform”, *Administrative Science Quarterly*, 28, pp.22-39.

[2] Richard Chackerine, 1996, “Reorganization of State Governments: 1900—1985”, *Journal of Public Administrative Research and Theory*, vol.6, no.1, pp.25-47.

一文中，重点回答了第一个问题，即州政府重组的原因。他通过对文献的回顾，建立了州政府重组的模型，这一模型包括争取政治参与和象征性奖励、议程设定、制度环境、管理思潮和经济状态的长期变化等因素。作者得出的结论是，在经济处于长期低迷时较容易发生重组现象，这时制度环境鼓励人们参与政府的决策议程；而这种鼓励政治参与与经济低迷、理性化管理思潮同时发生时，重组现象更容易发生。

政府改革研究的规范理论主张使用伦理和价值的方法来研究政府改革，它是政治哲学和行政哲学在政府改革研究领域的具体体现。一般而言，政府改革的规范研究强调政府改革应该是什么、应该如何进行改革、什么样的改革结果和改革目标是可欲的，并提出一些政府改革应该建立的原则和理念。政府改革研究的规范理论侧重于回答三个问题：应该是什么？好与不好的标准是什么？如何实现？“应该是什么”是对政府改革的目标和理想的研究，“好与不好的标准”是对判断政府改革成败标准的研究，“如何实现”是对实现目标和理想的手段和方法的研究。

例如，乔治·弗雷德里克森（George Frederickson）等人提出的新公共行政观点[1]，就试图通过在政府改革中引入社会公平、回应性、责任性、参与性和公共精神，来改革动态时代中公共行政中存在的问题，这些问题包括过分信赖专家和组织能力、缺乏对官僚行政的置疑、缺乏对公民需求的回应、对于政府能力的过分自信等。这些政府改革主张都是以罗尔斯于1972年发表的《正义论》为基础，将社会公平和公共精神作为公共行政的首要价值。

而罗伯特·登哈特（Robert Denhardt）在《新公共服务：服务而不是掌舵》[2]一书中，针对新公共管理的原则，从民主价值、社群和公民社会的角度，提出了政府改革应该遵循的六项原则，这

[1] 乔治·弗雷德里克森，《公共行政的精神》，北京：中国人民大学出版社，2003。
[2] 珍妮特·V.登哈特和罗伯特·B.登哈特，《新公共服务：服务而不是掌舵》，北京：中国人民大学出版社，2004。

六项原则存在明显的价值倾向性，强调服务、公共利益、责任、公民精神、战略思想和民主理念等。

政府改革研究的政策分析，是实证理论和规范理论的结合，强调政策选择和政策行动，它是政策分析理论应用于政府改革研究领域的产物。一般而言，政府改革研究的政策分析主要是着眼于政府改革的设计、方案选择和评估，它为政府改革的决策者提供改革方案设计，对正在进行的政府改革进行评估。政府改革研究的政策分析主要关注的问题是：什么样的改革方案可行？存在哪些可供选择的改革方案？正在执行的政府改革效果如何？也就是说，政府改革研究的政策分析着眼于政府改革的行动取向，对政府改革进行诊断性分析，并对未来可能的改革提供趋势预测。

不过，政府改革研究的政策分析不同于对策研究，也不同于利益集团和组织的政策倡导，它主要是从客观和中立的角度，着眼于公共利益的提升，提出一些可行的政府改革方案供政府和社会进行评价和选择。当然，由于政策分析者总是存在一些价值和主观偏好，这使得政策分析存在着一定的价值倾向性。很多民间智囊库及一些学者，都结合自身的理论传统进行政府改革研究的政策分析，提出一些可供选择的政策建议。对于政府改革研究的实证理论、规范理论和政策分析三者之间关系，我们可以通过图 1 所示。

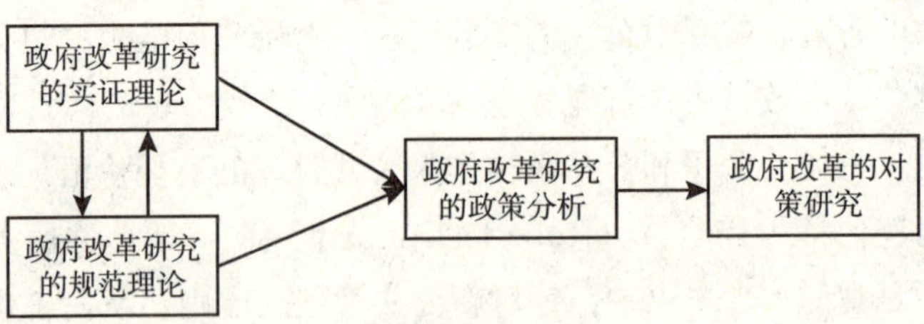

图 1

人类社会现实的复杂性，使得政府改革研究的实证理论、规范理论和政策分析三者总是相互联系和相互交织的。例如，规范理论倡导某种改革方向和价值，它需要通过实证理论预测改革的可能结果；而政策分析则需要利用规范理论和实证理论的研究成果，将这些理论转化为可以行动和操作的政策；反过来，政策分析对现实中政府改革的各种政策可能的局限进行分析，这些分析有利于发展实证理论和规范理论。

三、国外政府改革研究的文献回顾

政府改革是一个永恒的话题，这既是环境、技术和社会变迁使然，也是由于人们观点、需求和价值的变化，更是政府与经济、社会、政治和文化等相互之间错综复杂的关系使然。政府改革的实践需要理论指导，反过来，有关政府改革的理论也需要通过政府改革的实践检验。正是在这个意义上，美国公共行政学者罗伯特·登哈特曾指出在行动层面上理论与实践是统一的。[1] 从某种程度上来说，公共行政学基本理论的演变和发展是与政府改革的实践紧密切联系在一起，一种政府改革的实践呼唤有关政府行政的新理论，反过来，理论的发展又会进一步指导实践中政府的改革。而当一种理论指导之下的政府改革陷入困境，或者说按照这种理论指导的政府改革实践并没有取得预期目标和成果时，人们又会重新思考新的行政理论。理论与实践就是在这种互动中循环前进。

事实上，公共行政学理论本身的产生，也与政府改革的实践分不开。公共行政学的鼻祖威尔逊在《行政学研究》一文中指出，建立行政科学的目的就是希望将政府从混乱和无序中解脱出来，使得政府行政建立在理性思考和科学方法之上，而他提出的政治与行政二分法本身就是为了倡导文官制度改革，或者说是对文官制度改革这一政府改革实践的理论总结和归纳。正是在这个意义上，任何公共行政理论都可以在当时的时代情景之下找出某种与之相

[1] 罗伯特·B.登哈特，《公共组织理论》，北京：中国人民大学出版社，2003。

对应的政府改革的实践或问题。简而言之，理解了政府改革的实践和理论，也就掌握了大部分公共行政的基本理论。

不过，限于篇幅，本文将主要探讨当代西方国家政府改革的实践，以及与此相关的理论。对于西方国家政府改革的实践，不同学者进行了不同的概括。美国学者詹姆斯 · W.费斯勒和唐纳德 · F.凯特尔在《行政过程的政治：公共行政学新论》一书中，将美国的行政改革主要划分为三种类型，即精简、重建（reengineering）和不断改进。[1] 而简 · 雷恩（Jan-Erik Lane）在《公共部门：概念、模式和方法》一书中，结合西方国家改革的实践提出了公共部门改革的DPM（Deregulation、Privatization、Marketization）模型，即指出西方国家政府改革的三种趋向：放松管制、私有化和市场化。[2]

对于这些改革实践，西方国家的学者提出了不同的改革理论。这些理论以不同的假设为基础，从不同的改革出发点和视角出发，从而提出了不同的改革战略和策略，如图 2 所示。

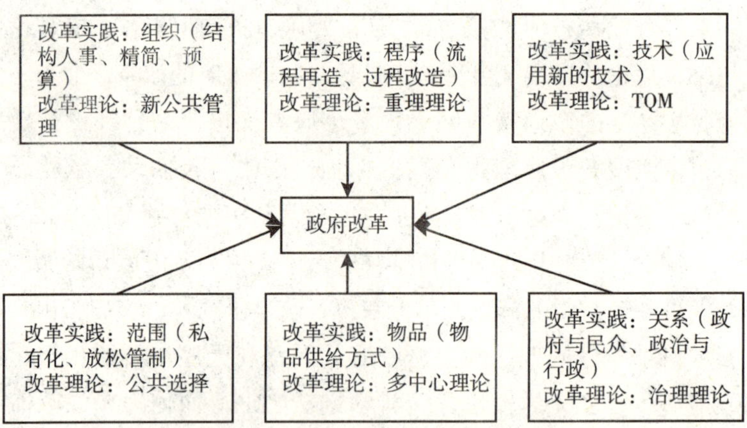

图 2　西方国家政府改革的实践与理论

---

[1] 詹姆斯 · W.费斯勒，唐纳德 · F.凯特尔，《行政过程的政治：公共行政学新论》，北京：中国人民大学出版社，2002。

[2] Jan-Erik Lane，《公共部门：概念、模式和方法》，北京：国家行政学院出版社，2003。

图2对于西方政府改革实践和理论的分类只是一种学理上的分类。在政府改革实践中，往往综合应用了各种不同的理论，例如，公共选择理论既应用于政府范围和职能方面的改革，也应用于政府内部机制和结构方面的改革。不过，从总体而言，各种改革实践和改革理论之间存在不同的侧重点，例如，新公共管理理论更多侧重于政府组织内部本身的改革，包括重组的努力、改善绩效的努力及人事制度改革的努力等；重理理论则主要侧重于公共部门内部流程的再造，试图通过流程的再造来提高政府绩效；公共选择理论主要侧重于政府规模和范围的缩小，试图通过民营化、放松管制和市场化的方式来改善政府绩效。

总体而言，我们从组织、物品、范围、程序、关系和技术等六个方面的改革实践介绍了六类政府改革的理论，当然每一类政府改革的实践中又存在各种不同的理论。在本节中，我们将对每一类改革的主要理论进行综述和分析：第一种理论是新公共管理理论，主张引入市场化和私人部门管理方法来改造公共部门，奥斯本和盖布勒的重塑政府（reinventing government）是其中典型[1]；第二种理论是重理理论，主张通过流程再造、程序改善来进行政府改革，哈拉基密（A.Halachmi）的重理政府（reengineering government）是其中的典型[2]；第三种理论是治理理论，主张公共部门和私人部门共同合作治理公共事务，世界银行等国际组织最早倡导治理理论，通过政府治理来改善政府绩效，实现政府改革；第四种理论是公共选择理论，主张政府失败论，认为应该限制政府规模，民营化、放松管制和市场化等是其中的典型；第五种理论是多中心理论，主张以公共物品为基础，应用产业理念改造公共部门，形成以自主治理为基础的多中心公共物品供给格局，其中公共物

[1] 戴维·奥斯本，特德·盖布勒，《改革政府：企业家精神如何改革着公共部门》，上海：上海译文出版社，2006。

[2] 转引自：毛寿龙，李梅，陈幽泓，《西方政府的治道变革》，北京：中国人民大学出版社，1998。

品组织的多中心理论是其中的典型；第六种理论是全面质量管理（TQM）理论，它主要是通过使用私人部门的管理技术来改进和改善公共部门的管理绩效，还包括标杆管理理论、绩效管理理论等，本文主要介绍全面质量管理理论。

新公共管理理论兴起于20世纪70年代，是与西方国家的行政改革紧密相联系的，有人称之为“企业型政府”、“以市场为基础的政策”或“后官僚主义”。按照学者休斯的看法，新公共管理的理论基础是经济学理论和私营管理理论，前者包括新制度经济学、公共选择学和交易成本经济学，后者主要是企业管理理论的创新，如绩效管理、标杆管理等。[1] 新公共管理强调效率，不过也强调与其他价值的平衡。这一时期也是对新公共行政的反思，他们主要批评新公共行政以牺牲效率为代价来换取公平和过程。其核心思想和主要观点包括：公私的重新反思，认为公共部门与私人部门虽然有很多不同之处，但是也有很多共同的地方，政府可以效仿私人部门；政治与行政二分法的重新反思，政治使得管理更加复杂，但是政治不能与行政分离；重塑政府，奥斯本和盖布勒提出此概念，主要是为更好地提高政府的效率；结果导向型政府而不是过程导向型，主要是平衡效率和其他方面的考虑；绩效测量，主要是寻求使政府更富有效率和责任；民营化，主张更多利用私人部门生产公共物品等。重塑政府代表了新公共管理的核心思想。美国学者戴维·奥斯本和特德·盖布勒在《改革政府》一书中，系统地总结了美国各级政府近二三十年来吸收企业家精神改革政府的实践，提出了十条改革思路：从划桨到掌舵、从服务到授权、从垄断到竞争、从规章到使命、从投入到效果、从官僚到顾客、从浪费到收益、从治疗到预防、从集权到分权、从政府到市场。

重理理论是一个新近发展起来的概念和理论，其内涵仍然处在实践的塑造之中，因而尚未定型。就目前的情况来看，确定其确

[1] 欧文·休斯，《公共管理导论》，北京：中国人民大学出版社，2001。

切的定义是不太现实的，所以我们将更多从描述的角度出发来介绍有关重理的理论和实践。美国行政学教授哈拉基密在总结了前人的研究以后，提出重理有如下几个方面的特征：（1）在新的信息技术条件下，试图大幅度地改善管理程序；（2）放弃陈旧的管理方法和程序，完全重新开始；（3）评价、再评价基本的管理程序，保证每一步都能够有价值；（4）确定管理程序的所有组成部分对于组织的核心任务来说，都有助于任务的完成，因而都是有必要的，如果程序要素和最终目标的联系并不清楚，而同时，过去的经验又表明，这一程序并未受到任何挑战，那么就有可能需要重新确定组织任务或者领导观念；（5）当渐进的方法无效时，就需要系统地寻求剧变的方法，从而实现有效地甚至是突破性地改善管理程序的目的；（6）尽可能地减少甚至消除年日管理过程不同阶段的文件资料，力图及时地把握管理过程本身的信息；（7）注重管理的结果和发展；（8）在方法上以结果为导向，在单位上以小组为基础，同时注重顾客的需求。总而言之，重理观念要求在特定工作过程中严格衡量绩效、详细分析绩效评估的变化和变化的速率，它要求所有的雇员对整个复杂过程有一定的了解，并要求高层管理人员随时干预整个管理过程。

全面质量管理，又称全面质量领导、全面质量绩效等，是指一个组织以质量为中心、以全员参与为基础、目的在于通过让顾客满意和本组织所有成员及社会受益而达到长期成功的管理途径。全面质量管理经历了三个阶段：第一个阶段是质量检验阶段，大约是在第二次世界大战以前，当时的质量管理主要限于质量检验；第二个阶段是统计质量控制阶段，大致是在第二次世界大战开始至20世纪50年代末期；第三个阶段是全面质量管理（TQM）阶段，大约是从20世纪50年代末、60年代初期至今。TQM有如下特点：（1）强烈地关注顾客：顾客包括购买组织产品和服务的人，不包括内部顾客（诸如发运和回收应收账款的人员），他们向组织中的其他人提供服务并与之发生相互作用；（2）坚持不断地改进：

TQM是一种永远不能满足的承诺，“非常好”还是不够，质量总能得到改进；（3）改进组织中每项工作的质量：TQM采用广义的质量定义，它不仅与最终产品有关，并且与组织如何交货、如何迅速地响应顾客的投诉、如何有礼貌地回答电话等都有关系；（4）精确地度量：TQM采用统计方法度量组织作业中的每一个关键变量，然后与标准和基准进行比较以发现问题、追踪问题的原因、消除问题的根源；（5）向雇员授权：TQM吸收生产线上的工人加入改进过程，广泛地以团队作为授权的载体，依靠团队发现和解决问题。

公共选择理论兴起于20世纪60年代，其主要代表人物是布坎南和塔洛克，其核心思想是应用经济分析方法研究政治问题，即将经济理性应用于非市场决策。[1] 公共选择的方法论被其创始人布坎南称为：个人主义、经济理性和交易政治。公共选择理论对于政府的研究主要是强调在市场经济的条件下政府干预行为的局限性或“政府失败”问题。在布坎南等公共选择学者看来，政府干预行为的局限或“政府失败”主要表现在如下几个方面：公共决策的失误，其主要原因包括公共决策代理人的私人利益、信息不完全、选民的“短见效应”、选民的“理性而无知”；政府机构工作的低效率，其主要原因包括官僚机构缺乏竞争性压力、没有降低成本的激励、缺乏监督信息等；政府的扩张，这主要包括官僚自身的冲动、政府职能导致扩张、财政幻觉导致扩张等；政府的寻租活动，这包括政府主动设租、企业主动寻租等。在此基础之上，他们提出了救治“政府失败”的主要政策建议，包括：限制政府权力的增长；在公共部门恢复自由竞争，改善官僚体制的运转效率；进行宪制改革，即进行宪法方面的变革，通过基本规则约束行政；减少福利国家的浪费；在财政税收方面，通过将宪制观点引入财政领域，进行财政立宪、税制选择，平衡预算，限制税收支出，完善货币支出规则。

---

[1] 詹姆斯·布坎南，戈登·塔洛克，《同意的计算：立宪民主的逻辑基础》，北京：中国社会科学出版社，2001。

多中心理论兴起于20世纪70年代，其主要代表人物是文森特·奥斯特罗姆和埃莉诺·奥斯特罗姆，他们在国家逻辑和市场逻辑之外，提出了自主自治的逻辑。[1] 多中心理论对于政府改革的建议主要是基于其公共经济学理论，即将公共物品的消费与生产区分开，认为存在集体消费单位和集体生产单位，政府作为公共物品或公共服务的消费单位，并不一定直接进行生产，根据公共物品的消费与生产之间的关系，政府可以选择如下制度安排：（1）经营自己的生产单位，如一个城市自己拥有消防或者警察机构；（2）与私人公司签约，如一个城市与一个私人企业签约提供扫雪、街道维修或者交通灯保养服务；（3）确立服务的标准，让每一个消费者选择私商，并购买服务，如一个城市签发许可证提供出租车服务，或者选择垃圾收集公司来清扫垃圾；（4）向家庭签发凭单，允许他们从任何授权供给者购买服务，如管辖单位签发食品券、租用凭单或教育凭单，或者建立医疗补助项目；（5）与另外一个政府单位签约，如一个城市政府从县政府那里购买税收估算和收集服务，从特别卫生管区那里购买污水处理服务，从邻近城市的学校董事会那里购买特别假期教育服务；（6）某些服务由自己生产，其他服务则从其他管辖单位或者私人企业那里购买，如一个城市有自己的巡逻警察力量，但是从县行政司法长官那里购买实验室服务，与若干邻近的社群一起共同承担共用的调遣服务，向私人急救公司购买紧急医疗运输服务。

治理理论兴起于20世纪90年代，它最早是世界银行针对“政府失败”、以提高政府的能力和效率为目的而提出的。早在1989年，世界银行在概括非洲的情形时，首次使用了“治理危机”一词。1992年，世界银行专门以“治理与发展”为题，发表了以好的治理为基础促进发展的观点。实际上，20世纪90年代以来，

[1] 文森特·奥斯特罗姆，《美国公共行政的思想危机》，上海：上海三联书店，1999；埃莉诺·奥斯特罗姆，《公共事务的治理之道》，上海：上海三联书店，2000。

世界银行所发表的年度世界发展报告都涉及在市场经济条件下，政府如何处理公共事务以保证社会持续发展的问题。1997 年的报告以“变革世界中的政府”为题，系统地探讨了市场经济条件下政府的治理之道。那么到底什么是治理（governance）呢？对于这个概念的理解，学者之间存在着很大的分歧。罗兹概括了公共行政学界关于治理的六种涵义：（1）作为最小国家管理活动的治理，它指的是国家减少开支，以最少的成本获得最大的收益；（2）作为公司管理的治理，它指的是指导、控制和监督企业运行的组织体制；（3）作为新公共管理的治理，它指的是将市场的激励机制和私人部门的管理手段引入政府的公共服务；（4）作为好的治理，它指的是强调效率、法治、责任的公共服务体系；（5）作为社会控制体系的治理，它指的是政府与民间、公共部门与私人部门的合作与互动；（6）作为自组织网络的治理，它指的是建立在信任与互利的基础之上的社会协调网络。世界银行 1992 年的一份研究报告中所提到的 governance，指就是好的治理，而好的治理的核心涵义是：政府的职能应该从“划船”转变为“掌舵”。

四、中国政府改革研究的文献回顾

政府改革一直是中国政府面临的主要问题之一，改革开放以来，中国政府就进行了六次较大规模的机构改革。中国政府改革的实践，促进了中国学者对政府改革和机构改革的研究，这些研究主要集中两个层面：一是解释中国政府周期性机构改革的原因，二是为中国政府机构改革提出政策建议。不过，在很大程度上，这两个方面的研究紧密联系在一起，这主要是由政府改革研究的应用性和政策性决定的。对中国政府改革现象的解释性研究，除了发现中国政府改革现象中存在的规律之外，更为重要的是从规律中找出指导政府改革的政策建议。相反，提出有关中国政府改革的政策建议，必须基于对中国政府改革现象背后规律的把握。

中国学者关于政府改革的研究主要可以分为三个层次（图3）：第一个层次是从整个社会大系统的角度来研究政府改革，将政府改革看做是回应环境需求的产物，系统理论和生态理论是最常用的两个理论；第二个层次是从政府改革的各个方面来研究它们之间的关系，政府改革逐渐从机构改革转向职能转变，而价值观念、机构改革、界定关系和职能转变四者之间关系成为研究重点；第三个层次是从政策和策略的角度来研究政府改革，强调中国政府改革的主要目标、面临的主要任务，以及可能的改革方式。

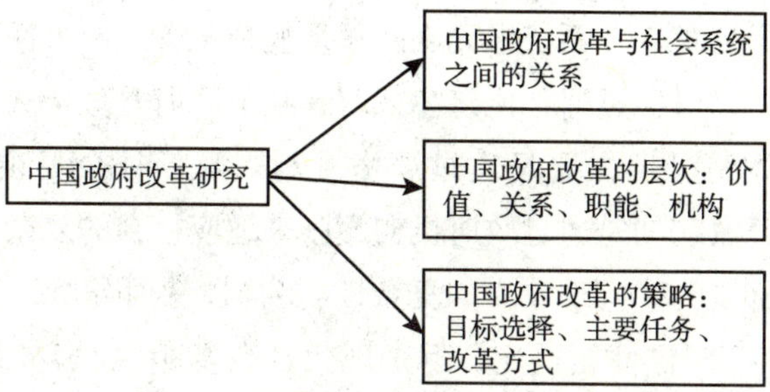

图3　中国学者关于政府改革的研究视角

谢庆奎针对中国政府机构改革的历史和现实，提出了政府机构平衡发展理论。[1] 该理论认为中国政府机构改革运动存在三个循环“怪圈”，即“精简—膨胀—再精简—再膨胀”，实际上把机构改革看成是机构和人员数量的增减；“合并 — 分开 — 再合并 — 再分开”，实际上把机构改革看成是机构的重组和分合；“上收 — 下放 — 再上收 — 再下放”，实际上是以政府行政权力的上下移动来推动组织机构的变动。之所以会出现这一现象，该理论认为主要是没有考虑到政府机构改革与外部环境之间的平衡和失衡。政府机构本身是一个封闭的子系统，与政治、经济、文化等外部环境进行着物质、能

[1] 谢庆奎，“中国行政机构改革的回顾与展望：行政机构改革的长期性”，《学习与探索》，1997 年第 6 期。

量、资源和信息的交换，政府机构改革也需要遵循生态平衡理论，全方位深化改革是政府机构改革的唯一出路。因此，政府机构改革是一个长期过程，政府机构改革需要与经济体制改革、政治体制改革、人的思想观念和思维方式变革及政府职能转变相结合。

李亚，李习彬从控制论的角度提出了利用阿什比定律来解释行政体制改革，并说明了行政体制改革与阿什比定律两者之间的关系。[1] 阿什比定律是由控制论学者阿什比（W.R.Ashby）提出的，强调“必然的多样性定律”，认为多样性或者复杂性是由社会系统本身的复杂性和多样性决定，通常是由系统组元数量增加、系统组元差异性扩大、系统组元之间关系复杂化等三个方面决定。该理论认为，可以通过阿什比定律来解释我国政府管理模式的演变，认为计划体制时期主要是通过严格管制来降低社会复杂性/多样性，改革开放初期是通过政府机构膨胀来适应社会的复杂性，所有这些策略都是为了实现政府的复杂性/多样性从而与所管理社会系统的复杂性/多样性相适应。但是现代社会复杂性/多样性已经成为一种必然趋势，那么为了应对这种趋势，根据阿什比定律，我们可以通过发展市场经济，实现政府管制对象的转移，降低政府管理对象系统的复杂性；发展第三部门和培育公民社会，提高社会的组织化程度，实现公共管理主体的多元化。

笔者认为，中国政府改革的过程就是从传统治道走向现代治道的过程，治道变革理论成为解释和理解中国政府改革的主要理论。[2] 根据治道变革理论，对于人类社会来说，无限政府、人治政府、专制政府、集权政府和封闭政府都是传统治道的构成要件，这些构件构成了传统治道的制度平台。与此相反，有限政府、法治政府、民主政府、分权政府和开放政府构成了现代化的治道构件，

---

[1] 李亚，李习彬，“行政体制改革与阿什比定律：关于我国政府管理模式的控制论解释”，《北京行政学院学报》，2006 年第 5 期。

[2] 毛寿龙，“现代治道与治道变革”，《江苏行政学院学报》，2003 年第 2 期；“中国政府体制改革的过去与未来”，《江苏行政学院学报》，2004 年第 2 期。

这些构件构成了现代治道的制度平台。政府改革就是从无限政府、人治政府、专制政府、集权政府和封闭政府走向有限政府、法治政府、民主政府、分权政府和开放政府的过程。通过利用治道变革理论，对中国政府体制改革的过去与未来进行分析，指出中国政府改革存在三种价值，即政治效率、组织效率和职能效率，政府改革的过程也可以用组织逻辑、职能逻辑和政治逻辑来解释，而政府未来的改革趋势也可以通过三个逻辑和价值来进行预测。

齐明山认为，政府改革的过程就是转变观念和界定关系的过程，而重新界定政府角色是政府机构改革的难点，政企分开、政社分开和政事分开是政府机构改革的重点，精简机构是政府改革的突破点，从而政府机构改革应该将观念转变、关系调整、职能转变和机构改革四者结合起来。[1] 政府改革首先必须进行观念变革，要实现如下转变：从政府万能向政府有限，从政府统治向政府管理，从计划经济向社会主义市场经济，从政府部门利益向公众利益，从人治向法治，从官本位向民本位。在转变观念的基础之上，政府必须处理好政府与市场、政府与社会、政府与中介组织、政府与公民个人之间关系，通过转变观念和处理好关系，界定政府的角色和职能。

唐铁汉等从目标和任务的角度来论述政府改革，认为继续深化行政管理体制改革的目标是建立适应市场经济体制要求、决策科学、权责对等、分工合理、执行顺畅、监督有力的公共行政体制，当前深化行政管理体制改革，就是要围绕这一目标，把转变政府职能作为核心，以服务型政府建设作为切入点，努力实现政府管理在体制、机制和方式上的创新。[2] 这些学者的论述大多具有较

---

[1] 齐明山，“转变观念，界定关系：关于中国政府改革的几点思考”，《新视野》，1999年第1期；“我国政府机构改革的出发点、重点和难点”，《云南行政学院学报》，1999年第5期；“重新界定政府角色是政府机构改革的观点”，《新视野》，1999年第6期。

[2] 唐铁汉，“深化行政管理体制改革的目标和主要任务”，《国家行政学院学报》，2006年第4期；王一程，贠杰，“中国行政管理体制改革的进展与面临的挑战”，《政治学研究》，2006年第3期。

强的政策性，为现实的政府改革提供具体的策略，具体措施主要包括五个方面：一是进一步转变政府职能，主要是强调经济调节、市场监管、公共服务和社会管理等四项职能；二是继续推进政府机构改革，优化政府组织结构；三是全面推进依法行政，建设法治政府；四是完善和健全政府运行机制；五是改革行政管理方式，加快电子政务建设。

五、中国政府改革研究的复杂性、挑战和机遇

与国外学者相比，中国学者所面临的政府改革的实践更复杂，这种复杂性也使得中国政府改革研究更加复杂。复杂的政府改革现实，需要通过简单的理论去理解和阐述，但是任何简单的理论和工具都可能面临简化现实的危险。于是，有关中国政府改革的研究，犹如盲人摸象一样，不同学者对政府改革现实的不同感知，可能得出不同的理论结论，从而给出不同的改革建议。而避免“盲人摸象”困境的唯一办法就是，在对复杂性和不确定性有所了解和认识的基础之上，重新建构以复杂性和不确定性为基础的政府改革理论，才能使理论接近或逼近正在发生的政府改革现实。

中国政府改革的复杂性首先源于政府所面临的环境和局限的复杂性和不确定性。20 世纪 70 年代以来，中国社会发生了“三千年未有之大变局”，这种大变局正在全新地改变着中国社会的整个制度现实，既包括物质层面、制度层面，也包括精神层面。而这种大变局随着全球化的推动，进一步变得更加复杂和不确定。如果说政府需要通过改革来使自己适应环境的变化，而当环境本身变化具有不确定性和复杂性时，政府改革必然就会面临着复杂性和不确定性。在这种变革的背景之下，当政府试图变革以适应变化的环境时，总是赶不上环境本身的变化，这也正解释了为什么中国政府改革总是会发生滞后性和反复性。

中国政府改革的复杂性还来源于政府改革的全方位性，这种

全面改革使得改革设计者和实践者面临着知识的局限性和不确定性。随着社会大环境的变迁，政府管理的原有模式已不适应新的形势，这种不适应不仅表现为组织结构、规章制度、公务人员，而且表现为决策机制、执行机制、行为方式、职能模式等，这意味着政府需要全方位变革以适应社会的变迁。此外，政府改革的各要素之间存在密切关联。在一定程度上，可以通过某一方面的变革来带动其他方面的变革，但是当变革到达一定程度时，如果没有其他方面的主动变革作为保障，原有变革的积极意义可能会受到影响。选择哪一方面作为政府改革的突破口，哪一方面的改革最有可能取得较好结果，如何进行分步骤的配套改革等，所有这些都使得政府改革的复杂性和不确定性增加。

中国政府改革的复杂性最后还与政府改革的双重性有关：一方面，政府自身需要适应环境变化进行改革；另一方面，政府需要通过自身改革来带动其他方面的改革。政府改革的双重性使得政府改革既是问题本身，又是解决问题的途径。中国社会的每一个进步，都是通过政府改革来实现的，而一旦社会进步之后，它必然需要政府的进一步改革来适应和推动新的变革。但是，由于人类理性和知识的局限性，任何政府改革都只可能解决部分问题，只可能进行局部变革。这种部分性和局部性使得在政府改革之初时，政府是社会的推动者和促进者，而一旦改革到达一定程度之后，政府很可能成为社会进步的阻碍者和绊脚石。

中国政府改革现实的复杂性对于研究中国政府改革的学者而言，既是一种挑战，也是一种机遇。虽然国外学者在有关国外政府改革的研究上存在不同的理论和观点，但是国外政府所面临的环境本身是确定性的，至少变动性不大，这种相同的情境使得有关政府改革的观点不存在根本性分歧。相反，中国政府改革现实的复杂性使得中国学者不可能完全照搬西方学者有关政府改革的研究成果和分析结论，他们必须基于中国现实去开发适合中国国情的理论工具和分析概念，这对于处于刚刚起步和恢复的行政学研究而言，不能不说是一种巨大的挑战。

然而，一旦中国学者针对中国政府改革的现实提出一套可以分析中国政府改革现实的理论框架和概念工具，那么它不仅可以丰富政治学理论和行政学理论，而且本身也可以为西方学者研究西方国家的政府改革提供借鉴意义，使得西方学者去重新发掘那些隐藏在西方国家实践和日常运作中的“原理”和“规律”，促使他们对于自身问题的认识，提高政府改革成功的可能性。

西蒙在对传统公共行政理论进行反思时，认为传统公共行政所倡导的行政原则基本上是一些行政谚语，行政理论的发展首先需要开发一套描述行政现象的概念工具，其次是对行政现象进行诊断，找出行政原则需要考虑的局限，最后是对行政原则赋予权重，以期实现行政目标。[1] 对于中国政府改革现象的研究，我们同样面临着类似的问题，也同样需要经过这三个步骤，才能够使得一些政府改革原则能够实现政府改革的目标，否则这些改革原则很有可能会成为一种新的“行政谚语”。于是，我们在对中国政府改革现象的研究中，首先需要能够提出一套概念工具和分析框架来描述中国政府改革的现象，只有进行了科学的描述，才能够提出实现目标的规范性政策建议。而如何提出一套概念分析框架来描述中国政府改革的现实，这正是本文下一部分内容要重点解决的问题。

六、治道变革理论：一个研究中国政府改革的分析框架

任何分析框架的建立都是以已有的理论为基础，同样，研究中国政府改革的分析框架必须也以已有的理论为基础。在建立中国政府改革的分析框架方面，有两个直接的理论渊源可以借鉴，一个

---

[1] Herbert Simon, 1997, *Administrative Behavior: A Study of Decision-Making Processes in Administrative Organizations*, The Free Press, pp.43－49.

是公共行政学的基本理论，一个是制度分析的基本理论。公共行政学的基本理论可以为我们描述中国政府改革提供基本的概念和分析工具，而制度分析理论则可以让我们更好地理解影响中国政府改革背后的变量因素，从而使得我们能够更深入地分析中国政府改革现象。

公共行政学的基本理论将政府作为主要研究对象之一，现有的公共行政学基本上形成了对政府的全面描述。一般而言，职能、组织、人事、决策、财政、监督、民主控制和公众参与等构成了这一学科的基本研究内容，这些研究内容也是政府改革中应该关注的主要要素。在政府改革的研究过程中，我们需要关注对政府的组织基础和结构进行改革，需要对政府组织赖以存在的人员进行改革，还需要对政府的决策、预算和执行过程进行改革，最后还需要考虑民主社会中政府的监督和控制问题，以及民众如何参与政府决策和公共事务的问题。可以说，公共行政学的理论要素基本上涵盖了政府改革的所有层面，另一方面，我们也可以用这些基本理论要素来描述和总结政府改革的现象。

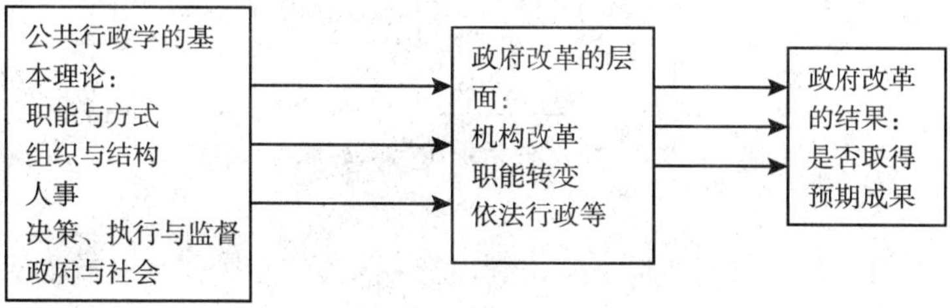

图4　公共行政学的基本理论与政府改革

由此可见，公共行政学的基本研究成果可以描述、解释和指导政府改革的实践，政府改革的实践总是能够在公共行政学的基本理论中找到对应物。这样，在政府改革实践方面，我们首先可以从理论上进行逻辑分析，找出哪些因素会影响改革成败，分析政府改革受到哪些条件约束。

制度分析的基本理论对于公共行政学研究的突破，主要包括两个方面：一是将政府改革本身作为中介变量，强调经济、政治、文化、规则等方面的外部变量和外部因素对政府改革的影响；二是突破了公共行政学研究单一层次的分析，强调操作层次、集体选择层次和宪政选择层次的三个层次分析相结合。操作层次分析主要关注政府改革方案出台之后，各方的激励与互动，以及由此形成的结果；集体选择层次分析主要关注政府改革方案本身的选择过程，即政府改革方案是如何选择的；而宪政选择层次分析主要关注决定政府改革方案选择的决策规则，即决策规则本身的选择过程。此外，政府改革的各方面之间存在嵌套关系，一个层面的改革需要在另一个层面的改革取得结果。

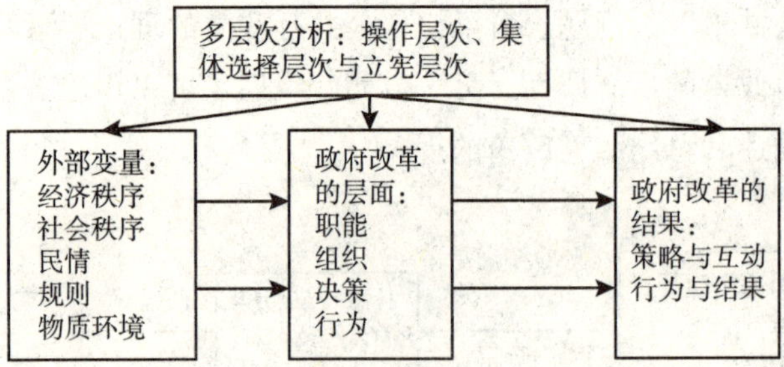

图5　制度分析理论与政府改革

公共行政学的基本理论和制度分析的基本理论为中国政府改革现象提供了理论基础，但是如何描述、解释和预测中国政府改革现象，我们还需要结合中国实际开发具有本土特色的分析框架。西方国家的政府改革理论是西方国家政府所处的特定社会条件、经济条件和政治条件下的产物，并且它是以西方国家，尤其是美国国民的“心灵习性”为基础。相反，中国所处的政治、经济、社会和文化环境完全不同于西方国家，这必然决定了我们在介绍和引进西方国家政府改革理论的同时，必须以中国的问题为基础，必须在中国的背景之下，重新进行本土化理论探索，开发适应中国政府改革实际的理论平台，否则，西方国家政府改革理论在指导中国政府改革时可能会遇到“水土不服”的现象。

公共行政学的基本理论、制度分析的基本理论、中国的社会现实和国情是开发描述和解释中国政府改革现象的分析框架时需要考虑的三个主要因素和变量。在开发适合中国国情的政府改革理论分析框架方面，我们主要是以制度分析与公共政策（IAPP）的分析框架为基础，它是由毛寿龙教授为首的中国人民大学制度分析与公共政策研究中心的成员共同开发的，这也是中国行政学学者在吸收西方国家理论基础之上进行本土化理论研究的有益探讨和尝试，并取得了一定成就。[1] IAPP 主要是以古典自由主义作为价值基础，利用公共选择与制度分析的研究方法和逻辑，探讨中国政府的治道变革事实，试图开发良好公共政策的制度平台。这一分析框架所包含的内容十分丰富，它为学者们共同分析问题、对话和讨论提供了一个概念基础和学术的制度平台，当然，在研究具体问题时，还需要结合具体的情景，重新开发新的理论和模型。[2] 治道变革理论正是在制度分析与公共政策的分析框架之下，结合中国政府改革的实践，开发的一种适应中国政府改革实践的本土化理论。

治道变革理论既是一种描述性理论，即描述中国政府行政改革的事实，又是一种规范性理论，即解释中国政府改革成功与失败的原因，以及为中国地方政府未来改革提供方向性政策建议。该理论由一个基本假设、四个分析要件构成，这些假设和要件之间互动形成了复杂的关系。

---

[1] 有关制度分析与公共政策分析框架的早期版本可参见：毛寿龙，李梅，《有限政府的经济分析》，“结语”部分，上海：上海三联书店，2000；也可参见毛寿龙先生的个人学术网站（www.wiapp.org），上面对有关这一框架的基本内容、智识来源、研究扩展、具体应用都有十分详细的介绍。

[2] 有关框架、理论和模型三者之间关系，可参见：埃莉诺·奥斯特罗姆，“制度性的理性选择：对制度分析和发展框架的评估”，收入保罗·萨巴蒂尔编，《政策过程理论》，北京：生活·读书·新知三联书店，2004。

治道变革理论的基本假设是，中国政府正在从传统治道向现代治道转变，政府行政改革是实现这一过程的必经之路。所谓“治道”，就是人类社会治理公共事务、解决公共问题、提供公共服务的基本模式。[1] 治道变革正是中国政府从传统治道向现代治道转变的过程，这一转变包括多个层次的变革，既包括组织变革、职能变革、政治变革、决策变革，也包括政府与民众之间关系变革、政府行为方式变革。其中组织变革、职能变革和政治变革是三个核心层次的变革，它们构成了治道变革理论的主要分析要件。

治道变革理论强调中国政府改革正在从以单中心秩序为基础的传统治道向以多中心秩序为基础的现代治道转变，这是治道变革的最深层次，也是最难以实现的层次。如果中国政府的行政改革有利于多中心秩序建立，那么这种行政改革有利于中国政府治道变革，并且一般具有持续性，否则这种行政改革不利于中国政府治道变革，或者说只是一种形式变革，不可能真正地实现秩序转型。从单中心秩序向多中心秩序转型，这是中国政府改革面临的最大的难题。其中，经济秩序、政治秩序、社会秩序和民情等是这些秩序的核心构成部分，这种秩序转型为政府治道变革提供了动力和阻力。

治道变革理论认为这种秩序转型是由一系列制度平台构成，同样，传统治道制度平台形成了单中心秩序，现代治道平台形成了多中心秩序。毛寿龙教授在《现代治道与治道变革》一文中指出：“对于人类社会来说，无限政府、人治政府、专制政府、集权政府和封闭政府，都是传统治道的构件，这些构件构成了传统治道的制度平台。与此相反，有限政府、法治政府、民主政府、分权政府和开放政府，构成了现代化的治道构件，这些构件构成了现代治道的制度平台。”[2] 不过，从单中心秩序向多中心秩序转型，仅仅是政

[1] 毛寿龙，“现代治道与治道变革”，《江苏行政学院学报》，2003 年第 2 期；也可参见：毛寿龙，李梅，陈幽红，《西方政府的治道变革》，北京：中国人民大学出版社，1999。

[2] 毛寿龙，“现代治道与治道变革”，《江苏行政学院学报》，2003 年第 2 期。

府自身的转变还不够。文森特·奥斯特罗姆曾经指出，多中心可适用于：（1）竞争性的市场经济；（2）竞争性的公共经济；（3）科学探究；（4）法律和制裁安排；（5）具有分权和制衡的治理体制；（6）国际秩序模型。[1] 这说明，中国地方政府实现从单中心秩序向多中心秩序转型，不仅需要政府自身的转型，而且还需要政府与市场、社会和公民个人之间关系转型，所有这些关系应该以多中心秩序理念为基础进行形构。

治道变革理论还认为，无论是从单中心秩序向多中心秩序转型，还是从传统治道的制度平台向现代治道的制度平台转变，都需要通过中国政府具体行政改革来实现。而中国政府行政改革可以表现为三个不同层次，即操作选择层次变革，着眼于组织变革和人员调整，遵循组织逻辑；集体选择层次变革，着眼于政府职能转变和调整，处理政府与社会、政府与市场、政府与中介组织关系，遵循职能逻辑；宪政选择层次变革，着眼于权力关系变革和调整，处理地方政府与上级政府、政府和民众之间关系，遵循政治逻辑。一般而言，最简单和最容易的行政改革当属操作层次变革，如进行政府机构精简和人员精简。不过，由于集体选择层次和宪政选择层次仍然没有变革，因此常常出现精简—膨胀—再精简—再膨胀的循环和怪圈。当然，这一层次的改革如果没有反映上面两个层次的变革，常常因为缺乏支持和合法性，最终都会失败。

治道变革理论认为中国政府行政改革主要涉及三类行为者：一是中国政府行政权力的拥有者即国务院，他们既可能推动中国政府行政改革，也可能阻碍中国政府行政改革；二是国务院组成机关和下级政府行政权力的拥有者，他们既可能为中国政府行政改革提供支持，也可能破坏中国政府行政改革的成果；三是党的组织、利益团体、民众及其他组织，他们既可能使得地方政府行政改革可持续，也可能使得地方政府行政改革流于形式。也就是说，上

[1] 文森特·奥斯特罗姆，《美国联邦主义》，上海：上海三联书店，2001，第235页。

述三者之间关系决定了中国政府改革的过去、现在与未来，他们之间是否能够形成良性互动，直接关系到改革的成败。

对于治道变革理论，我们也可以通过图 6 表示：

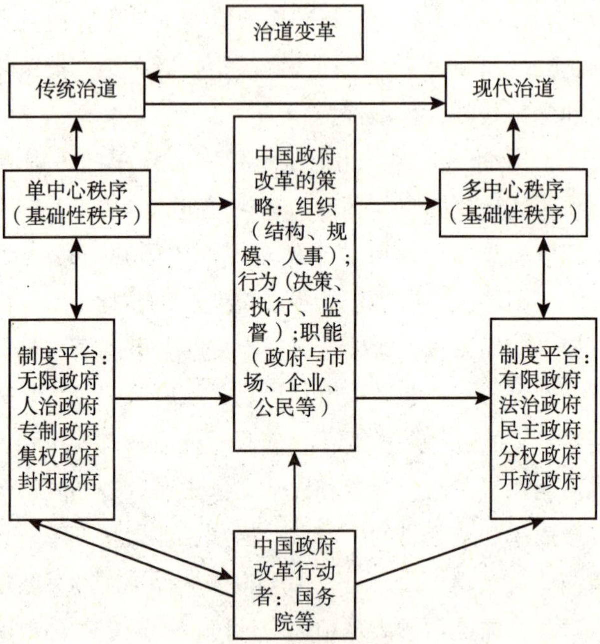

图 6　治道变革理论

治道变革理论仅仅是刻画和描述了中国政府改革的趋势，但它并非强调所有的政府改革都有利于中国政府的治道变革，有些政府改革可能加深传统治道，阻碍现代治道发展，而有些政府改革有可能使政府从传统治道走向现代治道。政府改革的各个要素之间关系，如组织变革与职能变革之间关系、职能变革与行为变革之间关系等，都需要进行理论和实证研究，为成功的政府改革和治道变革提供理论基础和知识基础。

此外，无论是单中心秩序还是多中心秩序，无论是单中心秩序的制度平台还是多中心秩序的制度平台，无论是政府改革的组织变革还是职能变革和政治变革，它们都具有相互嵌入性，都是一种复杂的进程，都具有很强的相关性和互动性。可以说，治道变革是一项永无止境的过程，治道变革本身就是一项过程。即便在西方国家，他们也不断面临新的问题，需要进行治道变革，以适应新的社会需求。

七、从理论到实践：中国政府改革研究的未来展望

治道变革理论为中国政府改革研究提供了一套描述性框架、解释性框架和规范性框架，通过治道变革理论的概念和工具可以描述和解释中国政府改革的现实，并为未来进一步的政府改革提供规范性政策建议。总体而言，中国政府改革研究的未来主要表现在四个方面：

一是进一步开发和完善中国政府改革研究的分析框架，尤其是在分析框架之下，开发具体的理论和模型，探索各种构成要素之间的因果关系，形成可以检验和推测的理论模型。就治道变革理论而言，我们需要研究政府的组织变革、职能变革、制度变革和政治变革之间关系，研究政府改革与制度平台建立之间关系，研究政府改革与整个社会秩序转型之间关系，确定政府改革的微观机制和宏观机制，包括微观的激励约束机制、宏观的激励约束机制。

二是利用政府改革的分析框架对1982年以来历次的政府改革进行描述，包括指出每一次政府改革的重点和层次，以及解释政府改革的过程和历史。对于中国政府改革历史和现象的研究，要避免简单化思维，需要微观分析和宏观分析相结合，需要将政府改革与当时的历史和社会发展现状相结合。治道变革理论为我们描述中国政府改革的历史提供了一个统一的概念和分析框架，在这个分析框架之下，我们能够比较每一次政府改革的差异，不但是总量比较，还可以进行边际比较。

三是利用政府改革的分析框架对各个领域和类型的政府改革

进行分析，例如分析政府的规模问题、结构问题、人事问题、决策问题、监督问题，从而开发出针对每一个领域和类型的具体政府改革理论。如果说利用治道变革理论对中国改革历史进行分析属于宏观层次分析，那么利用治道变革理论来分析具体改革问题和领域则属于微观层次分析。微观层次分析是宏观层次分析的基础，各种微观层次改革是整个宏观层次改革的基础。

四是利用政府改革的分析框架来对中国政府改革的未来发展趋势进行预测并提出相关的政策建议。在对中国政府改革现实进行趋势预测时，我们需要找出中国政府进一步改革所面临的约束和局限条件，这些约束和局限条件决定着中国政府改革的可能性。另一方面，在趋势预测的基础之上，结合治道变革的规范理论，我们需要为中国政府改革的进一步发展提供规范性政策建议，这些政策建议既是进一步改革的方向，也是解决当前改革和发展问题所需要采取的途径和手段。

八、结语

政府改革是一个非常复杂的问题，从某种程度上来说，它逐渐成为一种全球性问题。本文的研究表明，公共行政学的理论发展是与政府改革的实践分不开的，政府改革的实践是公共行政学理论发展的土壤和基础，也是公共行政学理论发展的激励因素和动力机制。

本文根据科学的理论和方法，对政府改革研究的方法论进行了区分，将政府研究区分为实证理论、规范理论和政策研究。政府改革研究的实证理论主要强调利用科学的方法来描述、解释和推测政府改革的现实，它关注政府改革“是什么、为什么、怎么样”。政府改革研究的规范理论强调利用价值和逻辑的方法来说明政府改革“应该怎么样”，它既包括为政府改革提出价值选择和方向，也包括为政府改革的价值提供逻辑论证。政府改革研究的政策理论则主要着眼于解决政府改革中的实际问题，即如何通过政策行为来提高政府改革的绩效，为政府改革提供实际的政策选择和方案是其核心。

按照这一分类，本文对西方国家和中国学者对政府改革研究的成果进行了综述。总体而言，西方学者对政府改革的研究主要强调六个层面，即组织、程序、技术、范围、物品和关系，并相继提出了新公共管理理论、重理理论、TQM 理论、公共选择理论、多中心理论、治理理论等。中国学者对政府改革的研究主要强调政府改革与环境之间关系、政府改革的各个要素和层次之间关系，以及政府改革的各种政策建议，其中包括政府改革的平衡发展理论、阿什比定律、职能转变理论、治道变革理论等。

由于环境本身的大变革和大转型、政府改革本身的全方位性及政府改革与社会变迁的复杂互动，使得中国政府改革研究面临着复杂性。这种复杂性既是一种挑战，也是一种机遇。中国政府改革现实为中国学者开发本土化理论，提供了良好契机。

本文提出了治道变革理论这一分析框架，用来描述、解释和推测中国政府改革的现实，重点强调了秩序转型与制度平台之间关系、制度平台与政府改革之间关系及政府改革中的组织、人事、行为和决策等各个层面改革之间关系，并提出中国政府改革如何实现从传统治道向现代治道变革这一规范性问题。

中国学者如果希望在研究中国政府改革理论方面有所突破，必须在分析框架的建构、中国政府改革的历史分析、中国政府改革的领域分析及中国政府改革的趋势预测和未来展望等四个方面进行重点研究。

税权法定：中国深化政治体制改革的一个关键词

韦　森*

> 撇开所有的细节不论，法治的意思就是指政府在一切行动中都受到事前规定并宣布的规则约束——这种规则使得一切个人均有可能十分确定地预见到政府在某一情况中会怎样运用其强制权力，并根据这个预期来规划自己的事务。
>
> ——哈耶克（《通向奴役之路》，第 73 页）

一、引言：法治民主与依法行政

2008 年，是中国改革开放的 30 年。两千多年前，孔夫子曾说他自己是“三十而立，四十而不惑，五十而知天命，六十而耳顺，七十而从心所欲不逾矩”。中国作为一个超过 13 亿人口的大国，若如一个人，像我们的先圣孔老夫子，在经历了近 30 年共和国的巩固、政治运动和经济建设，再经历了 30 年改革开放的巨大经济增长，到了 2008 年这个历史转折点上，应该说是过了“知天命”之年而到了“耳顺”之岁了。然而，历史往往告诉人们，一种社会体

---

* 复旦大学经济学院教授。

制往往比一个人更有自我维系的生存能力。尽管如此，在经历了多年经济高速增长但诸种社会问题也不断积聚的这当下，可能没有多少人不会不认识到，我们的共和国正在一步步走向一个历史性选择的十字路口。这即是说，30 年中国改革开放的巨大经济成就和不断出现的社会问题，不时在人们面前显现这样一个若隐若现但又似乎挥之不去的问题：已经市场化了的当代中国正在走向何方？

中国的市场经济社会正在走向何方？说来这也许是一个不成为问题的问题。因为，《中华人民共和国宪法》第五条就明确规定着："中华人民共和国实行**依法治国**，建设社会主义**法治国家**。"在中共十七大报告中，也明确地指出："人民民主是社会主义的生命。"值得注意的是，十七大报告的第六部分在论述政治体制改革时，不仅重申了"发展社会主义民主政治是我们党始终不渝的奋斗目标"，而且直接将该部分的标题定为"坚定不移发展社会主义民主政治"。从宪法的条文到十七大报告的精神，均说明了一点：未来中国，会走向且正在走向一个法治民主国家。然而，站在 30 年改革开放的历史与现实转折点上瞻望未来中国，人们意识到，未来中国向何处去的问题，实际上变成了法治民主的政治体制将如何具体型构、建设与演化、变迁的问题。

既然宪法规定明确确立了我们要建设社会主义"法治国家"的长远目标，中共十七大报告又明确说明民主政治是我们国家和社会的生命，这无疑确定了我们国家发展的大致走向或者说社会走向的大方向。但是，何为民主？何为法治？未来中国民主与法治政制型构、建设和演化变迁的逻辑起点又在什么地方？

首先，民主与法治，作为中国 20 世纪 80 年代以来就常常出现在媒体中的惯常用语，各界人士基于自己知识禀赋，均可以谈出自己的不同认识和理解。笔者新近的看法是，法治，在英文中为"rule of law"（即"法律的统治"，而不是"rule by law"，即"用法律统治"，"用法律来治理"），就其本质而言，并不是政府治理社会和控制民众的一种手段和工具，而首先且在实质上是对政府及其公务员行政范围和自由裁量权的一种刚性的制度约束。换言之，法治并不是政府用法律来治理社会，而是政府行政和政府官员的行政自由裁量权受法律所制约。在这种意义上，法治绝非是政府用法律治理好社会，或者说用法律治住老百姓，而是选民用宪法和其他行政法规治住政府，从而使政府官员的行为是受约束和民意制约的。就此而言，如果没有宪法以及相应的行政法规对政府职能及其行政职权范围作明确界定和约束，政府本身就会像英国古典哲学家霍布斯所说的那样成为一种不受任何约束的超级利维坦，即使政府制定再多法典，颁布再多法律法规，最多只能达到"用法来治"和"依法而治"的一种社会状态，而不可能有真正意义上的法治，即法律的统治。

其次，民主说到底并不如人们通常照字面意义所理解的"人民当家做主"那样简单，更不是简单的投票选举，而是政府的决策和程序以及做决策和制定程序的人均受民众及其所选举代表意见的制约。概言之，民主与法治，首先是对政府自身及其公务员行政权力及其范围的约束而言，或者简单说来，是人民大众有效约束和制衡政府行政范围和政府官员的行政自由裁量权的一种有效的社会机制。

从人类社会的近现代以及当代历史来看，民主与法治是人类诸社会现代化的一个重要和主要构成部分。人类社会的现代化，不仅仅是科技革命和制造业的工业化、商品和服务消费的商业化和市场化，也不只是居民收入和生活条件的大幅度提高和改善，而且也是人们经济交易和政治活动的法治化、政府决策程序的民主化，以及人民大众广泛参与并制衡政府资源配置角色、功能及其作用的一个深刻的社会变迁过程。如果从这一视角观察分析问题就会发现，政治的法治化、社会的民主化以及文化的多元化，说到底都会从政府公权力如何运用以及在运用中如何受宪章性法律法规和其他权力制约与制衡方面显现出来。就此而论，如果政府的公权力实际上不受制约，以致政府官员的行政自由裁量权边界模糊或不受民主程序的实质性约束，那么就谈不上真正的民主与法治。也正是从这种意义上理解民主与法治，笔者在近几年的专栏文章中一再指出，所谓“宪政民主”或“法治国家”，说到底就是政府官员的自由裁量权得到了明确的界定，因而政府的权力是有限的。简言之，所谓“宪政”，就是“限政”。

从上述视角来看待我国现行的政治体制安排就会发现，在民主与法治建设上，我们国家依然是任重道远。2007 年围绕着中国政府的财税收入和中国税制所发生的一系列事件，恰好暴露了中国民主与法制建设中的一些根本性问题。在目前中国的政治体制安排中，由于中国政府官员的行政自由裁量权边界模糊，以致关系国计民生和亿万家庭福祉的重大经济决策，可以由政府部门的某个或某些官员自由或任意决定。政府公权力边界的未清晰界定以及政府官员自由裁量权的模糊性和任意性，导致已经市场化了的中国社会在政治运作上仍然是一个行政控制社会，还远非是一个民主与法治国家。改革开放以来，尤其是近几年来围绕中国政府财税收入与支出所暴露出来的一些深层次问题正好说明，已经市场化了的当今中国社会，确实是到了需要反思并前瞻性地讨论其政治与社会体制演变发展及未来走向的时候。

二、近几年政府财税收入超高速增长的背后

2007 年以来，税收成为举国上下关注的一个热门话题。之所以会如此，也许并不是因为网络和平面媒体一再传出中国在世界各国“税负痛苦指数”排名中连续几年位居前三甲，而是因为财政部和国家税务总局 2007 年以来频繁调整一些税种的税率，并不时增加一些新税种。譬如，在 2007 年 5 月 30 日深夜，财政部就通过新华社突然宣布将证券印花税税率从 1‰调整为 3‰；2007 年 6 月 11 日，国家税务总局又通过新华社宣布，从 2007 年 7 月 1 日起，

中国将实行新的车船税缴纳制度，缴纳税额将平均提高一倍左右；2007年上半年，国家税务总局宣布，从2007年7月1日开始，将取消一些企业的出口退税制度。财政部和国家税务总局频繁调整税率和增加新税种，尤其是近些年来中国政府财税收入每年都超GDP增速双倍甚至三倍，诸如此类的话题在2007年下半年以来经常在中国媒体中出现。

由于国家税务总局和财政部频频调整税率和增加新税种，加上中国税务部门强化了一系列征管措施，并对下级增收税款采取了某种非常有效的返还留成激励机制，导致中国政府的财税收入在2007年大幅度增加。按照国家税务总局发布的2008年元旦快报中的数字，2007年全国税收收入共完成49 442.73亿元（这还不含关税、契税和耕地占用税），比上年增收11 806亿元，增长幅度高达31.4%，增收额也是2006年度增收额的近两倍（图1）！2007年全年中国政府财政收入将超过5.1万亿元，亦比上年增长31%左右。2008年上半年，在各项宏观经济指标均下降的情况下，唯有政府税收仍然保持着一个高速增长的势头。按照中国政府2008年7月22日公布的数字，2008年上半年，全国税收收入（不包括关税、耕地占用税和契税，未扣减出口退税）累计完成32 553亿元，比上年同期

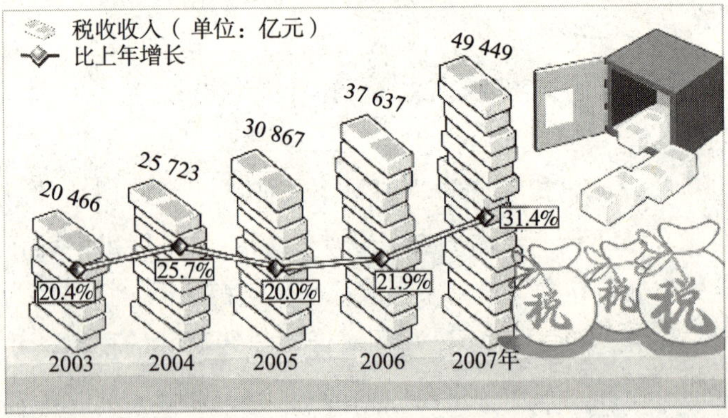

图1 2003—2007年税收收入及其增长速度

资料来源：国家统计局

增长30.5%，增收7 606亿元。另据2008年8月7日财政部公布的数字，2008年上半年，政府预算收入完成34 808.19亿元，同比增长33.27%，国家预算支出22 882.02亿元，同比增长27.69%，收支相抵，盈余11 926.17亿元。

一个值得人们深思的现象是，到目前为止，中国各级政府部门以及新闻媒体在报道本地或全国的税收大幅增加时，均是在取得了辉煌成就和巨大成功的正面意义上报道的。到目前为止，还很少有学者——尤其是很少有经济学家——来冷静地反思政府的超高速财税增长对中国经济与社会发展的负面影响，尤其是还很少有人从政府在经济社会发展中的作用、功能和角色等方面来认识近些年政府财税收入超高速增长对中国政治和社会体制的格局及其未来发展走向而言意味着什么这类深层次的——或者说根本性的——问题。

如果从中国改革开放30年来政府财税增加及其财税制度的演变历史来综合审视政府在经济发展中的作用，也许更能认识到一些深层次的问题。按照财政部网站提供的一些数字，1998年中国政府的财政收入约为9 876亿元，到2006年则增加到39 373.2亿元。上述数字表明，2006年中国政府的财政收入已经是1998年的4倍。另外，根据天津财经大学李炜光教授、国家税务总局前副局长许善达先生以及中国社会科学院2008年的《社会蓝皮书》等所提供的研究数字，在1978年，也就是改革开放的第一年，政府财政收入占GDP的比重是31.1%（请注意，这是中国计划经济时代末期的数字）。1994年，中国进行了以分税制和流转税制改革为基本内容的财税体制和制度改革，财政收入占GDP的比重迅速下降到10.8%。到1996年，这一数字则进一步下降到9.8%。然而，自2000以来，中国政府的财税收入保持了一个超高速的增长势头，且增速越来越快，以致在2000年以来的数年中，政府财政收入占GDP的比重不断上升，2003年达到15.1%，2004年达到16.1%，2005年为16.8%，2006年提高到18.4%，估计2007年将超过20%（图2、图3）。

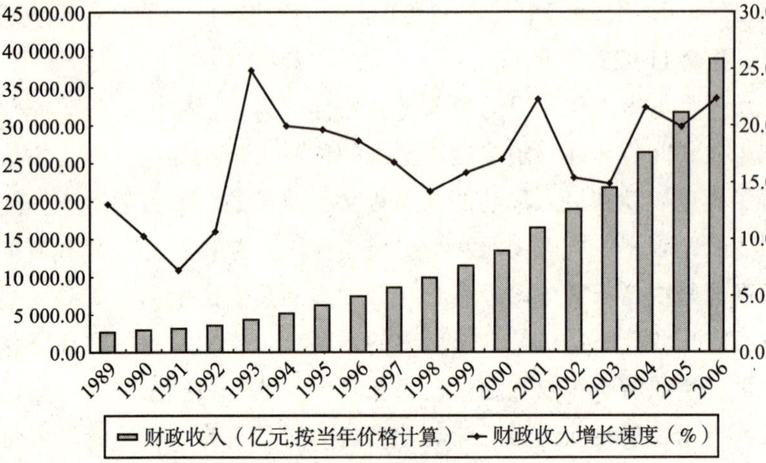

图2　中国政府财政收入的增长

资料来源：财政部网站

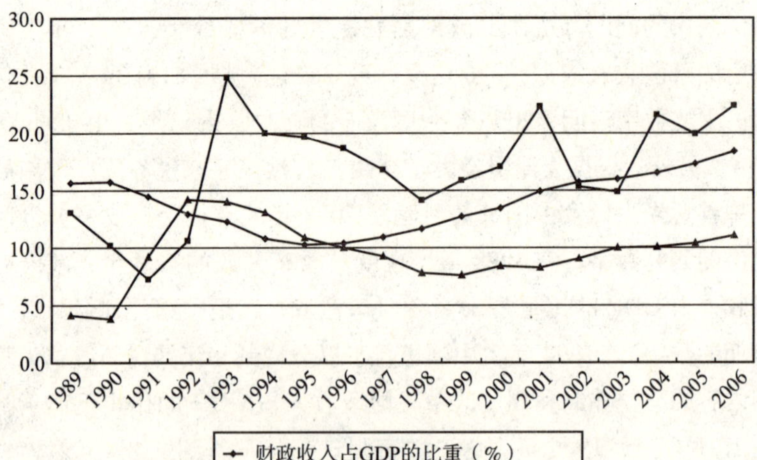

图3　中国政府财政收入与GDP增长率的比较

资料来源：财政部和国家统计局网站

值得注意的是，以上数据只是所谓的各级政府“第一财政”的统计数字。如果加上各级政府的预算外收入和制度外收入，中国各级政府的实际财政收入总额占 GDP 的份额要远远高于这个比例。根据财政部前任部长以及李炜光教授等多位学者的计算，若把各级政府的预算外收入、制度外收入全部计算进来，政府全部收入占 GDP 的“大口径”宏观税负应该在 34.43% —40% 之间。最近，在《财经》杂志 2007 年年刊发表的一篇文章中，国家税务总局前副局长许善达先生也承认经济学家的这一估计数字，认为即使按照最保守的估计，这一比例也大致在 25% —30% 之间。如果把政府的“第一财政”、预算外收入和制度外收入放在一起来考虑，我们就不会对《福布斯》杂志所公布的全世界五十多个国家的“税负痛苦指数”中中国连续几年名列前三甲（2005 年排第二，2006 年、2007 年均排第三）这一现象感到奇怪和意外了。

政府财税收入的大幅度和超高速的增长，无疑意味着政府操控经济和驾驭社会的能力在加强。但是，这一现象对已经市场化的当今中国社会意味着什么？政府巨额财政收入和支出对现今中国宏观经济动态——尤其是 2007 年下半年以来中国的通胀率抬头——又意味着什么？目前中国政府的决策层有没有意识到这些现象背后的种种问题及其内在关联？又有多少中国的经济学家和国际上的中国问题专家意识到了这些问题严重性？

除了近些年税收高速增长以及政府财税收入占 GDP 的比例不断攀高，以致在全世界的“税负痛苦指数”中中国连续几年名列前三甲这一问题外，比税收负担更值得关注的问题是：政府征收的巨额财税收入被用到什么地方去了？

按照李炜光教授等学者的新近研究，改革开放 30 年来，中国政府的行政费支出增长了近 90 倍。在 1978 年，行政管理费用占财政支出总额的比重仅为 4.71%，到了 2004 年，这一比重就增加到 37.6%，而同期美国这项支出的比例仅为 12.5%。另外，在 2004 年，政府财政预算中的公共服务及社会管理支出，中国为 25%，美国为 75%。根据上述数字，李炜光教授认为，改革开放 30 年来，政府的公权力没有丝毫后退，而是强化了，并且政府仍然像以前那样控制着国家的绝大部分资源。另外另一个尤其值得关注的问题是，尽管这些年中国政府的财政收入在超高速地增长，政府财政收入占 GDP 的比例不断攀高，但是根据中共中央党校社会学教研室吴忠民教授的研究，中国政府的财政收入用于基本民生方面的投入占 GDP 的比例却在全世界排名倒数第一。

这一切自然会影响到普通民众的实际福利。按照中国社科院 2008 年《社会蓝皮书》给出的数字，在 2003 年，劳动报酬占国民收入的比重超过 50%，但是到了 2006 年，这一数字则下降到 40.6%。在 2003 年，全国职工工资占 GDP 的比重超过 13.3%，然而在三年的时间里，这一比重就下降了 2 个百分点，到 2006 年为 11% 左右。上述一系列数字说明了什么？显而易见，这些数字充分表明，在近些年中国经济高速增长的同时，国家或者说政府确实是越来越富了，且掌控的经济资源越来越多，操控社会的能力越来越强，但是普通民众的相对收益和福利却下降了，民众对政府公权力和政府政策制定的制约也在衰减和弱化。

另外，同样触目惊心的是，全国各级行政机关的官员一年的公款吃喝、公车消费、党政干部公费出国考察的费用，均高达数千亿元。在每年 3 月的“两会”期间，不断有类似的数字曝光。审计署前审计长李金华 2007 年 6 月 27 日在报告 2006 年度中央预算执行和其他财政收支的审计情况时曾说，中央部门及其所属单位的预算管理存在诸多问题，其中中央各部委本级存在的“问题资金”金额高达 348.53 亿元，各部委所属单位存在的“问题资金”金额又多达 120.27 亿元。

除了上述一系列问题外，按照 2005 年 8 月 5 日《环球时报》的一篇报道，中国的富人约占总人口的 20%，但他们上缴的个人所得税还不到国家个人所得税收入总额的 10%。据此，有学者称，中国富人的税收负担目前在世界上是最轻的。另外，从财富占有上来说，当今中国社会也存在严重的不均现象，且保持着继续拉大的趋势。根据美国的波士顿咨询公司在2006年10月17日发布的《2006全球财富报告》，在当今中国，0.4%的家庭占有了70%的国民财富，而在日本、澳大利亚等国，一般是5%的家庭控制国家50%的财富。上述数据充分表明，中国在财富分配不均和不公方面，已经超过了当代大多数西方发达国家。2006年下半年以来中国股市的空前繁荣，无疑又加速了中国社会财富向富人手中加速积聚的过程。这两年，政府为了减缓社会财富和收入分配的不公和不均，确实曾在税收制度上采取了一些措施，如从2006年11月开始对年薪12万元以上的收入阶层采取强制自行申报年收入的制度。然而，从目前中国社会的财富创造机制来看，真正的富人并不是仅靠工薪收入的人，而是那些能通过各种渠道攫取“灰色收入”的人。而目前的税收制度，对这种“灰色收入”是无法征税的。

三、政府税收高速增长的可能经济影响

政府财税收入大幅度增加，对即时宏观动态经济增长以及整个社会福利的影响如何？在2007年发表在《中国新闻周刊》的一系列专栏文章中，笔者已经指出，从经济学的基本原理来看，任何征税和提高税率都会减少企业和家庭的私人财富，因而一般会通过一些内在关联和传导机制对企业自身的投资和扩张以及家庭的消费支出产生一定的遏制作用，从而对宏观经济增长产生一定的影响。

数年前，世界银行的一些专家曾对税收与经济增长的关系专门做过一项实证研究。研究发现，在一个现代国家里，当宏观税负在10.3%—30.9%时，每提高1%的税负，将使国内投资下降0.66%，GDP增速则下降0.36%。世界银行的研究还发现，之所以税收与经济增长之间一般有这样一种负相关关系，主要因为：（1）企业所得税的增收会降低企业盈利水平，削弱企业的国际市场竞争

力；(2) 个人所得税的增收会降低劳动收益率，抑制劳动供给；(3) 增值税和营业税的增收会抑制民间消费。在上述税收的三种可能负面影响中，目前最值得我们关注的是税收对居民消费的负面影响。中国多年来在经济高速增长的同时存在消费疲软、储蓄过旺的情况，这时提高对居民消费可能有遏制作用的税收的税率，显然不利于解决我们多年来存在的消费疲软问题，从而不利于真正启动内需来拉动长期经济增长。这个问题能否解决关系到中国经济的高速增长能否持续这一长期且战略性的问题。当然，2007 年以来，中国的国内消费有所启动，并在流动性过剩的情况下引发了 2007 年下半年以来的通胀率抬头。在此格局下，政府增税对消费进而对经济增长的负面影响被掩盖起来了。如果将来一旦出现中国经济增长速度减缓，政府税收对家庭消费以及对经济增长的负面作用就会再度昭显出来。

更为严重的是，从微观经济学和福利经济学的角度分析，开征新的产品税（新的车船税基本上属于这一种）、资源税或提高其税率，均会减少该产品以及相关产品的市场需求或供给，从而使整个社会产生一种“无谓损失”(deadweight loss)，即减少社会总福利。这也就是经济学家们所常说的“哈伯格三角”(Harberger Triangle)。正是基于这一理论，信奉供应学派观点的美国里根总统在 20 世纪 80 年代初竞选总统时，就把减税作为其政纲的核心理念。里根及其经济智囊认为，减税将给人们适当的工作激励，这种激励不仅会提高社会的总经济福利，也可以反过来增加税收。2008 年美国经济刚刚显露出衰退的迹象，美国总统乔治 · W.布什首先考虑的应对措施也是减税。2008 年年初，美国政府就提出了高达 1 450亿美元的减税方案，试图以此刺激经济增长，避免美国发生经济衰退。这也说明，西方社会的政治家和经济学家们一般认为税收对经济增长确有某种减速和抑制作用。

尽管从经济学的基本原理来看增税既会减少社会福利，也可能会对经济增长产生一些负面效应，但税收毕竟是任何国家机器存在的基础。正如马克思所言，“赋税是喂养政府的娘奶”，“赋税是政府机器的经济基础”。离开赋税，国家机器将不能运转，政府也无法向社会提供任何单个人所无法提供的一些必要公共物品和公共服务，因此，税收又是任何一个社会均所需的“**必要的恶**”。正因为如此，就连18世纪美国最伟大的科学家和政治家富兰克林也曾无奈地叹道：“在这个世上，除了死亡和税收外，没有什么事情是确定无疑的。”虽然税收是任何社会所需的“必要的恶”，但“必要的恶”毕竟是“恶”。“恶”，尽管不可能被尽除，从经济学的基本原理上来看，却应该是越小越好。从这种视角来认识问题，亚当·斯密一生最著名的一句话现在也就可以理解了：“除了和平、轻税赋和宽容的司法行政外，把一个最原始的国家发展为最大限度繁荣的国家，就不再需要别的什么了。”在最近中国政府屡屡推出新税种并不断提高既有税种税率的情况下，读读斯密早在1755年就发出的这黄钟大吕般的警示，也许不无教益。

当然，我们也看到，在中国经济连续近30年高速增长且增长势头目前不减的当下，政府宏观政策决策者实际上有某种意思是要把提高税收作为紧缩和调控经济过热的一种措施，这在某种程度上是可以理解的。事实上，也正是在目前中国经济高速增长的时期，税收的负面作用在经济动态发展中才不甚明显。然而，必须看到，一旦某种税收开征或某种税率被提高，往往会有一种很强的“路径依赖”效应。基于某种行政惯性和政府财政平衡的维系需求，已经开征和已被提高的税种和税率往往较难被取消和再降低。因此，尽管目前增税的负面效应可能还不太明显，但如果中国经济增速一旦出现滑坡，沉重赋税对经济增长和整个社会福利的负面影响将会非常强烈地凸显出来。因而，在政府目前不断增加新税种和提高某些税率的情况下，对税收这“必要的恶”的负面影响，我们不能不有所认识和警惕。从这种意义上来看，将税收杠杆作为政府宏观调控的一种手段，那将是非常危险的，因而必须慎用，以防其长期的负面影响。

四、政府征税的法律基础问题

除了从经济学的角度讲政府征税有导致社会福利损失以及会抑制宏观经济增长的负面影响外，从法学和政治学的基本原理来看，一个君主或政府在任何时候的征税，从本质上来说也不是一种"良善"(good)的事。因为从实质上来看，任何政府的税收都是国家政权对私人产权的一种强制剥夺和攫取，因而说到底是政府公权力对个人私权利的某种"侵犯"。用税法学家的专业话语来说，由于税收是国家为实现其公共职能而凭借政治权力依法强制和无偿地从私人和企业那里获取财政收入的一种活动和手段，因而对纳税人来说，税收完全是纳税人对政府的一种无对价的给付。

正因为税收说到底是公权力对纳税人私权利的一种干预和侵犯，是纳税人对政府的一种无对价的给付，保护纳税人不受君主或政府公权力的任意攫掠，就成了自1215年英国《大宪章》以来人类宪政民主政治的一个最基本的核心价值诉求。即使从政治学的社会契约论以及税法学的"利益交换说"来看待国家征税，从而把税收视作人民为向国家求得对其产权等的保护而支付的一种"必要的价格"，那纳税人也有权知道自己支付的税金到底如何被使用了。因此，纳税人通过自己所选出的代表，并通过一定法定程序对政府的财政行为进行监控和审理，以确保税收使用得当，就成了现代宪政民主政治的一种基本政治安排。通过一定的税收立法和一定的法律程序来保护纳税人的权益，也就成了现代宪政民主政治的最基本和最核心问题。正是沿着这一思路，"税收（宪）法定"(Statutory Taxation)成了近代以来宪政民主国家的最根本或最核心的政治理念。按照税权法定主义，为防止政府部门滥用财政税收权，必须以权利制约权力。由此各国的政治安排大多是政府征税的决定权必须要由议会来行使，这样才能使人民相信自己的私有产权不会被政府恣意侵犯。这也就构成税权法定主义的基本内容和根本要求。

从欧洲历史来看，税收（宪）法定的理念最早是在英国《大宪章》中初步确立下来的。1215 年，英王约翰王为了筹集军费，横征暴敛，引起了英国贵族、教士以及城市市民的广泛不满。他们联合起来，发动了武装反叛，迫使约翰王在内忧外患的夹击下签署了限制国王权力的《大宪章》。《大宪章》规定，除了在征得“全国一致同意”外，国王不得课征任何“兵役免除税或捐助”。这样一来，英国《大宪章》的基本历史意义就在于用法律条文明确规定了主权者征税必须受限于法律和人民同意的双重约束，从而开启了宪政与税收历史关联的先河。之后，在 1628 年通过的《权利请愿书》中，又有进一步的规定：“没有议会的一致同意，任何人不得被迫给予或出让礼品、贷款、捐助、税金或类似的负担”，从而正式在英国的宪章性法律文本中确立了税收（宪）法定主义。1688 年英国的“光荣革命”胜利后，英国国会制定的《权利法案》中又进一步重申：“国王不经国会同意而任意征税，即为非法。”至此，税收（宪）法定的基本政治原则得以确立下来。

如果说 13 —17 世纪的英国宪政民主制度建设主要是围绕君主征税权的主轴而发生的，那么，北美殖民地的宣告独立，也缘起于英国殖民者向殖民地人民的随意征税。在 18 世纪后半叶，英国政府在北美殖民地开征印花税和糖税，以转嫁它在战争中的巨额财政亏空。之前，英国政府在殖民地只征收关税。当时，北美殖民地的民众担心，此例一开，英国政府以后会进一步征收其他税收，于是便以在英国议会无殖民代表参加为由，宣称英国政府无权向殖民地人民征收印花税，从此便开始了北美殖民地的反英独立战争。美国独立后在 1781 年颁布了《美利坚合众国宪法》，宪法第一条第七项便是有关税收（宪）法定的规定及其具体实施程序，明确规定：“一切征税议案应首先在众议院提出，但参议院得以处理其他议案的方式，表示赞同或提出修正案。”美国宪法同时规定了现代宪政的几项基本原则，如权力分立、权力制衡等。可以说，美国宪政民主建设是从限制政府税收权而展开的，或者说税收实际上成了美国宪政民主政治启动的基本动因之一。

回顾法国大革命的历史，我们也同样会发现，1789 年法国大革命的直接起因亦是法国国王路易十六课征新税。1774 年路易十六继位时，法国经济已经是危机四伏。为解决政府财政危机，路易十六开征新税，从而引发与三级国民议会的冲突，结果导致国王派出军队镇压国民议会。以法国第三等级为主的巴黎各阶层市民为保存国民议会而与国王展开斗争，由此揭开了 1789 年法国大革命的序幕。1789 年 8 月，法国制宪会议颁布了《人权和公民权宣言》，其中第十四条规定："公民都有权亲身或由其代表来确定赋税的必要性，自由地加以认可，注意其用途，决定税额、税率、客体、征收方式和时期。"法国大革命开启了法国现代宪政民主建设的历史，在随后的一两个世纪中，法国宪政民主演变的整个历史也是围绕着税收与国家主权者的权力范围这一主轴而展开的。

值得注意的是，除英国、美国和法国外，在欧洲中世纪晚期和近代历史上，荷兰之所以成为一个独立的国家，也是因为当时统治着荷兰地区的西班牙王室的过度征税而引起的。从历史上看，正是因为哈布斯王朝过度征税，荷兰人才组织了反对西班牙君主的叛乱，然后相互联合，成立民族国家。

根据现代税权法定主义的基本精神，在大多数西方发达国家，以及发展中国家如马来西亚、菲律宾、印度尼西亚、斯里兰卡、约旦等国的宪法中均有类似"非经法律规定，不得征税"的明确条款，因而可以认为税收（宪）法定已经成了现代宪政民主政治中的一条普世原则。根据这一原则，在世界上许多国家，要新增一个税种或提高一种既有税种的税率，往往是件非常麻烦和困难的事。这往往要经过议会多轮激烈辩论，并常常会引起纳税人的各种抵制、抗议甚至游行示威。因此，在加拿大、新西兰、澳大利亚和世界上许多其他国家，常常有经过几届政府激烈争吵，一种新税仍不能开征或一种既有税种的税率无法提高的情形。

另外要特别指出，税权法定或议会对政府征税权的实质性的有效制约，在中国近代历史上也确曾有过。按照李炜光教授的研究，在1907年晚清政府初步尝试君主立宪制之后，由清政府自己所建立的资政院就曾迫使清政府放弃其独立财权，并将当年清政府的财政预算核减掉了7 790万两白银，据说这相当于当年清廷总预算的三分之一。李炜光教授认为，无论从何种角度看，这在当时都是一件非常了不起的事件，因为尽管当时中国才刚刚试行君主立宪制，晚清的资政院就能做到这一点。从这一事例中，我们也可以认识到，早在百年前，中国人就向世界充分显示并证明，我们完全能实行政府税权法定这一现代宪政民主的基本原则，并且有能力建立起政府预算受民选议会（人大）代表制约和审定的政治制度安排。

五、当今中国税权法定原则阙如的问题到底在哪里？——李炜光教授的精彩分析

在上一节的论述中，我们已经知道，在目前世界绝大多数现代国家，其中包括数十个发展中国家，均实行税收（宪）法定的制度，并在一些国家中实际上政府征税的决定要经过议会代表的审议和批准方能实施。然而，在我们国家的现行政治体制安排下，情形却完全不是这样。由于目前人们的税权法定主义观念淡薄，税收立法权又实际上集中于政府的最高行政机关，这就为财政部和国家税务总局任意决定税种和提高税率总是开着绿灯。在这种体制安排下，财政部和国家税务总局可以不经人大批准和辩论而随意开征一种新税种或任意提高一种既有税种的税率。像2007年5月30日提高证券印花税税率这样每年多征收上亿元税款的重大税收决定，以及2007年7月1日实施的关系到千家万户利益的新车船

税，财政部或国家税务总局可以不经人大讨论而自己独自决定，甚至最起码连颇具社会转型期“中国特色”的听证会都没有举行过。这样的做法显然有违现代社会中税收（宪）法定主义的基本原则，从而使纳税人没有方法和手段来保护自己的权利。

那么，为什么在一个后计划经济的时代里，当今中国的政治架构中还未能建立起税收（宪）法定的政治制度？我们国家税制的根本问题到底在哪里？沿着这个问题进一步深入思考，我们就会发现，中国目前税收激增和税制的一些基本问题，是与中国现存的基本政治制度的深层架构密切联系在一起的，或者说与中国的宪法条文所规定的基本政治安排密切相关。从形式上来看，尽管中国现行宪法在公民权利和国家架构等方面的规定与大多数西方宪政民主国家的宪法有诸多类似之处，但仅从文本上来看，中国宪法在税收宪政精神和制度规定方面也存在明显的欠缺。譬如，在《中华人民共和国宪法》中，唯一涉及到税收的内容是第五十六条：“中华人民共和国公民有依照法律纳税的义务”，而国家税收权力的归属这个无论对于政府还是公民都至关重要的问题，在新中国成立以来的四部宪法中，都从未作任何规定，至今都是阙如的。另外，在这四部宪法文本中，从来没有规定纳税人权利的条款，也没有明确说明政府征税需要代议机关（人民代表大会）同意和批准的规定。根据这一状况，李炜光教授在2004年撰写了一篇《现代税收的宪政之维》的长文，指出目前中国宪法中有关税收问题的规定以及中国现行税制安排的下述问题：

> 首先，把公民纳税义务的条款写在宪法里值得商榷。宪法是公法，是针对国家、政府的公共权力而制定的，是落实国家与政府承担对公民的义务（公共服务）的法律文本，不是用来限制公民的。……在宪法中没有明确规定公民税收权利的情况下单方面规定其纳税义务并不是一种明智的选择。……在宪法中加入公民纳税义务条款的动机可能是为了提高公民纳

税的责任和自觉性，但是，这在实际的税收征管过程中其实并无大的用处。在一个法治健全的国家，即使不在宪法中规定公民的纳税义务，也无碍这些义务的履行；而如果这个国家的法治阙如，就是在宪法中列举再多的义务也是枉然，例如偷逃税现象，就不会因为宪法中有纳税义务的条款而有所减少。

其次，我国宪法没有明确人民代表大会税收立法的专有权，导致税收立法“越权”的现象。我国宪法（第二条）规定：“中华人民共和国的一切权力属于人民”，人民代表大会及其常务委员会代表着全国人民当家理财，实行的是彻底的议会中心主义，是很先进的制度，人类社会的发展史也一再表明这样的制度具有无可替代的优越性。问题在于，代表着全国人民的人大却没有税收立法的专有权，也就是说，除了人大，别人也可以立法或以条例之类的形式变相立法，上面那句“一切权力”的话就成为虚置的了。由于宪法不作为，征税权几乎全部由政府自己“越俎代庖”了。目前我国税收法律有80%以上是由国务院根据人大授权以条例、暂行规定等行政法规的形式颁布的，经全国人大立法的只有《中华人民共和国外商投资企业和外国企业所得税法》、《中华人民共和国个人所得税法》、《中华人民共和国税收征收管理法》三部，甚至一些实施细则之类的制定权还被下放给财政部、国家税务总局等更低层次的政府部门。事关绝大多数纳税主体权利义务的税收规范并非由代表全体纳税人的人民代表大会制定，行政机关成了规定税收要素的主要主体，这种状况无疑是与税收的宪政原则背道而驰的。从理论上说，如果需要，政府想征多少税都可以做到，中间没有任何制约和监控的政治环节。这就演变成一个怪现象，政府每年的预算都需要拿到全国人大去审核批准，而政府决定新征税种或提高税率却不需要全国人大来批准，全国人大成了只管出不管进，睁开一只眼却闭上另一只眼。由于我国税收不是基于博弈而产生的，人民代表大会也不是纳税人讨价还价的场所，因而宪政税即税权法定的原则在公法上就完全被忽略了。

第三，我国宪法没有限定税收的委托立法权，导致税收法律、法规"失据"的现象。依据税收的宪政原则，议会在保留税收要素立法权的同时，可以将实施细则类的制定权授权给行政机关，但这种授权立法仅限于具体的和个别的税收事项，一般的、空白的授权是无效的，依据此类授权所制定的行政性法规自然亦无效。然而，我国行政机关的实际立法权却极为广泛。1984 年……以后，授权立法的进程竟然停止了，征税几乎成为政府的一种不受制约的权力。10 年后的 1994 税制重大改革，在国务院制定的一系列税收暂行规定中，未见有立法依据的规定。如果严格依照税收宪政原则分析，则可以认为此次税制改革过程中制定的各类税收暂行条例都是无法律依据的。即使说全国人大及其常委会是默许授权，也只能说这种授权是一种空白授权，是不产生效力的。

第四，我国宪法没有对纳税人的权利作出明确的规定，行政权力过分干预税收过程的现象比较严重。对于什么是"纳税人"的问题，《宪法》未作明确解释，仅在"公民的基本义务"一节（第五十六条）中规定"公民有依照法律纳税的义务"，未规定其应享有的立法与监督两项基本权利；《税收征管法》对纳税人的定义则不准确，纳税人被片面地理解为纳税义务人。在税收观念上，我们历来把国家视为税收法律关系中单一的权利主体，而将纳税人视为税收法律关系中单一的义务主体，政府征税的目的主要是取得财政收入和调节经济运行，至于规范政府的税收行为、保障纳税人的权利的作用则完全不能与前者相提并论。……既然连纳税人权利这样最基本的税收要素都定位不明确、不准确，政府在自己制定各种细则和规章时便常常忽略纳税人的因素，一些解释性的行政命令便越来越庞杂，成为税收法律的主要部分，扩大了税务部门不应有的量裁权，导致税收过程中的随意性增大，侵害纳税人利益、纳税人负担过重的现象也就难以避免了。

最后，我国宪法没有明确规定政府必须依法征税，导致税收执法行为规范的扭曲。根据税收宪政原则，税务机关必须严格按照法律规定稽核征收，无权变动法定税收要素和法定征收程序。由于没有在宪法中明确地体现这一精神，实际征收过程中行政命令大于税法的现象比较严重，征税行为不规范的情况随处可见。一些地方为了人为地增大中央财政对地方财政的返还基数，或人为地达到增值税、消费税的增收目标以争取中央财政的定额返还，以行政命令的手段“政治任务式地征税”，或不按规定及时抵扣增值税应扣税款等手段，迫使纳税人在规定时间内过量承担了一部分税法之外的纳税义务，有关部门却几乎不需要为此承担任何行政责任和经济补偿，造成征纳主体在法律面前事实上的不平等。此外，以税谋私，收“人情税”、“关系税”的情况也是屡禁不绝。

作为一个财税问题的专家，李炜光教授所提出的上述五点洞识，再清楚不过地道出了我国现行政治体制和税收制度的最根本的问题所在。从李炜光教授的理论分析中，以及从2007年围绕着政府税收所发生的一些事情中，均说明了这样一个问题：明确税收立法权，使政府的税收收入和财政支出的规模以及基本用途均由人大通过法定程序加以规范，并在现实政治运作中使政府税收的征收与使用均受人民代表的仔细审议、讨论和批准，从而使纳税人的基本权利得到充分和切实的尊重和保护，在目前来看是一件非常急切的事。

六、结论：未来中国深化政治体制改革的可能逻辑起点

在中国文化中，“8”是一个吉祥的数字。也许是巧合，在我

们共和国的当代历史上，尾数为“8”的年份也或轻或重地总是一个重要的年份。适逢新世纪的2008，奥运会要在中国举办；中国经济高速增长的势头目前也有增无减。故对2008，全国人民总是充满种种期待。各界人士从自己的职业和专业角度，总喜欢把“2008”视作为某种“元年”，如“知识产权保护的元年”、“移动互联网设备（MID）的元年”、“自主新能源汽车破冰的元年”、“中国视屏营销的元年”、“中国住宅民生化的元年”、“中国品牌的元年”、“合资证券元年”，等等。不管人们如何理解“元年”，不管是否在英文“the first year of an era”意义上来使用，也不管人们在使用这个词时是否意识到传统中国文化中这个词的原初涵义是“帝王即位的第一年”，但在一个现代理性的市场化社会中，人们使用“元年”二字，说明了许多人对未来充满了美好的期盼。中国经济在高速增长，一个有数千年传统文明和历史文化包袱的中华民族正在崛起，中国在世界上的影响力越来越大，这些都是不争的事实。在市场化的社会内部，一些社会问题——如政府官员腐败、社会收入分配差距在拉大、通货膨胀等——在积聚，这也毋庸讳言。中国“元年”之“元”，呼唤着对我们的制度、我们的现状、我们的成就、我们的问题以及我们的未来发展道路进行某些“元思考”(meta-reflexation)。因为只有从我们社会运行的最深层面上理清了一些“元问题”，我们才会不再走错路，才会减少我们社会整体的“学习费用”。

站在2008年8月，展望共和国的未来，我们相信，既然《中华人民共和国宪法》和中国共产党的十七大报告均明确写明中国要走依法治国的道路，民主与法治应该是未来中国社会发展的大致走向。就此而论，新世纪的中国“元年”之“元精神”，既会反映在“税收（宪）法定”这类关键词上，也自然会具体体现在现实和未来的法治、民主和宪政建设之中。站在这2008年的历史节骨眼上，尽管对未来中国社会如何走向依法治国的具体路径我们还不甚清楚，但是有一点我们今天却已似乎明白，那就是未来中国的具有民主、法治、宪政的政治体制的建设与型构，可能与构建税收（宪）法定的税收制度密切相关，或者说从这里开始。从这个意义上来说，我们似可期望把构建税权法定的政治制度以及政府税收的具体征收和用途要经代议制机构（人大）审定批准的政治安排作为未来中国新政治体制建设的一个逻辑起点。

2008 年元月 21 日晨韦森谨识于复旦

2008 年 8 月 8 日下午值奥运开幕前修改于复旦

中国的改革历程与宪政出路

——关于中国宪政前景的一个大胆猜想

莫志宏*

提　要： 宪政秩序的缺乏一直是悬在中国经济改革头上的一块巨石。很多人都在思考：宪政在中国如何才有可能？本文表明，同道德秩序一样，宪政秩序的形成也具有内生性和演进性，而这在操作的层面上讲，意味着宪政问题在中国首先是一个实践问题，而不是一个认知问题。进一步，本文表明，中国的宪政问题不是一个抽象的、在文化真空中的实践问题，而是一个中国人基于其长期形成的文化心理的实践问题。不过，宪政问题就中国社会而言的实践性质并不意味着需要我们放弃高层次的宪政理论思考，恰恰相反，对于中国未来的宪政理念、模式等的前瞻性思考不仅可以为中国每天都在进行着的零碎宪政实践提供有价值的指引，而且从长远来看，只有我们对这个层次的问题有了比较成熟的思考，中国的宪政实践才有可能最终结出适应于中国这块土壤的宪政之果。本文基于对中西文化的对比考察后提出，解决中国的宪政问题需要在宪政理念上寻求突破口，宪政不应只是限权而已，还应该同时体现政治的德性，因为只有这样它才能为试图在世俗生活中寻求生存意义的中国人所接受、所实践，并最终结出中国式的

* 北京工业大学经管学院副教授。通讯地址：北京市朝阳区平乐园100号（100022）。

宪政之果。

关键词：演进理性主义；建构理性主义；实践理性；宪政；政治的德性

一、引言

普遍认为，30 年来中国经济改革所取得的巨大成就与市场自发秩序的不断演进密切相关。但是，正如一些学者不无担忧地指出的那样，中国至今仍然是在缺乏宪政秩序的情况下进行市场导向型改革。这意味着，在权力没有受到限制的国家力量面前，市场作为一种自发秩序是脆弱的，它的演进是否会朝着一个令人满意的方向缺乏可靠的规则体系来加以保证。按照杨小凯等人的说法，宪政规则的缺乏必然导致国家机会主义行为，国家既当裁判员又当运动员，最终将对自发市场秩序造成毁灭性的破坏，而中国的经济转型也就不可能取得最终的成功。从中国改革进程中不断遭遇到的各种困难来看，确实许多问题的产生，如比较严重的腐败问题、利益集团对政府行为的挟持、弱势群体的利益得不到较好的保障等，都可以追溯到宪政规则的缺乏上。

应该说，从学理层面认识到宪政秩序的缺乏给中国改革带来的诸多负面影响并不难。在理论及经验上人们早已认识到，一个国家经济的长期稳定增长需要宪政制度的支撑。但对于中国的实际而言，最值得关注、然而也是真正困难的问题是：到底宪政在中国有没有可能？如何才有可能？或者说，基于什么样的条件才有可能？对这样的问题，有人可能会说，这超出了经济学的范畴，应该由政治理论家来思考。还有的人会认为，这样的问题不是从任何理论可以逻辑地推演出答案来的，中国宪政秩序的建立直接取决于执政党的意志，具有历史偶然性。虽然这些想法并非完全没有道理，但都潜在地以这样的认识为前提，即宪政或宪政秩序就等于正式的宪政规则，而后者无非是由政治意志所决定的。当人们的思维局限于这样考虑中国宪政问题时，可以说，留给理论家们乃至生活在中国这块土地上、对宪政秩序的出现抱有期许的普通中国人可以做的事情似乎就太少了。

在中国当前的形势下，人们（包括国内和国际上的学者）对于中国宪政前景的这种无奈、甚至有些悲观的情绪，同绝大多数人对于中国经济前景的乐观态度以及由此产生的对于中国未来整体形势所持的乐观态度形成了鲜明的对照。要理性地表明哪一方对于问题的看法更有道理似乎是不可能的事情。理性主义（严格地讲，是建构理性主义）和经验主义（严格地讲，是指简单地运用归纳逻辑对经验现象进行判断）的思路在面对中国的特殊情况时似乎都没有出路——前者把宪政在中国的实现当做是纯粹理性建构的对象，认为完全取决于政治意志；后者把中国目前的经济形势简单外推，对中国的宪政前景采取一种无根据的、盲目乐观的态度。

本文的目的是要跳出简单的理性主义和经验主义思维定式，用一种演进理性主义的视角来探讨中国宪政在未来的可能性问题。本文的思路受 Vanberg 关于道德如何可能的经济学解释的启发，认为在一定意义上，对政府行为施加限制的宪政规则就好像对个体行为施加限制的道德规则一样，其产生并不一定完全基于某种外在的理性建构，而是有可能自发地产生于个体的理性选择——在宪政规则的场合，“个体”指的是国家/政府。当然，这种思路只能在**理论上**解释“自我设限”的宪政规则自发地（spontenously）形成的可能性问题，至于如何通过零碎的改革措施或者个体行动促成这样一种可能性的真正实现（这个问题包括两个层次：第一个层次是具体的宪政实践，第二个层次是包含了宪政精神的有关规定在政治层面上得到承认并在法律上得到切实的保障），也是非常值得探讨的。而这个问题的提出并受到重视，需要我们跳出认知理性的窠臼，认识到中国的宪政问题不是一个纯粹的认知问题，而是一个实践问题；进一步，如果中国的宪政实践要能够成功，或者说，最终通往一个可欲的方向，而不是徘徊在不可行的“全盘西化”（指从制度层面到老百姓的观念层面的全面西化）与什么都不做的投降主义做派之间，还需要充分考虑到中国传统文化对零碎的宪政实践的影响（换句话讲，实践一定是现实中的个体的实践而不是理想化人格的实践），而这在客观上对高层次的理论创造提出了要求。

本文安排如下：第二部分通过将道德秩序与宪政秩序进行对比表明，同道德秩序一样，宪政秩序也是在市场自发演进过程中的重要维度，也是一种内生的“道德秩序”，一种在政府与个体之间的道德秩序。受 Vanberg 关于道德一定是“理性的”观点的启发，我们认为，同个体一样，在一定的条件下政府也会将接受宪政规则的约束当做其理性的选择。与第二部分多少相呼应，在第三部分，我们深入剖析了主流的、从认知理性视角出发看待中国宪政问题的错误，并提出中国的宪政问题不是一个理论认知问题，而是一个实践问题，需要的不是认知理性而是实践理性，前者容易导向建构理性主义，后者才是与演进理性主义相容的。第四部分基于中国的传统文化讨论宪政的实践问题。我们认为，中国未来的宪政前景取决于当下无数个个体的宪政实践，后者一定是在特定的文化背景下进行的。考虑到这一点，我们必须跳出西方宪政模式的思维定式，在宪政的理念上进行高层次的理论创新，并在具体的制度设计上考虑如何适应新的、不同于西方国家的宪政理念。

二、作为一种内生的“道德秩序”的宪政秩序

（一）道德与宪政：自发市场秩序演进中两个不同的维度

道德和宪政从表面上看似乎是不相干的两个话题。前者关乎个体行为，涉及的是对个体行为的价值评判；后者属于政治领域的问题，涉及到的是国家/政府行为与个体自由之间的关系。不过，虽然针对的对象不同——一个是私人行为而另一个是国家/政府行

为，但两者都可以视为一种约束性的行为规范。当个体的行为遵守了有关的道德规范时，我们往往给予其正面的评价，同样，当国家/政府的行为受到了有关宪政规则的有效约束时，人们也会对其予以积极的评价。而之所以人们会比较积极地评价这种遵守有关规范的行为——不管是私人行为还是国家/政府行为，是因为不管是从经验出发，还是从有关的理论出发，人们都认识到，它们对于一个社会的健康发展、对于一国经济在长期中的可持续增长是不可或缺的。正是因为这样的认识，当一个社会道德水准普遍下降、政府行为的恣意性不断增长的时候，总是有人站出来呼吁：这样下去是不行的，必须遏制住这样的不良势头，等等。

应该说，认识到有序的社会必须基于这个社会中的人们具有一定程度的道德水准并不难，这一点已经在亚当·斯密的《道德情操论》中显示得非常清楚，同样，认识到对国家/政府行为的宪政约束之于一国长期经济增长的重要性也不难。但从经济学的角度讲，更值得关注的问题在于：这些约束性的行为规范——它们对于社会秩序的良性演进是如此重要——它们本身是如何形成的？或者说，它们如何才有可能？

长期以来，在谈到中国宪政秩序的缺乏时，过多的注意力集中到了对它的功能主义论述。但最近阅读 Vanberg（1994）关于道德如何可能的文章使我认识到，可能对于中国的宪政问题来说，更相关的问题是，宪政规则如何可能？同样作为对个体行为的约束性规范，如果道德有可能从个体的理性选择角度出发得到解释[1]，那么，作为对国家/政府行为施加约束的宪政规则是否也有可能从这个角度得到阐释呢？

在我们看来，不管是个体的道德也好，国家/政府行为的规范

[1] 需要说明的是，我们并不认为从个体的理性选择角度进行分析就足以解释现实中的道德或宪政现象，因为毕竟不得不承认还有其他的如个体精神层面的需求可能影响人们的选择，而是认为只有当这些现象能够与理性人假定大体兼容时，它们才有可能与作为整体的自发社会秩序相容。

性也罢，它们本身都是市场自发秩序演进中的重要组成部分——市场秩序在演进，个体的道德也随之演进，同时，国家/政府行为也在这个进程中调整、变化。根据协同学的观点，一切自发形成的有序结构，既不能说先有部分后有整体，也不能说先有整体后有部分，因为部分和整体是在相互作用中协同发展起来的。就道德和国家/政府行为的规范性与作为整体的社会经济秩序的关系而言，虽然它们都是后者的组成部分，但我们不能说，一定是先有了道德或者宪政规则，社会经济秩序才有可能，而只能说，道德规则和宪政规则都将随着市场秩序的演进而演进，要理解它们，一定不能抛开演进的市场秩序来孤立地看待它们的出现或存在。

有人可能会指责这样一种说法具有“泛演化主义”之嫌，对现实不具有任何的解释力，也不具有任何的规范意义。但这里我们的目的仅在于表明：道德和宪政各自作为针对个体行为和国家/政府行为的约束性规范，其本身必然也是随着市场秩序的演进而演进的，不可能指望市场经济在一种理想化的制度背景——包括对个体行为约束和对政府行为约束的制度框架——下进行。

（二）道德的内生性和演进性及其对于宪政问题的启示

关于道德与社会的关系，前人已有很多论述。一般认为，道德是社会的前提或基础，没有道德就不可能有社会。但一直以来似乎存在着这样一个不可解释的问题：如果人都是自利的话，道德为什么可能？这其实也就是所谓的“霍布斯难题”。新古典的理性选择理论对道德现象作出了两种解释：一种是把道德当做个体的偏好，此时，严格意义上讲道德是被当做不可解释的外生变量；另一种在个体的效用函数中将他人的效用包括进来，此时，个体的理性选择自然意味着并不是完全意义上的自利。这两种在新古典的理性选择范式之内的解释都存在着致命缺陷：前者存在严重的事后解释之嫌，导致的结果是任何不可观测的影响个体行为的变量都可以被事后引入，来将个体行为的反常解释掉；后者则存在着严重的逻辑不一致问题，即：在逻辑上讲，自利的个体如果有利他偏好是自相矛盾的。这与科学解释的要求不相符。

基于对新古典理论解释的不满，Vanberg 提出了新的解释框架。他认为，由于现实情况的复杂性以及个体理性的有限性，现实中个体的选择不是个案式的，也就是说，不是在每一次决策中都严格地最大化其效用，而是选择一种总体上能够实现效用最大化的决策模式。当个体遵循既定的模式行动时，他不会对现实中任何约束条件的变化做出反应，而只有当现实中情况变化如此之大，以至于他认识到既定的行为模式已经不能为其带来足够的利益时，他才会选择对其加以调整或改变。Vanberg 的理论的核心在于：个体的选择是在相对抽象的层次上进行的，是否选择某一种行为模式取决于对其在一个较长的时间期间以及较大范围内的总体评价。

该理论既能解释表面上看起来的牺牲行为——个体遵守道德规则是基于长期中总的利弊权衡，即便有时在个案中利益受损也不足以使个体改变其行为模式；也能够解释在某些环境中一贯遵守道德规则的个体在面对完全不同的外部性环境时会变得不道德——个体如果认识到既定的行为模式在新的环境下不再是最优的，他就会理性地改变它。总之，道德可以看做是个体适应性选择的结果——当个体认识到随着外部经济环境的变化，以诚信的方式做事比不诚信的方式能够使自己生存得更好、更有竞争力时，他自动地会选择这样一种生存策略，或者说，在个体与他人的生存博弈中诚信的行事方式逐渐演变为一种占优策略。对这一点，我想很多成功的企业家是非常有感悟的。

根据 Vanberg 的说法，“道德要有可能，它必须是一种可行的生存策略，而这意味着遵守道德的奖励和违反道德的惩罚在一个社会中得到了比较合理的配置。”换句话讲，有必要造就一种社会环境——包括正式的制度和非正式的制度，使遵守道德成为大多数人的理性选择。用 Vanberg 的话讲，为“理性的道德”的存在提供条件。

Vanberg 的理论可以很容易地用来解释中国改革开放 30 年来中国人道德水准的大致演进。在城市化初期，由于人口的流动性增加，传统社会迅速向所谓的“陌生人社会”转型，可以说个体选择不遵守道德规范总体上能够为其带来更大的利益，因此出现了比较普遍的道德失范现象。但随着市场秩序的进一步演进，由于个体间潜在的合作利益增加，加上对自身信誉的考虑，至少在民间社会这个范畴内人与人之间的诚信度有提高的趋势，即便是和陌生人打交道，个体也更倾向于诚信而不是欺骗。这种随着市场秩序的演进而个体行为模式的演进也体现在各个经济发展程度不同的地区人们诚信度的差别上，例如，普遍来讲经济比较发达的江浙一带人们的守信程度较高，坑蒙拐骗的现象比较少见，而在经济相对比较落后的中西部省份，总体而言人们守信度更低，坑蒙拐骗现象出现的概率更大。总的说来，经济越发达，人们的时间视界（time-horizon）就越长，同时也会认识到潜在的利益相关者或合作者范围越广，导致的结果就是越倾向于在一个普遍的层次上遵守道德规则，其行为的机会主义倾向（opportunistic inclination）越小。

英国保守主义思想家柏克曾说过：“人的本性只有在世俗社会中才能得以完善。”在我们看来，这句话所表达的思想与 Vanberg 从经济学个人主义方法论的角度对道德的理解是相通的，也就是说，个体的“本性”是适应世俗社会的结果，或者说，是在世俗社会中适应性选择的结果，而只有基于这样的适应性选择，才能谈得上个体“本性”的完善问题。与这种对于个体“本性”的看法相对照，中国的传统哲学似有抽象地谈论个体“本性”的嫌疑，导致的结果是道德规范成为某种外生的、强加于人们身上的约束，并最终沦为为统治阶级秩序服务的空洞的说教。从这个角度讲，没有一个不断演进的世俗社会，真正意义上的道德似乎是很难理解的事情，除非此时的所谓道德只是某种从外部强加给人们的、任意的行为规范。

认识到道德一定是基于演进的社会秩序这一点非常重要，因为只有基于这个大前提，道德现象才有可能与一个社会中个体的理性选择联系起来，从而成为真正意义上可解释的，否则，就只能成为纯粹哲学、伦理学思辨的对象而不可能具有任何经验意义。[1] 道德的理性（rationality of morality）——即可以作为理性分析对象的道德——从这个角度看，也必然基于理性的道德（rational morality）——即道德行为是个体基于自身的自由意志而做出的理性选择。

道德的内生性和演进性对我们关注的宪政问题有什么启发呢？首先，宪政规则作为一套对国家/政府的行为施加限制的规则，不能把它看做是完全外生的，认为可以完全依靠刚性的制度安排来保证其实施（就像在长期中道德不能依靠强力来保证一样）；其次，具有实际效用的宪政规则——不管是正式的还是非正式的对国家/政府行为的约束规范——需要时间来逐渐地生长，不应期望一个国家的市场秩序从一开始就基于一套比较完美的宪政规则（就像中国市场经济的建立过程中道德也是演进的一样）；第三，国家/政府遵守宪政规则如果要成为一种常态，那么，这应当是它在长期的演进中适应性选择的结果，即：权力的运用者在长期中逐渐认识到遵守有关宪政规则行事将给自己带来更大的利益（不管是经济上的还是政治上的），而不这样做将给自己带来很多负面的影响，例如，民间的非议乃至抗议。

当然，道德规则和宪政规则之间也存在着许多不可忽视的差异。其中，最值得指出的是，道德规则是社会中个体之间的行事规则，而宪政规则却是基于国家/政府与个体之间的关系而针对国家/政府行为的约束。在前者的情形下，个体之间的关系是对称的，个体在多次博弈的情况下会倾向于选择与他人之间形成一种合作而非对抗的关系，尤其是在一个商业文化比较发达、经济上的竞争非常严酷的生存背景下，个体更是倾向于将遵守有关道德规

[1] 需要特别说明的是，具有经验意义的道德现象，也就是说能够运用理性人概念来加以分析的道德现象并不能涵盖人类社会道德现象的全部。道德—伦理还涉及到生活的美学问题，或者说，个体存在的意义问题，这并不是用科学主义的范式（在经济学中体现为基于理性人概念来分析一切现象）可以解释的。

则当做自己与他人交往的占优策略。在后者的情形下，国家/政府与个体之间的关系是不对称的，这一方面表现为国家/政府可以运用手中的权力对个体实施强制，要求其服从，另一方面还表现为个体除了消极地对抗之外，很难选择其他的合作对象（例如逃到外国去成为他国居民）。在这种情况下，在国家/政府与其中的个体的关系中要演进出一套国家/政府自愿遵守的“道德规则”（即约束其行为的宪政规则），难度更大。

道德规则与宪政规则在性质上的这种实质性差异有两个重大的理论意蕴。第一，既然国家/政府与个体之间的关系存在着这种权力运用上的绝对不对称性，如果前者真的不想受约束的话，那么，即使存在着再刚性的制度约束也不会有作用。一战之后德国的魏玛宪法就是这样的例子：它最终也没有能够管住权力超出其正当范围的运用。这实际上强化了我们前面的观点，即需要重视宪政规则的内生性，而不能把它单纯地当做一套正式的约束性规范。第二，既然国家/政府在权力的运用上相对于个体处于绝对的优势地位，因此，完全依靠它自觉自愿地在一定的边界之内行使权力似乎是很难的事情，在这种情况下，正式的、刚性的制度约束将有助于促使它在边界之内行事。

这两点似乎是矛盾的，其实不然。第一点要求我们尽量避免宪政规则的强行植入，注意其背后的客观现实基础；第二点则要求我们注意在技术层面上保障宪政规则的效力，使本身具有客观现实基础的事物不在现实中落空。换句话说，我们既要尊重事物发展的逻辑必然性，同时，也要为其提供现实的保障。

三、认知理性、实践理性与中国的宪政问题

（一）认知理性视角下的中国宪政问题

前面实际上我们谈了从演进理性主义的视角看待中国宪政问

题的必要性。与演进理性主义相对的是建构理性主义，后者的特点是把在历史时间中发生的事情在头脑中“理性地”建构起来，然后根据这个头脑中的理性建构来要求现实。这种思维定式往往不自觉地夸大个体理性对于复杂现象的把握能力，否认历史和实践之中富有理性，而仅在头脑中寻求理性。在实践中要么陷入理想主义的狂热，急于求成地要求变革，认为人的理性可以主宰一切，要么陷入悲观的宿命论情绪，认为理想的人类社会制度是我们永远也无法企及的。

建构理性主义思维模式很容易被现代人所接受，因为在根源上，它派生于西方逻各斯中心的理性主义传统，而今天的各门学科（科学?）包括主流的经济学理论都是基于这样的认识论基础而建立起来的。[1] 这种传统的特点是，重演绎轻归纳，重抽象轻具体，重静思轻行动。与中国重实践的传统相比，从该传统派生出来的问题模式是：事物的本原或本质是什么？例如，“美”是什么？“人”是什么？诸如此类的问题。而从中国的传统派生出来的完全是另外一种类型的问题，例如，怎样才会使事物变美？应该怎样做人？

由于西方的理性主义传统直接导致了现代西方强盛的物质文明以及由此使西方文明获得了一种整体上相对于东方文明的强势地位，因此，20 世纪以来它已经成为了一种不加反思的意识形态。许多本质上不适合用西方理性主义模式思考的对象——不管是道德还是审美，或是人们的物质生活实践——都被纳入了“科学”的范畴，用一种对象化的方法去加以审视、探究。就主流的新古典经济学理论（尤其是其内核一般均衡理论）而言，表面上它是在探讨自由市场条件下的经济运行，但实质上所谈论的对象与（基于完全理性的）中央计划经济条件下的资源配置问题并无二致。市

---

[1] 在某种意义上讲，没有这样的认识论传统就没有今天的各门学科。但似乎有些悖论的是，对于经济学这样以实践的人为研究对象的学科而言，这样的认识论前提从一开始就是自相矛盾的。这一点充分反映在主流新古典经济学对于理解转型国家经济转型实践的困难性上。

场、经济、经济秩序这些概念在这种视角下都成为某种非实践性的纯粹认知对象，经济学也变成了某种（由完全理性把握的）纯粹的认知科学。造成的后果之一就是，经济学“见物不见人”，作为自发秩序的市场秩序似乎是可以人为地设计出来的，经济学的目的就是告诉人们如何“理性地”设计、规划出一个好的市场秩序。

显然，这种认知朝向的思维模式非常不适合于指导中国的改革实践，因为对中国的改革而言，“市场”或者说“市场秩序”并不是（像西方主流经济学家在面对他们国家的问题时一样）已经在那里了，而是当下正需要逐步形成的事物。作为市场系统性演进中的自然组成部分，其中的各种制度或规则，不管是私人秩序所基于的内部规则还是界定政府与私人关系的规则，都有一个自发演进的问题。这里所说的“自发演进”并不排除在系统整体演进的过程中有意识地进行规则的建构，而仅仅是要用它来表明，不可能全局性或系统地使各种市场规则同时“升级”，也不可能在不考虑系统内部各部分间协调性的条件下把其中所认为最重要的某类制度规则——如宪政规则——单独地加以理想化的改造。

可以说，只要人们的思维局限在认知理性的范畴，把中国的宪政问题当做是一个认知问题而非实践问题，中国的宪政问题在很多人眼中就好比为一个机器换零件一样简单：让机器停下来，把所认为好的零件换上去，问题就解决了。

（二）实践理性视角的中国宪政问题

与认知理性容易导向的建构理性主义的思维定式不同，实践理性充分尊重现实世界的多样性和复杂性，以及事物在历史时间中演进所存在的不可避免的不确定性。它既不盲目夸大个体理性的限度，同时也充分认识到，在事物发展的进程中个体的主观意识对于未来结果的不可忽视的影响（用一般系统论的话讲，未来——严格地讲，是对未来的预期或想望——是会影响现在的）。

在中国宪政这个问题上，它要求在重视实践过程的自发性特征的前提下，将实践中产生的自发性要求上升成一种在政治上自觉的要求。这里说的“实践过程的自发性特征”具体而言指的是，在市场秩序的自发演进过程中，在该经济秩序中的个体会自发地要求对国家/政府的权力运用施加限制。当这种自发性的要求被越来越多的人认识到并转化成自觉的行动时，国家/政府就有可能理性地选择以一定的先定规则限制自己的权力。[1] 这里所说的“先定规则”不一定是以正式的、书面的形式写入宪法或法律，而完全可能是在过去的实践中形成的惯例。英国的宪政就是这样的，没有成文的宪法但有实质意义上的宪政。当然，随着事态的进一步发展，也不排除在公共选择的层面上形成正式的、明示的宪政规则。

强调宪政问题首先是一个实践问题，强调为了解决此问题需要的是实践的而非认知的理性，这一点对于经济学家来说非常重要。它不仅可以提醒经济学家们在这个问题上不要落入建构理性主义的窠臼，同时，它还为经济学家们在社会中的责任指明了方向。在我们看来，经济学家在一个社会中最重要的职责不是去解决各种各样的技术问题，而是“先知先觉地”意识到社会中某些自发性诉求的存在和发展趋势，以及这些自发性诉求对现存的政治、立法提出的潜在挑战。在亚当·斯密的古典经济学时代，经济学被认为是有关“明智的立法”的科学。这种观点即使到了今天也仍然非常正确。要做到“明智的立法”，一个关键的问题就是政府对民间的自发性利益诉求作出回应，而经济学家们由于在识别社会中存在的自发性诉求上比一般人更具有敏感性，因此，除了通过思想上的启迪促使民间的自发性诉求转化为自觉的、政治上的诉求外，还可以为政府如何积极地回应民间的这种诉求提供咨询。具体而言，

[1] 当然，有人可能会说，国家/政府作为权力的拥有者，怎么可能期望它自愿地约束自己的行为呢？这种想法是否只是学者的幼稚与浪漫主义情怀在作祟呢？对此，我有两点回应：第一，这个问题首先是一个经验问题而不是逻辑问题，因此，不适合用逻辑上“可能的最坏”状态来套现实；第二，从经验出发，我们确实可以看到很多有权威者并不滥用权威的现象。分析这种情况到底如何可能的，可以为还未实现这种局面的国家提供参考。

在宪政这个问题上，经济学家的责任就是既要让民众真正地认识到，个体的自由是财富的根本源泉，只有对政府的权力运用施加必要的限制从而使个体的自由得到保障，个体才能获得最大可能的满足；同时也要让政府意识到，它有必要对人民在自发市场秩序的演进中生发出来的对于自由的需求作出理性的回应，而政府以某种方式对其行为实施自我限制就是一种可行的选择。

需要说明的是，虽然宪政问题的实践主义视角与主流经济学的思维模式不相容，却恰恰与奥地利学派的思想非常吻合。后者把行动的个体而非思想的个体当做社会科学最基本的前提，强调个体的主观认识对其行为的影响。在涉及到制度变革的问题上，由其彻底的个人主义、主观主义方法论倾向决定，它不相信某种理想的制度可以完全从外部建构起来，而更倾向于认为，某种制度在一个社会中要想切实可行，能够发挥实质作用，必须不能与该社会中的人们的主观信念和想法相冲突。[1]

（三）实践理性与中国的传统文化

普遍认为，中国的哲学、中国人的形而上学是以实践为依归的，而西方的传统哲学、西方人的形而上学则相对而言是以认知为依归的。应该说，中西文化的这种差别并不是一个新鲜话题。很早以前林语堂就讲过："中国重实践，西方重推理。中国重近情，西人重逻辑。"余英时（1998：6）也说："中国思想有非常浓厚的重实际的倾向，而不取形式化、系统化的途径。"中国文化的这种特质，在我们看来，虽然可能不利于产生系统的科学知识，但在琐碎的实践活动上却具有优势，而这恰恰是市场自发秩序的动力源泉。最近有人（Zhu，2007）写了有一篇非常有洞见的文章《没有理论的改革：为什么在中国起作用?》。这篇文章从中西文化传统的区别

[1] 例如，在谈到欧洲战后的重建时，米塞斯说："重建不能从外部进行，而必须从内部开始。它不是简单的经济学上的技术问题，更不是工程学的问题，而是关乎社会中人们的信念和想法。"（转引自 Coyne 和 Boettke [2006：57]）

出发，分析了为什么中国的改革实践很难为主流经济学理论所理解，以及为什么中国的改革在没有理论指导的情况下可以取得较大的成功。根据作者的理解，中国的传统文化是情理文化，是实践性的而非认知性的，这种思维方式本身与市场作为一种开放性的自发秩序之间存在着某种暗合性。作者赞许地引用了一位观察家的话来评价中国的改革实践："中国经济取得了成功而那些更复杂的经济体却没有，这一事实与中国并不把理论很当一回事有一定关系。当东欧理论家在为市场整合过程中遇到的难题而绞尽脑汁时，中国的农民和企业家已经被允许放开手脚干事情以及去解决由此自然产生的各种问题了。"

中国文化的实践理性朝向与市场秩序作为一种自发秩序的暗合性在一定程度上为中国人的这样一种行事方式提供了正当化理由，即：不是先把问题事先彻底想清楚了再行动，而是先行动，然后再根据行动的后果进行调整，在行动的过程中不断地前进。这种行为模式对习惯了一定是先把问题认识清楚了、全盘都计划好了然后再行动的人来说是不可理喻的，这些人不自觉地受制于"科学主义"思维模式的影响，把实践问题始终用认知理性的模式去套，而没有意识到实践就一定会对客观的经验世界产生影响，因此并不存在柏拉图式的不变理念或其他什么最终的实体。这在一定程度上也可以解释为什么越是有学问的人在解决现实问题时往往越没有办法。

以上分析对于我们研究中国的宪政问题有什么样的启示呢？第一，"to do"永远比"to be"或者"ought to be"重要。[1] 这当然不是说研究者要抛弃研究者的身份而直接去行动，而是指研究者必须把视角由宪政规则到底是什么样或者应该是怎么样转向现实中有关的具体实践活动，尤其是那些有助于使权力受到约束的实践活动。通俗地讲，中国未来的宪政到底是否可能、到底会是什

[1] 参见：赵汀阳（1998：34）。

么样子，取决于当下无数个主体到底是如何在与权力打交道，而不是取决于理论家们头脑中关于中国未来宪政的模式设想。第二，与第一点相关，宪政理论家必须认识到宪政实践不是少数知识精英的事情，而是无数个具有行为自主性的国民的事情，没有谁能够越俎代庖地代替这些无数个个体行事，而到底个体如何行事，这又取决于他们的主观观念和认识。对于试图通过影响这些人的行为来影响历史进程的知识分子来说，这意味着，不能太一相情愿地或太激进地试图改变国民的性格或行为模式，必须循序渐进地、有耐心地、有韧性地宣传自己的理念，不仅如此，在这样做时，还必须尽可能地考虑到人们固有的文化传统和思维模式，尽可能地做到在传统文化的基础上进行适度的创造性转化以便于大众接受。

四、中国的宪政之路：在理性与德性之间

（一）中国的宪政困境及其出路

前文我们实际上谈到了看待宪政问题的两个维度：一是内生演进与外生建构的维度，另一个是认知理性和实践理性的维度。应该看出，这两个维度之间存在着某种关联性：内生演进同实践理性的视角比较相关，而外生建构的视角在根本上总是源于认知理性对人们思维的主宰。不用说，在认清了建构理性主义以及主导西方哲学的认知理性在实践中存在的诸多问题之后，从实践理性的角度把制度看做复杂现象中内生演进的环节就是非常自然的事情了。不过，此时还是需要追问：我们到底需要什么样的实践？到底应该怎么做才能使制度朝着令我们满意的方向演进？换句话讲，实践理性难道就完全不需要理论了吗？如果是那样，实践理性作为一个与认知理性相对应的哲学范畴或概念，还有什么价值可言吗？而这对于知识分子来说是否意味着，除了在日常的零碎工程学意义上提出制度的改进意见以及对民众进行启蒙之外，已经不

需要进行更高层次的理论创造了？

这个问题对于中国的宪政实践来说非常重要。原因在于，目前“在高层次的思想文化中，我们总是不得不在西方思想框架中去思考问题（因为我们还没有更有力的思想框架），不得不以西方的价值标准去进行各种判断”（赵汀阳，1998），在这样一种局势下，如果知识分子在宪政问题上完全放弃高层次的理论创造，那么，中国的宪政实践只能在两个极端之间摇摆：要么全盘接受西方的一整套价值理念（近些年来越来越多的人体会到，将西方的某个价值理念单独“离析”出来并加以接受而不管其背后的一整套思维模式很困难），让中国人的思维普遍西化；要么干脆什么都不做，任由政府行为的恣意性不受约束。可以看出，前者不可行，也不现实，后者则是完全的投降派心态。这就好比这个世界预先给定了只有A这种行为模式，那么，你的选择就只能是A或－A，总之，如果想像不出还有新的行为模式，你的选择跳不出A这个维度。可以说，中国目前宪政的困境实际上反映出中国学者在面对今天这样的一元化世界创造力的缺乏，即除了西方的宪政模式之外想像不出还可能有别的宪政模式。[1]

在我们看来，宪政这个词虽然来自西方，但宪政背后的问题却不是只有西方国家才有。作为一种制度安排，宪政规则的目的是为了限制政府的权力，在现代的民族国家背景下任何一个政府都有类似的制度需求，也就是说，都需要解决此问题。但并不是所有的国家都需要用同一种模式解决同样的问题。在限制政府权力这个问题上，东西方的文化差异确实可能要求我们以不同的模式来解决。

具体而言，西方的理性主义传统基于主客体之间的二元对立，由此派生出的是对象性的思维方式；主体在这种文化传统中是认

[1] 这里可以套用赵汀阳的一句话：“智慧的标志不是你有没有一个理想观点，而是你有没有办法。”（赵汀阳，1998：33）

知性的，而非实践性的；这种思维模式的特点在现实中表现为重抽象、重推理、强调做事的原则性而非机动性。在这种思维模式指导下，一方面，个体在现世中的存在主要是功利性或算计性而非审美的，另一方面，个体为了寻求生存的意义，不得不通过孤独地与上帝沟通而实现。对于西方社会来说，世俗社会与宗教社会的并行存在作为一个客观事实，使得前者可以建立在纯粹的认知理性的基础上[1]，因为毕竟有后者填补人的精神需要这一空白。这一点对于西方世俗社会中的制度而言有着深刻的意蕴，即：所有的制度都可以而且也应该基于理性人而非道德人的假定而建立，因为西方社会可以说就是这样的。[2] 就西方各国的宪政制度而言，虽然我们不能说在历史上它们就是基于这样的逻辑而产生的（历史地看，西方各国的宪政制度更像是各利益集团斗争的结果，尤其是贵族同王权斗争的结果），但认为其背后的理论支撑的确是“坏人逻辑”——即首先假定国家/政府同个体一样是自利的——却是没有问题的。

说到这里，有必要简单谈一下奥古斯丁的政治思想，因为这有助于我们更清楚地认识到西方传统文化所造就的国家在性质上的特殊性。奥古斯丁认为，国家是由只爱世物不爱上帝的自私个人组成的自私集体，它违背了原初正当的爱的秩序；国家并不是天然正当的，而只是人堕落的产物；国家对暴力的垄断以及有关制度安排，虽然可以维持罪人之间的外部秩序，却无法改变人的内心秩

[1] 为了与前面保持一致，这里使用的仍然是“认知理性”这种说法。实际上，这里可能使用“工具理性”这种说法更容易让人理解。

[2] 写到这里，我对赵汀阳（1998）的一段话突然有了更深的感悟。他说：“既然儒家思想曾经把生活塑造成了与之一致的存在，因此在那个漫长的时间里儒家思想事实上就变成了真理和价值。既然当时的生活与思想是一致的，思想就不会受到挑战……儒家思想当时就是事实上的真理和价值。”（赵汀阳，1998，48）类似的，我们似乎可以认为，表面上普适的理性人假定以及基于该假定的制度逻辑也是西方文化的自然引申，并在漫长的时间里事实上成为了西方社会中的真理和价值。当然，现代化的兴起导致了工具理性主导的西方文明有了超出其范围的一定的普适性基础，不过，这又是另外一回事情了。

序。显然，奥古斯丁所指的“国家”是指政教分离前提下的世俗国家，也就是说，与“上帝之城”相对立的“地上之城”。[1] 这正是现代西方世俗国家的写照。在这些国家中，人们从来不会把国家/政权当做是善或美德的载体[2]，相反认为其是一种为了外部秩序而不得已的恶；相应的，政治的德性对这些国家的制度设计理念来说是异己的[3]，而只有基于（与价值理性相对的工具）理性的政治才是可以接受的。（古典政治哲学以“美德”为核心，而近代政治哲学转向了以“契约”为核心，这似乎并不是偶然的。不过，这种转向并不为所有人看好，例如，当代著名哲学家麦金泰尔所做的就是试图恢复古典式的以美德为核心的哲学传统。）

与西方理性主义传统不同，在中国的文化传统中并没有主客体的二元对立，相应的，也没有个体分别在俗世中的纯功利、非道德、非审美的存在方式和在宗教世界中的超验性存在。在中国，个体在现实中的生存从来都灵肉合一的，中国人很难“理性地”以纯功利、非审美的方式在现实中过活，他们总是要在各种人与人的关系中——小到家庭，大到单位、国家——寻求生命的意义。如果对于西方人来说，“过有意义的生活”是纯粹私人的事情，那么，对中国人来说并非如此。在这种背景下，个人的私人生活往往很难与伦理的、政治的生活完全割裂开来（当然，多年来西方文化的影响似乎正在改变这一点）。中国人的这种文化心理结构直接影响到

---

[1] 参见：周伟驰（2003）。

[2] 例如，在前段时间流行的美国连续剧《越狱》中，美国政府和总统就被塑造成邪恶的力量。我想，这似乎并不完全是宽松的政府管制可以解释的，还应该与民众长期以来的文化心理结构有关，即：善或美德从来都是私人的事情，而与公共行政机构无关，后者只是为了维持社会秩序而不得已产生的。

[3] 人们常说，市场制度是对人的美德要求最低的制度，即使制度中的人是坏人，它产生的结果也不可能坏到哪里去。这种说法看起来毫无问题，却是潜在地以西方社会中的市场模式为标准的参照，因此，并不具有表面上看起来的逻辑正确性。具体而言，现实中没有抽象的市场，而只有某个社会中的市场；不是市场制度是对美德要求最低的制度，而是西方社会（严格地讲，是西方社会中的人）是对美德要求最低的社会，因此，其中的市场制度才会是这样的。大致可以这样勾勒这里涉及到的逻辑链条：西方的理性主义文化传统—西方人在世俗社会中的需求—与该需求对应的世俗社会以及制度理念、制度安排。

他们对国家、政府的态度。例如，当说到中国政府的种种不是时，很多中国老百姓的心里会不由自主地产生抵触情绪，因为他们感觉到这就像是在说他们的亲人或父母一样。受到一些西学熏陶的人或者自认为更理智的人可能会对这种情绪感到不可理解，或者不屑，认为国家与政府应该是分开的，指责政府、批评政府并不意味着不爱国，相反，可能正是爱之深责之切的表现（这在知识界应该是一种颇为常识性的观点了）。在我们看来，虽然后者表面上看来更理性，更值得提倡，但仔细分析起来可能并非如此。这背后的一个重要原因就在于：除非你先验地认定，过一种有意义的生活、有美德的生活是一件纯粹的私人的事情，否则，普通老百姓在心理上本能地产生的对政府的身份认同感就不能被认为是非理性的——实际上，有什么理由先验地认定个体的身份认同感就只能局限在家庭甚至更小的个体这样的私域，而不能扩展到似乎更抽象的国家、政府组织这样的事物以及有关的事务上呢？[1]（实际上，在许多中国人看来，政府、组织这样的概念并不是抽象的，而是由一个个活生生的人组成的。）

与西方文化传统相对比，中国文化传统的这个特点可以说是公私不分，即总是在观念上不把个体的私德与其所在共同体的政治的德性严格区分开。这种观念从起源上当然可以追溯到儒家传统思想。儒家传统思想的核心是“仁”，与西方文化强调外在超越性相对比，它强调个体的内在超越——不是卢梭式的个体孤独地寻求所谓的美德，而是以世间实实在在的人伦关系，以家、国再到天下为介质来实现。这种文化传统肯定每个个体都具有价值自觉能力，把现世、俗世当做个体实现自我超越的场域。在这种文化传统下，人们不是把国家当做是一种不得已的恶，而是倾向于把它当做个体向善的自然延伸，是个体善的集中体现或承载者。（这在一

[1] 当然，这里存在着一个如何使民族主义、爱国主义情绪理性化、正当化的问题。高全喜近来提出的“以自由主义的政治理论来整合民族主义和民主主义”的思路其实是从另一个面向凸显了宪政于当今中国的重要性。

定程度上能够解释中国知识分子为什么很容易接受黑格尔和共产主义。)

中国传统文化的以上特点对于中国的宪政问题有什么启示呢?我想,最大的启示可能在于:中国的宪政**应该**与政治的德性、也就是共同体的善联系在一起,进一步与个体的自我价值实现有所联系。需要注意的是,这里所说的“应该”不是从理论家的主观意志出发而是基于对中国人文化心理的认识而提出的,因此它是规范与事实合一的。(与此平行的是,西方的宪政恰恰是应该与政治的德性相分离的,这既是一个事实判断,也是一个从西方人的文化心理出发得出的规范判断。)

政治的德性关乎宪政的理念问题,以某种方式使个体的自我价值实现与政治的德性相连,这关乎宪政制度的设计问题。这两者之间有着密切的关联性,后者可以认为是对前者的重要注解,虽然它并不能直接被认为就是对前者的全部阐释。[1]

(二)如何理解作为宪政理念的“政治的德性”及其对中国宪政实践的意义?

提到“政治的德性”,很多人会立即会联想到这样一幅图景:高高在上的、不受约束的权力恣意地践踏人民的权利,另一方面却口口声声宣称自己是在行仁政、为了广大百姓的利益等等。在这样的图景中,“政治的德性”显然是掌权者自封的。本文所说的“政治的德性”不是这样的,而是基于权力运用的另外一幅图景,这其中权力的运用不仅在制度上是受到约束的、在形式上或程序上是

[1] 这一点,我受到了许章润的启发。许章润的看法大致上是这样的:政治的德性可以从多个维度加以彰显,它是一个开放性的概念,不应拘泥于既定的条条框框。最初我只是从一个程序性的维度——即把限权与社会中个体的价值实现以某种方式联系起来——来谈论“政治的德性”的,但就本文的意旨——即重在关注宪政的理念而非如何实现该理念的操作性问题——而言,确实有必要以一种更开放的方式来理解“政治的德性”这种提法。

道德的[1]，同时，它在实质上还与共同体的善以各种可能的方式相连，让生活在这个政治环境中的个体不是以排异的眼光而是接纳的、认同的眼光看待它。

长期受西学尤其是西方经济学熏陶的人很可能难以理解为什么一个社会需要“政治的德性”、“共同体的善”之类的东西，因为在他们看来，制度的逻辑其实就是底线逻辑（worst case logic）。制度对人的行为给出底线性质的规定，制度的存在是以“人性恶”为基本假定的，其目的是保证即使人性是在最低劣的情况下社会的运作也不是最坏的。至于现实中人性是否更美、社会运作得是否更好，这完全取决于每个人的私人决策，与公共层面的政治无关。对于这种看问题的视角，本文只想指出三点。第一，西方存在着世俗社会与宗教社会的二元分离，西方人在世俗社会中的心理需求在很大程度上决定了西方社会可以、也应该根据这样的制度逻辑来运作。这一点前面已经讲过。第二，从西方文化中生长出来的自由主义理念在现代已经遭遇到了重大困境，当自由被化约为底线性质的制度规范从而变得与个体的人格发育、个体的德性修炼无关时，它必将为西方世俗社会所呈现出来的种种弊害埋下伏笔。第三，生活不是逻辑，对于中国人来说，生活如果仅是底线意义上的生活那就不是生活，而是机械运动。如果说过去中国人的生活是过于“艺术化”而不适当地否弃了制度理性的重要性的话，那么，今天的中国人也不可能因此而走向另一个极端，把制度理性当做支撑生活的全部而去拥抱完全没有艺术感的生活。[2]

说到此，其实可以发现我们所说的“政治的德性”作为一种宪

[1] 此时说的“道德”不追究行为的动机，而只看客观效果，即权力的运用是否在客观上受到约束。如果是，则可以认为达到了最为基本的“政治的道德”。这就好比在私人关系中只要个体客观上遵守了有关道德规范，即便他这样做是因为怕外在的制裁，也不能否认他具有了行事的道德。

[2] 这里所说的“艺术感”其实是借用赵汀阳（1998）的表述方式，用来指创造性，尤其是生命体验、实现自我完满的创造性。当然，就本文的论题而言，我们需要强调的是，个人生活的艺术感不完全是私人的事情，还与公共政治有关，因此，自然会派生出对于“政治的德性”的心理需求。

政理念，它是一个开放性的概念，就像“美”这样的概念一样，它只能在历史时间中不断地展开，以这样的方式实现自身，而不可能根据某种先验的标准说它到底是什么。在思想上受西方知识论影响太深的人往往很难理解这一点，在他们看来，无法事先定义的东西就是无法言说、也是无意义的，更不用说用它来指导实践。实际上，不管是在西方先哲亚里士多德那里，还是在中国的文化传统中，事物的存在就等于潜能或者说潜能的展开，这一点是非常容易理解的。当然，这样一来就有一个对潜能的认识问题了。正确地认识事物的潜能，是推动事物朝着一个可欲的方向发展的重要前提。对于中国的宪政问题而言，其实我们面临的问题简单地说就是：如何在中国这块不同于西方的土壤上（这里说的土壤其实指的就是中国人的文化心理结构以及行事方式）也能结出宪政之果？显然，认为在中国的土壤上最终能够结出同他国一样的宪政之果是不现实的，如果以此为出发点来浇灌这块土壤最终自然也不可能有期望的结果。唯一可行的办法是，基于对本土特殊条件的认识前瞻性地对这块土壤上可能结出的宪政之果进行思考，然后以此为出发点来进行日常的浇灌。宪政的理念与宪政的实践的关联性在这种视角下就很好地凸现出来了：没有正确的宪政理念，除非是巧合，否则，宪政的具体实践到底会将我们带向何方始终是个未知数；反之，事情的进展会顺利得多。[1]

这里，我们强调的是正确的宪政理念对于在中国这块特殊的土壤上长出宪政之果的重要性。其实，还有别的学者用别的方式表达了类似的想法。例如，高全喜反复强调的“构建中国的主体性”[2] 问题在本质上与本人正在做的事情很有暗合之处：都是立足于中国传

[1] 在本次年会上，秋风等人针对本文的提问使我意识到，有必要专门就宪政理念与宪政实践之间的关系进行阐述，否则，人们很可能难以理解“宪政的理念”这个问题维度的重要性，而把它当做仅仅是纯粹形而上、学究式的“瞎掰”，就像西方美学理论对“美”的经院哲学式论述一样。

[2] 高全喜，“30 年法制变革之何种‘中国经验’”，见本书第 195—243 页。

统文化，在对其进行创造性转化的基础上试图解决中国在现代化进程中所必然面临的限制国家/政府权力这样一个普遍性问题。[1] 不过，与高全喜所做的工作稍微有所不同的是，本文实际上是直接对什么是正确的宪政理念，或者说中国的主体性建构到底应该大体上是什么样子给出了答案，而高先生则是比较策略地指出了中国主体性建构的大方向。这里之所以要指出这一点，是因为虽然本文以层层分析的方式提出了中国式的宪政理念应该是怎样的，但这毕竟不能认为是最终的答案，因此，希望以这样的方式在宪政问题的这个维度（即理念维度）上引起人们的重视和争论，以求在更政制的层面上推进人们对于中国的主体性建构问题的认识。

（三）“有道德的政治”如何可能：立足于现实条件的分析

“政治的德性”或“有道德的政治”作为一种理念应该说并不新鲜。在中国的历史上，长达千年的礼法合一的封建社会以及解放后所采取的苏俄社会主义模式也确实都是基于这种理念。由于这种理念的运用在过去给中国社会带来过创伤，因此，今天人们很容易负面地看待它。但俗话说，“此一时，彼一时。”在过去带来负面效果的东西在今天的新形势下完全有可能通过某些方面的调整而变得有用。在我们看来，今天“有道德的政治”作为一种宪政理念，有许多过去所不具备的有利条件使其可能发挥积极作用。

第一，自发演进的市场经济秩序的形成使得政治层面上演进出某种“理性的道德”成为可能（前面“理性的道德”主要针对的

[1] 不管是在对中国当下所面临的紧迫问题的识别上，还是在对问题的解决进路上，本文的想法都与高全喜（2006a，2006b）非常相似。在对中国当下所面临的紧迫问题的识别上，高全喜认为“为构建中国的主体性提供一个政制的基础”是当务之急（这其实就是本文要回答的问题：宪政在中国如何才有可能）。在解决问题的大方向上，高全喜认为“中国的主体性既基于制度又基于文化”（本文提出的宪政理念正是这样的）。

是个体，但一定程度上也适用于国家/政府行为）。[1] 这可以说是一个根本面的问题，或者用通俗的话讲，经济基础决定上层建筑的问题。虽然经济基础并不能完全决定上层建筑，但没有相应的经济基础，最低限度的有道德的政治——即对权力运用施加限制——是绝对不可能的。对此，很早以前李泽厚先生（2004：330f）在谈到“体”和“学”的关系时就清楚地讲到：“严格地说，‘体’应该是社会存在的本体，即现实的日常生活。……就中国来说，如果不改变这个社会存在的本体，则一切‘学’，不管是何等先进的‘西学’，包括马克思主义，都有被治国原有的社会存在的‘体’——封建小生产经济基础及其文化心理结构，即种种‘中学’——吞掉的可能。”“只有商品经济发达，才能有自由主义的意识和‘西学’真正生根、发展的基地。”

第二，西方的民主、人权等观念在中国语境中的日常化也使老百姓看待政府的视角和对它的期望产生了变化。[2] 这在客观上有助于实现某种意义上的“有道德的政治”。（在私人交往的场合，个体对于违背道德规则的行为越是积极抵制，与他打交道的人越是倾向于遵守道德规则。这同老百姓与政府之间的互动关系多少有些类似。）按照柏克的说法，“人民的品格可以影响他们的统治者”，“对民众的统治必须采用与他们的脾性、禀赋相适当的方式。统治具有自由性格和精神的人们，至少要对这种精神和这种性格做出某种迁就行动”。[3]

第三，在全球化的大背景下，国家之间的竞争使得民族国家不得不接受国外的一些先进理念以保持自己在世界民族之林中不被

[1] 从这个意义上讲，有人说“改革本来就是一场伟大的宪政转型”是有道理的。参见：我不讲（2008）。

[2] 这种变化无疑是有益的。法学者对此贡献不小，可以说对民众的思想起到了必要的启蒙作用。不过，我们还是要问：启蒙之后呢？这显然不是单纯的法学者或者任何其他领域的纯学术型学者能够把握的问题。朱学勤认为当前的中国需要学术型的思想家，如像顾准这种类型的人，这是非常有道理的。

[3] 参见：埃德蒙·柏克（2001：167，210）。

淘汰。像“权力必须受到监督，否则会产生腐败”这样的观念已经成为中国政治的常识（只不过，在操作层面上落实它又是另外一回事）。[1]

第四，可能更为关键的是，在如何限制权力滥用这个问题上，“制度重要”这样一个命题已经被国人完全接受。[2] 说到“有道德的政治”因此一定是基于制度而非主观愿望。思想家、新儒家代表人物之一徐复观曾说：“在儒家五伦的观念中，根本缺乏人民与政府相关的明白观念。于是儒家的千言万语，终因缺少人民如何去运用政权的间架，乃至缺乏人民与政府关系的明确规定，而依然跳不出主观愿望的范畴；这是儒家有了民主的精神和愿望而中国不曾出现民主的最大关键所在。”[3] 我想，今天的国人，不管是政府官员还是一般的老百姓，在思想意识上都不会再退回到过去的礼法时代了。从这个意义上讲，我们所谓的“有道德的政治”作为一种宪政理念在今天这种形势下与法治并不对立，而一定是要基于法治。[4] 只不过，与西方国家把宪政单纯地理解成对权力的限制不同（这符合工具理性的要求而没有涉及到价值理性），它在实现限权的同时还要求反映个体以国家/政府为介质的伦理的、审美的或

[1] 2007 年两会上，温家宝总理在回答中外记者提问时明确指出：“造成腐败的原因是多方面的，其中最为重要的一点，就是权力过于集中，而又得不到有效的制约和监督。”

[2] 对“制度重要”这个命题的接受虽然很大程度上与近些年西方文化的传入有关，但在中国传统文化中也不是完全没有根基。例如，人们常说的“先小人，后君子”就可以认为是一种非常“制度朝向的”（institution-oriented）想法。

[3] 转引自：朱学勤（2006：329）。

[4] 针对有的人试图用文化消解制度的做法，高全喜富有洞见地指出：“制度而不是文化，才是我们的首要问题。”这种对于中国目前所面临的问题困境的清醒认识是我们目前迫切需要的，与那种始终把文化与制度对立起来的简单化视角比起来，反映出了论者智识上的成熟与老道。进一步，高全喜（2004a）还分析了为什么儒家提倡的“内圣外王”的实践在古代中国不可能成为有建设意义的政治理论：“传统中国的社会政治理论存在着一个最大的缺陷，即从内圣到外王的实践过程缺乏一个公共政治的制度层面……在中国的传统社会，从来就没有一个真正意义上的公共政治领域，从来没有形成一个成熟的市民社会或经济社会，从来没有产生塑造一个政治社会的法律制度和政治制度，因此，也就不可能有所谓的公共政治理论。”

自我价值实现的需求。[1]

第五，“有道德的政治”是一个开放性的概念，在满足底线性质的限权要求的前提下，除了前面提到的由民众以某种方式监督权力的运用以体现政治的德性外（这方面的问题可以程序性地解决），权力的运用到底还可以如何更好地体现政治的德性，这是谁也无法预先设计，也无法运用制度加以保障的。问题到了这个层面，政治的问题就成了人的问题、人性的问题，老百姓与政府之间如何实现良性的互动（很多这样的互动是超出僵硬的制度可以规范的）就成了决定政治是否道德、有多大程度道德的关键。这个层面的问题在逻辑上看似无法解决，不过在现实中，中国传统的儒家思想中许多积极的成分如果能够被调动起来——当然不是“三纲五常”那一套东西，而是对个体价值觉悟能力的看重、人同此心的思维模式等——确实有助于构建一个大家所欲的社会。

到此，可能有人会有这样的疑问：实现“有道德的政治”比单纯地实现限权提出了更高的要求，而我们甚至连限权都没有实现，难道可能一下子就实现更高层次的目标吗？这种想法在我们看来犯了一个常识性的逻辑错误，即把两个性质完全不同但功能上部分有覆盖的事物当做是同一事物的不同发展阶段。这就好比电视和电脑都能收看电视节目，而电脑除了具有电视的所有功能外还具有很多电视不具有的功能，但谁也不能认为电脑一定是在电视的基础上发展起来的。这一个小小的例子实际上提示我们，如果认为中国的宪政理念应该与西方宪政不同，那么在宪政制度设计上，

[1] 长期以来，中国的“性善论”传统总是被认为与现代的法治精神格格不入。这导致的一个结果就是，既然法治是市场经济不可或缺的，那么，唯一的办法就是抛弃“性善论”，而这意味着需要长期中对国民的文化心理进行改造。例如，李泽厚（2004：41）便认为：“……以人性本善的理论为基础的儒家孔孟的伦理主义，已完全不能适应以契约为特征的近代社会的政法体制。它曲高和寡造成的虚伪，变成了历史前进的阻力。……真正吸收和消化西方现代某些东西，来进一步改造学校教育、社会观念和民俗风尚，以使传统的文化心理结构也进行创造性的转换，便是一个巨大课题。”这种想法在我看来，就相当于当一个人无法对一种本来有益无害的东西加以好好利用时，只能无奈地把它改造成另外一种次好的东西加以利用。

也应该考虑有一些新的思路，而不应指望完全基于后者并对其进行完善。

五、结语

中国的宪政问题不是一个简单的理念移植和制度模仿的问题，而是一个实践问题，一个无数个具体的人在具体的历史文化背景下的实践问题。我们不能指望通过理性地将西方国家已经形成的宪政模式进行还原分析，就可以从中找到使宪政在中国生长的各种因子，而是必须跳出这种认知模式的窠臼，认真地思考：如何基于中国自身的文化基因实践出中国的限权模式来。

这不是被动的文化基因决定论，而是基于对中国宪政问题的实践性质的务实考虑。面对这种局势，高明的理论家需要做的不是抱怨中国文化基因当中存在的各种不利于宪政实践的因素，而是要积极地探索：到底中国文化基因当中有哪些积极的因素可以在实践中被调动起来，以解决中国的限权问题。

本文尝试性地提出，中国的宪政在理念上应该区别于西方，它不仅仅要致力于实现限权的目标，而且它还必须与政治的善或德性相联系，只有这样，才能大体上满足中国社会的心理需求，才有可能在长期的实践中具有可行性。而这在制度层面上，要求我们不能简单地将西方那一套限制权力滥用的技术手段照搬过来，而是必须考虑什么样的技术手段既能够有助于限制权力的滥用，同时，还能够唤起国民对于共同体的善或者说政治的德性的认可。

参考文献

1. Coyne, Christopher J. and Peter J. Boettke, 2006, "The Role of Economist in Economic Development", *The Quarterly Journal of Economics*, 19 (2): 42－62.

2. Vanberg, Viktor, *Rules and Choice in Economics*, New York: Routledge, 1994.

3. Zhu, Zhichang, 2007, "Reform Without a Theory: Why Does it Work in China?", *Organization Studies*, 28 (10): 1503－1522.

4. 埃德蒙·柏克，《自由与传统》，北京：商务印书馆，2001。

5. 高全喜，《休谟的政治哲学》，北京：北京大学出版社，2004a。

6. ——，"对民族主义的一种自由主义考察"，收入高全喜主编，《大国》，第一期，北京：北京大学出版社，2004b。

7. ——，"中国语境下的施米特问题"，《二十一世纪》，6 月号，总第 95 期，2006a。

8. ——，"文化政治与现代性问题之真伪——兼评张旭东的《全球化时代的文化认同》"，《博览群书》，第 10 期，2006b。

9. 李泽厚，《中国现代思想史论》，天津：天津社会科学出版社，2004。

10. 刘军宁，《公民才是反腐败的主角》，http://www.jiuding.org/Article/ShowArticle.asp? ArticleID=986n。

11. 苏力，"现代化进程中的中国法治"，收入赵汀阳等，《学问中国》，南昌：江西教育出版社，1998。

12. 我不讲，《改革本来就是一场伟大的宪政转型》，http://blog.sina.com.cn/s/reader_417233eb01008hys.html。

13. 萧功秦，"民族主义与中国转型期的意识形态"，收入李世涛主编，《知识分子立场——民族主义与转型期中国的命运》，长春：时代文艺出版社，2002。

14. 余英时，《中国思想传统的现代诠释》，南京：江苏人民出版社，1998。

15. 赵汀阳，"智慧复兴的中国机会"，收入赵汀阳等，《学问中国》，南昌：江西教育出版社，1998。

16.——，“关于命运的知识”，收入赵汀阳主编，《现代性与中国》，广州：广东教育出版社，2000。

17.周伟驰，“涕泣之谷的外部秩序”，《读书》，2003年第8期。

18.朱学勤，《书斋里的革命》，昆明：云南人民出版社，2006，第329页。

“中国 30 年改革的理论分析研讨会”综述

由浙江大学社会科学研究院与华人哈耶克学会联合举办的“中国 30 年改革的理论分析研讨会”于 2008 年 8 月 22 日至 23 日在浙江莫干山举行。来自全国各地（包括台湾地区）经济学、法学、政治学、社会学和历史学研究领域的著名专家学者四十余名参加了本次研讨会。会议围绕“经济变迁”（由浙江大学社会科学研究院罗卫东教授主持）、“宪政转型”（由北京航空航天大学法学院高全喜教授主持）、“法律与政治变迁”（由北京天则经济研究所张曙光教授主持）、“历史与文化”（由台湾新竹“清华大学”经济学系黄春兴副教授主持）、“经济学理论问题”（由复旦大学经济学院韦森教授主持）等报告主题，进行了主题发言、评述和讨论。现将这些报告主题的主要内容综述如下：

一、关于经济变迁

随着中国 30 年改革开放的发展，企业和企业家问题在经济变迁和市场经济形成过程中变得日益突出，同时经济变迁所带来的制度变迁以及中央与地方的分权体制变化也受到专家学者的关注。张曙光教授（北京天则经济研究所）从回顾和评述租金理论的历史发展中发现，租金问题实质上是资源要素价格问题，其来源和性质取决于所有权及其垄断。中国国有企业改革中国家与企业的利益分配关系、产权的交易和重组，以及经营者激励和企业家定价问题，都与租金的索取和分配密切相关。朱海就副教授（浙江工商大学经济学院）则从不确定性和主观性两个方面重新解读了熊彼特的“企业家创新”思想，提出“奈特—柯兹纳企业家”的概念，并进一步指出中国改革开放以来的经济增长不是企业家创新驱动型的增长，要实现持续增长，不仅要求政府排除各种限制企业家创新的制度障碍，还要维护并尊重企业家竞争中自发形成的制度。围绕着经济变迁所带来的制度变迁问题，夏业良教授（北京大学经济学院）指出社会变迁是一个动态的现实过程，有关社会变迁的理论应当包括：制度变迁的主体、制度变迁的动力、制度变迁的目标或方向、制度变迁的方式与路径以及制度变迁的效率评价等方面。并据此提出，在中国改革30年以来的经济进步和社会变迁中，存在着宪政民主与法治进程的积极而乐观的制度蕴涵。而曹正汉教授（浙江大学经济学院）认为地方政府在掌握了经济使用权后，为增长本地区经济，将依照比较优势原则，对经营权进行处理。并从宏观和微观两方面的经验事实进一步审视和论证了中央与地方的权力分配，提出现有中央和地方权力分配实际上就是高层集权化和基层市场化的结合。

二、关于宪政转型

改革30年的经济变迁势必带来制度的变迁，这使得与会学者进一步关注宪政转型问题。莫志宏副教授（北京工业大学经管学院）认为宪政秩序的形成具有内生性和演进性，宪政问题在中国首先是一个中国人基于其长期形成的文化心理而进行的实践问题。并基于对中西文化的对比考察，提出中国式的解决限权问题的思路和办法，强调中国的宪政理念不应只是限权而已，还应该同时体现政治的德性。而王建勋副教授（中国政法大学法学院）通过对中世纪欧洲和美国宪政史的考察，认为近现代意义上的宪政往往起源于地方，宪政的实现仰赖悠久的地方自治和地方自由传统，地方共同体的立宪试验和行宪尝试为全国范围的宪政实践奠定了坚实的基础。这些欧美宪政经验将会帮助我们进一步探索中国的宪政之路。汪庆华副教授（中国政法大学法学院）则从公民身份的视角出发，分析了美国宪法中所呈现的双重公民身份在联邦制建构中可能具有的重大意义，并提出将双重公民身份这一技术性因素引入到中国关于一般制度建设的叙事中，为中国的地方治理提供一个新思路，一个从法律技术角度切入中央地方关系的新方案。王小卫副教授（上海财经大学财经研究所）、吴锦宇博士（意大利摩纳德 & 雷焦 · 艾米利亚大学）从转型经济的实践出发，提出宪法—政府—市场三分法的分析框架，认为中国的经验表明政府行为与经济转型的效率之间存在很强的相关性，而公正透明和有权威性的宪法规则是市场经济不可缺少的、有效的游戏规则，宪政制度与市场制度是互补性的制度安排。因此，建立公正透明和有权威性的宪法规则与秩序，对于中国的经济转型有着特别的含义。

三、关于法律与政治变迁

在经济体制改革深入和经济持续增长的背景下，法治建设和政治制度的改革已经成为中国改革进一步发展的关键所在，也引起了与会学者的极大关注和热烈讨论。高全喜教授（北京航空航天大学法学院）从宏观视角对 30 年中国法制变革的大趋势做了一个基本的回顾、梳理与总结，认为尽管 30 年法制变革还不能说塑造出一个从容的大国政制，但它表现出来的面对世界的开放性，以及实现出来的促进中国走向世界的法制路径，不失为中国经验的一个表征。所谓“中国经验”是与改革开放、变法图强、权利保障的现代主题联系在一起的，其理论基础是邓小平提出的现实主义的实践理性原则，或中国传统自有的实事求是原则，其学术表达就是法制的渐进改良主义，即现代化法制模式的中国修正主义。韦森教授（复旦大学经济学院）则从税权法定原则入手，分析了近几年政府财税收入超高速增长的背景、经济影响和法律基础，认为明确税收立法权，使政府的税收收入和财政支出的规模以及基本用途均由人大通过法定程序加以规范，并在现实政治运作中使政府税收的征收与使用均受人大代表的仔细审议、讨论和批准，从而使纳税人的基本权利得到充分和切实的尊重和保护。并进一步提出，可期望把构建税权法定的政治制度以及政府税收的具体征收和用途要经代议制机构（人大）审定批准的政治安排作为未来中国深化政治体制改革的可能逻辑起点。毛寿龙教授（中国人民大学公共政策研究院）利用公共选择理论，研究中国行政改革的微观和宏观动力，从社会秩序转型与中国政府改革的相互关系出发，通过回顾历次机构改革的历程，找出中国行政改革的基本逻辑。指出20多年的政府改革历史，其实蕴涵着三个逻辑：组织逻辑、职能逻辑与政治逻辑。这三个逻辑，贯穿着政府机构改革的始终，构成了政府改革的动力和阻力，也构成了进一步推动政府改革的突破口。

何卓恩教授（华中师范大学中国近代史研究所）认为孙中山所提出的三民主义，实际上是各自独立的三大意识形态的调和，并结合改革开放30年来执政党意识形态话语的变迁，指出从目前的社会改革进程和民主主义与社会主义的调适关系看，民族主义主导的意识形态话语还将延续相当一段时间。而随着历史的进一步发展，意识形态话语都有适应国内外情势而提出理论创新的内在需要，这就提供了意识形态话语继续“解放思想”的潜力。魏甫华研究员（深圳市社会科学院）从内地与香港“一国两制”的制度安排出发，对内地与香港现有关系框架的几种设计进行了政策分析，认为内地与香港两地关系正从“一国两制”转移到一个市场经济体制和两个独立行政主体的“一制两体”关系上来，而“一制两体”的制度设计，为两地的未来发展提供了极具想像力的制度创新动力机制。在这一制度框架内，可以看出内地基层选举和香港普选政治之间的互动，利用香港因素来加强内地市场经济体制的制度建设，将在很大程度上影响中国的政治制度改革。张旭昆教授（浙江大学经济学院）提出采用抽象演绎的实证分析方法，选择一个在单一公有制基础上的高度中央集权、国家计划统制的经济模式作为社会主义经济制度演化的起点，来探讨社会主义经济制度的演化逻辑，从而认识到制度演化的必然性深深扎根于这个制度的本身。并进一步指出，对于转型国家来讲，要实现比较理想的法制—民主—福利市场经济，道路仍然漫长，而决定路标指向的关键是政治体制和法律架构的变革。姚中秋（九鼎公共事务研究所）依据奥地利学派的制度理论，即门格尔的制度生成理论和哈耶克的规则—秩序理论，提出中国过去30年的制度变迁过程有别于“转轨”，主要呈现为一种特定的制度变迁类型——“转型”。并进一步指出，转型始于立法企业家的规则创新活动，随后通过某种程序而成为公共规则，实现制度的局部变迁。这种模式具有在一定时期内有效利用社会内部既有制度资源的优势，但也存在其无法克服的内在局限。因此如何克服其局限性，在渐进转型之后伴之以制度框架的设计，直接关乎中国转轨的成功与否。

四、关于历史与文化

在制度变迁的过程中，历史与文化是不容忽视的一个要素，它有效地影响着政治和经济的变化和发展。冯克利教授（山东大学政治学与公共管理学院）通过对阿克顿《法国大革命讲稿》的解读，分析了阿克顿的历史解释模型，即融信仰与真理于一体，韦伯所谓可使个人成为神意之“容器”的“理性化伦理行为”。指出导致法国革命的思潮中的一个最突出特征就是：只有现代才是有价值的，而现代并非由过去自然发展而来。这也是法国启蒙运动与苏格兰启蒙运动在看待历史上最为相异之处。方钦博士（复旦大学经济学院）依据制度演化中政治、经济与文化三要素相结合的模式，采取韦伯式的分析理路，首先对中国传统社会的主体经济与宗教特征作了一番概览，并着重分析了余英时针对韦伯关于中国宗教伦理与资本主义商业精神论证的回应，由此指出中国传统社会中经济与宗教的共同关联在于中国的皇权政治体制。并通过对皇权体制、经济和宗教三者关系的简单梳理，进一步认为在制度演化的过程中，一种社会共有的精神气质是至关重要的。而许章润教授（清华大学法学院）基于语言学的独特视角，从哈耶克的蹩脚英文引申到语言不只是表意工具，而是事关国族文化实力的比较。强势语言的便利变成了一种优势，进而成为一种权力，在实际上挤压甚至剥夺了其他语言的言说空间。而一旦丧失或者弱化话语能力，则意味着丧失或者弱化了解说的身份、阐释的权威。一个民族的特性也只有在自己的语言之中才能获得完整的映照和表达。据此提出“语文作育”的概念，即运用此种语言思考、创作和交往，便是在提炼、细绎、涵育和拓展民族生活的意义空间，充实特定文明实体的精神含量，提澌其品质，开阔其境界与格局，亦即以地方性知识提供和分享普世性的生存智慧，为现代化进程中的汉语文明提供了一个文化自觉的新途径。高力克教授（浙江大学传媒与国际文化学院）则认为在转型中的中国经济与政治中，新的经济模型，即非市场、非计划的经济模型正在定型，而这种经济模型所带来的经济增长的延续，必将会导致宪政民主滞后和现有经济模式的延续和加强。

五、关于经济学理论问题

基于经济学理论在制度变迁过程中的重要作用，与会学者在主体认知、公共博弈、集体行动效率、市场本身的理论等问题上进行了深入的探讨，同时对奥地利学派方法论展开了热烈的讨论。朱宪辰教授和龚向虎博士（南京理工大学应用经济研究所）从主体认知与制度形成、变迁之间的关系出发，通过将社会主体区分为两种类型（决策者与实践者），建立一个简单的关于主体认知表征、共享、传递的框架，构造一个三方博弈模型，探讨了主体认知及其传递在制度形成与变迁过程中的作用。并在研究中发现，主体认知在表征和共享传递过程中面临复杂的问题，编码、解码装置的精确性将制约主体认知的传递效率；制度的形成与变迁过程可以看做是主体间就应对问题所达成的“共识”形成与稳定过程；由于主体认知的差别与分工差异，社会中的决策者可能并不会做出符合全体社会成员利益的决策；更进一步地，实践者可能会从自身利益出发，刻意制造认知与制度上的模糊性。

而许彬教授（浙江工商大学公共管理学院）、范良聪博士（浙江大学经济学院）、贾拥民博士（浙江大学经济学院）等基于公共品博弈的系列实验验证并强化了 Nowak 小组的研究结论，即惩罚机制的使用者不具备演化优势，因而从长期看，惩罚不可能成为合作形成的机制。通过该公共品博弈实验，在固定伙伴和随机伙伴两种情形下，在个体、小组和“社会”三个层面上，采用与 Nowak 小组相同的计量方法，在更加一般的意义上得到了惩罚不具演化优势，从而难以在长期内成为合作形成机制的结论。同时在一个更宽的给予比例的参数范围与更大的样本容量中以固定伙伴的形式检验了奖赏和惩罚两种机制在公共品供给中展现的特征与作用。实验结果显示，收到惩罚或者给予确实会引致参与者后续的捐献，但是参与者的给予行为对给予的比例不敏感。而且，参与者不仅对给予与惩罚这两种机制是有不对称偏好的，这两种机制所引致的捐献也是不对称的。尤为重要的是，在实验中发现了一个明显的“奖惩悖论”：惩罚是一种能够带来合作水平上升的机制，却会使得社会效率受损；给予虽然能够提升社会效率，但是却无法持续。并且发现了一系列的“非对称性”：参与者对给予和惩罚机制偏好的非对称；给予和惩罚对实施成本的反应的非对称；给予和惩罚机制下参与者捐献量的非对称；给予和惩罚实施对引致捐献影响的非对称；给予和惩罚行为在实验中演化的非对称，等等。这些非对称成为影响实验参与者决策的重要依据。或许，正是这些“非对称性"的存在使得给予这一看似具有效率优势的机制并没有显示出超出惩罚的优越性，使得惩罚这一"没有演化优势"的机制得以存在。通过带偏好表达投票的公共品博弈实验，进一步探讨了以实验者对惩罚制度的力度偏好的表达作为公共产品偏好表达的缩影。结果显示，如果使用社会偏好形成的平均数原则——社会偏好按照平均数原则加总个人偏好，随着投票表达偏好的轮次的推进，偏好出现了朝极大和极小两个极点演化的倾向，同时，开始意见分歧并不很大的人群逐步出现分裂，形成"派别"。

苏振华副教授（浙江大学公共管理学院）认为开展集体行动不仅要考量其合法性，也要考量集体行动的效率。从经典的激励机制设计和社会选择理论中得不出能实现集体行动效率的现实可行途径。公共选择理论认为，集体行动效率的制度涵义是达成对集体行动的一致同意，这种一致同意是可以在对集体行动的讨论过程中形成的。赖普清博士（浙江大学经济学院）则进一步拓展了科斯早期开创的"企业—市场"范式，力图完成科斯遗留下来的另外一半任务，即建立一个关于市场本身的基本理论。由此分析了"市场为何存在"这一基本问题，通过识别市场存在的边界条件、边际条件和政治条件，建立了一个考察市场本身的参照系。并在一个全面维度的交易和交易成本视野下，考察了"市场如何组织"，证明市场是一张由三种基本微观交易结构整合而成的"看得见的网"，其中企业和企业家则是市场网络最重要的组织者。并进一步揭示了人类经济从无市场、零星市场、薄市场、厚市场以至趋向逻辑市场的政治经济机制，得以解开"市场如何扩展"和"国富国穷"的秘密，初步建立了一种关于市场本身的理论。李华芳博士（上海金融与法律研究院）认为在哈耶克的"建构理性"与"演化理性"之间存在逻辑上的缺环，因为"人类参与制度演化时无法回避理性不及的局限，但是却又存在着有意识订立规则的倾向"。自发秩序对应的是演化理性，但演化理性和建构理性的关系并不明晰，而使用认知理性可以弥补这一缺环，有助于调和"建构理性与演化理性"之间的紧张。对认知理性的研究，除了“选择物—参与者—时间”的三个维度外，还需要研究情感对认知理性的影响，神经经济学的进一步发展会带来一些新的成果，这是值得进一步拓展的研究方向。梁捷博士（复旦大学经济学院）通过对奥地利学派与新古典学派方法论异同的比较，提出三个可能对未来经济学的发展有益的研究进路，指出奥地利学派和新古典学派在这些新的研究进路上分别可能作出的贡献。同时重点讨论了奥地利学派的发展趋势，揭示奥地利学派内部存在的张力，通过剖析市场过程理论试图勾勒出奥地利学派或者经济学未来可能的方法论范式，即以米塞斯、柯兹纳为代表的市场过程理论，加上 Garrison 的资本理论，最有可能为奥地利经济学提供一个从微观基础到宏观运用再到历史阐释的完整的现代经济学体系。黄雄博士（复旦大学经济学院）则从米塞斯讨论方法论著作的文本出发，梳理其来自三方面的思想渊源：(1) 奥地利学派的传统，(2) 韦伯的方法论，以及 (3) 康德的先验论，揭示米塞斯与这三者之间的紧密联系和显著区别，并试图勾画出米塞斯基于这三方面思想来发展其独特方法论的脉络图，最后对其方法论在当代经济学发展中的意义做出简单评价。赵亚奎博士（复旦大学经济学院）重点考察了哈森义（Harsanyi）的准则功利主义论证及其面对的众多批评，并在此基础上提出，哈森义关于准则功利主义优于行动功利主义的论述，其主要着眼点在于考虑到预期效应时个体行动所排除的信息集的不同，但是目前还缺乏决定该信息集的标准，而一个较为可行的信息集则可能由融合了道德元素的纳什讨价还价解给出。

图书在版编目（CIP）数据

中国转型的理论分析：奥地利学派的视角／罗卫东，姚中秋主编．—杭州：浙江大学出版社，2009.6
（奥地利学派与中国）
ISBN 978－7－308－06836－9

Ⅰ．中…　Ⅱ．①罗…②姚…　Ⅲ．体制改革－研究－中国
Ⅳ．D61

中国版本图书馆 CIP 数据核字（2009）第 089800 号

中国转型的理论分析：奥地利学派的视角
罗卫东，姚中秋　主编

责任编辑　王志毅
文字编辑　楼伟珊
装帧设计　海云书装
出版发行　浙江大学出版社
（杭州天目山路 148 号　邮政编码 310028）
（网址：http：//www.zjupress.com）
排　　版　北京京鲁创业科贸有限公司
印　　刷　杭州杭新印务有限公司
开　　本　640mm×960mm　1/16
印　　张　21.5
字　　数　276 千字
版 印 次　2009 年 6 月第 1 版　2009 年 6 月第 1 次印刷
书　　号　ISBN 978－7－308－06836－9
定　　价　42.00 元